Migration und psychische Gesundheit

André Metzner
Psychologischer Psychotherapeut
Gestaltberater DVG

Dipl.-Psych. André Metzner
Psychologischer Psychotherapeut
Rankestr. 32   90461 Nürnberg
BSNR 667000500 LAN 773054168

Nürnberg, 27.03.10

Theda Borde, Matthias David (Hrsg.)

Migration und psychische Gesundheit

Belastungen und Potentiale

Mabuse-Verlag
Frankfurt am Main

Bibliografische Information Der Deutschen Bibliothek

Die Deutsche Bibliothek verzeichnet diese Publikation in der Deutschen Nationalbibliografie; detaillierte bibliografische Angaben sind im Internet über http://dnb.ddb.de abrufbar.

© 2007 Mabuse-Verlag GmbH
Kasseler Str. 1a
60486 Frankfurt am Main
Tel.: 0 69 / 70 79 96-13
Fax: 0 69 / 70 41 52
www.mabuse-verlag.de

Umschlaggestaltung: Karin Dienst, Frankfurt am Main
unter Verwendung eines Gemäldes von Lilian Mousli, Berlin
Druck: Prisma Verlagsdruckerei, Frankfurt am Main
ISBN: 978-3-938304-44-0
Printed in Germany
Alle Rechte vorbehalten

Inhaltsverzeichnis

Theda Borde, Matthias David
Vorwort der Herausgeber 7

Matthias David
Die Heimwehkrankheit – medizinhistorische Anmerkungen zur
„nostalgischen Reaktion" 13

Petrus Han
Angst vor Fremden und Migrationsrealität –
ein unlösbarer Widerspruch? 23

Alexander Thomas
Die Zukunft liegt in den multikulturellen Potentialen.
Migration und Integration in Deutschland – von einer Duldungs-
und Mitleidskultur zur Wertschätzungskultur 39

Ilhan Kizilhan
Potentiale und Belastungen psychosozialer Netzwerke
in der Migration 53

Christian Haasen, Cüneyt Demiralay,
Agis Agorastos, Jens Reimer
Suchtstörungen bei Migrantinnen und Migranten –
ein relevantes Problem? 69

Meryam Schouler-Ocak
Sind Migrantinnen und Migranten anders depressiv? 83

Matthias David, Frank C. K. Chen, Theda Borde
Schweres Schwangerschaftserbrechen bei Migrantinnen –
eine Folge psychischer Belastungen im Zuwanderungsprozess? 95

Imke Schwartau, Theda Borde, Matthias David
Psychische Belastung von Patientinnen und Patienten in
gynäkologisch-internistischen Notfallambulanzen von
drei Berliner Innenstadtkliniken 105

Ernestine Wohlfart, Ulrike Kluge, Tülay Özbek
Mögliche psychische Folgen von Wanderung und Migration
bei Kindern und jungen Erwachsenen 119

Ali Kemal Gün
Sprachliche und kulturelle Missverständnisse in der Psychotherapie 133

Dagmar Schultz
Ressourcen- und resilienzorientierte Arbeit mit migrierten
Patientinnen und Patienten 147

Murat Ozankan, Zeynep Atik
Bedeutung und Angebotsstruktur von kultureller Kompetenz
in der Versorgung am Beispiel der Migrantenambulanz der
Rheinischen Kliniken Langenfeld 171

Theda Borde
Psychosoziale Potentiale und Belastungen der Migration –
globale, institutionelle und individuelle Perspektiven 193

Anhang

Theda Borde
Europäische Strategien für die Ausrichtung der Gesundheitsdienste
in einer multikulturellen Gesellschaft i

Recommendation Rec(2006)18 of the Committee of Ministers
to Member States on Health Services in a Multicultural Society v

Verzeichnis der Erstautorinnen und –autoren xvii

Theda Borde, Matthias David

Vorwort der Herausgeber

Am 1. Dezember 2006 richteten wir im Rathaus Berlin-Schöneberg unser, zum dritten Mal unter dem Dach des bundesweiten Kongresses „Armut und Gesundheit" stattfindendes, 5. Migrations-Symposium der Charité Frauenklinik aus, das den Titel „Migration und seelische Gesundheit – psychische Potentiale und Belastungen" trug. Neben der Medizinischen Klinik mit Schwerpunkt Psychosomatik der Charité war diesmal die Deutsche Gesellschaft für Psychosomatische Frauenheilkunde und Geburtshilfe (DGPFG e.V.) Kooperationspartner dieser sehr gut besuchten Veranstaltung.

Der vorliegende Tagungsband erscheint erneut im Mabuse-Verlag/ Frankfurt a.M., mit dem uns eine langjährige gute Zusammenarbeit verbindet.

Dieses Buch gibt uns auch Anlass zur Rückschau: Seit nunmehr 10 Jahren besteht unsere kleine Arbeitsgruppe, die sich seit 1996 um eine kontinuierliche Forschung zum Thema „Migration und Gesundheit/Krankheit" bemüht. Dieses Unterfangen hat in der Bundesrepublik Deutschland durchaus seine Schwierigkeiten, da sich erst neuerdings die Versorgungsforschung stärker etablieren konnte und aktuell sogar die Bundesärztekammer die Bedeutung solcher Studien erkannt hat. Insgesamt gab es jedoch, aus unserer Sicht, von staatlicher Seite in der letzten Dekade zu wenig Forschungsmittel, die für Studien im Bereich Public Health und Versorgungsforschung eingesetzt werden konnten.

Für unseren wissenschaftlichen Schwerpunkt, die Migrationsstudien, kommt hinzu, dass die Integration der Migrantenpopulationen in Untersuchungen in Deutschland immer noch ein Randthema ist. Dies zeigt sich nicht zuletzt darin, dass nach wie vor Migrantinnen und Migranten bzw. die Ethnizität der Patientinnen und Patienten in medizinischen Publikationen, anders als z.B. im angloamerikanischen Sprachraum, kaum Erwähnung finden. Die Zahl von Veröffentlichungen, die den Migrationshintergrund zumindest berücksichtigen oder diesen in den Mittelpunkt der Forschung stellen, verhält sich im übrigen völlig diskrepant zu Qualität und Quantität dieses Themenkomplexes. Der vorliegende Tagungsband enthält neben den von den Referentinnen und Referenten ergänzten und modifizierten Redebeiträgen des Symposiums ausgewählte Beiträge der beiden unserer Tagung angegliederten Workshops „Psyche, Sprache und Kultur" und „Kulturelle Kompetenz in der Versorgung", die von Frau Ingrid Papies-Winkler organisiert wurden. Ergänzt haben wir diese Zusammenstellung durch Beiträge aus unserer Arbeitsgruppe, die sich mit der Thematik des Symposiums beschäftigt haben. Damit sollen verschiedene Facetten des Themas „Migration und seelische Gesundheit" berücksichtigt und Belastungen wie Potentiale der Migration diskutiert werden. Ziel war es schon bei der Einladung der Referentinnen und Referenten, einen interdisziplinären Ansatz zu verfolgen. Wir haben Wert darauf gelegt, neben Forschungsergebnissen auch theoretische Überlegungen zur Thematik sowie Modelle einer guten (psychiatrischen) Versorgung von Migrantinnen und Migranten in der Praxis vorzustellen.

Vor 30 Jahren wurde in der Zeitschrift „Medizinische Klinik" unter der Rubrik „Am Rande der Praxis" ein Übersichtsartikel von Riedesser (1975) veröffentlicht. Dieser trug den Titel „Psychische Störungen bei ausländischen Arbeitern in der Bundesrepublik Deutschland – Ursachen, Probleme und sozialpolitische Konsequenzen". Am Ende der interessanten Arbeit machte der Autor drei Vorschläge als Konsequenz aus der in seiner Publikation dargestellten Problemlage:

1. Rasch erforderlich ist ein massiver Einsatz von Geldmitteln zur Erforschung der psychopathologischen und sozialen Folgen dieser riesigen Arbeitsmigration auf die Arbeiter, deren Familien, deren traditionelle ... Sozialstrukturen ...

2. Als kurzfristige Maßnahme ist das Sozialbetreuungssystem und Dolmetscherwesen schnellstens und systematisch auszubauen ...

3. Zur Verminderung der soziogenen psychischen Belastungen sind umfangreiche Infrastrukturmaßnahmen, besonders in Ballungsgebieten von ausländischen Arbeitern, durchzuführen.

Bemerkenswert an diesem Artikel ist, abgesehen von der heute nicht mehr korrekten Formulierung „Gastarbeiter", die Aktualität der dargelegten Forderungen.

Ähnlich wie diesem Autor ging und geht es auch anderen, die in ihren Arbeiten die Betonung auf eine krankmachende Auswirkung der Migration legen. Dieser etwas einseitigen Sichtweise wollten wir mit dem Titel unseres Symposiums (Belastungen *und* Potentiale) entgehen. Natürlich ist zu konstatieren, dass Migrantinnen und Migranten sowohl im Migrationsprozess selber als auch in der Phase nach der eigentlichen Zuwanderung solchen belastenden Lebensbedingungen ausgesetzt sind, die ihre Lebensqualität mindern und sie anfälliger für gesundheitliche Störungen und ernsthafte Erkrankungen machen können.

Immer wieder muss jedoch davor gewarnt werden, Auswirkungen eines niedrigen Sozialstatus, geringerer Bildungschancen, vermehrter Risiken und Belastungen durch bestimmte Arbeitstätigkeiten oder ungünstiger Wohnverhältnisse mit ethnischen oder Migrationseinflüssen zu vermischen bzw. zu verwechseln, also der Gefahr einer „Ethnisierung des Sozialen" zu erliegen.

Regula Weiß (2003) stellt in ihrem sehr lesenswerten Buch „Macht Migration krank?" völlig richtig fest:

> Wie gut die Migration auch geplant wird, der soziokulturelle Übergang ist mit somatischen und psychosozialen Stressfaktoren verbunden ... Migration als solche macht aber nicht krank. Sie bietet die Möglichkeit zur Neuorientierung und zur Nutzung anderer ökonomischer und sozialer Ressourcen. Da dies jedoch oft nicht gelingt, wird die Migrationserfahrung in erster Linie als belastend und verunsichernd erlebt.

Die psychosoziale Forschung stützt sich auf eine Reihe unterschiedlicher Erklärungsansätze und Modelle zur Ätiologie gesundheitlicher Störungen bei Migrantinnen und Migranten: Die Kulturschock-Theorie, das Stress-Modell und das mit ihm verwandte Vulnerabilitäts-Konzept. Seit den 1980er Jahren sind vor allem die letztgenannten wissenschaftlich akzeptiert. Wichtig, und darauf wird im Beitrag von Ilhan Kizilhan ausführlich eingegangen, sind zur Beschreibung der psychosozialen Gesundheit von Migrantinnen und Migranten darüber hinaus Konzepte der sozialen Unterstützung, sozialer Netze und andere ressourcenorientierte Konzepte.

> Persönliche und soziale Ressourcen ermöglichen nämlich der Mehrheit der Zugewanderten die erfolgreiche Bewältigung des Alltags und helfen bei migrationsspezifischen Belastungen. Dabei zeigen sich bei der ersten Generation von

Migrantinnen und Migranten andere Risiken und Überlebensstrategien als bei der zweiten. (Weiß 2003)

In der Rückschau fiel uns auf, dass wir – zufällig oder *unbewusst* – das Thema unseres 5. Migrationssymposiums passend zum „Freud-Jahr" (2006 war der 150. Geburtstag Sigmund Freuds) gewählt haben. Der Begründer der Psychoanalyse hatte in seiner Schrift „Trauer und Melancholie" (1917) formuliert:

> Die Zusammenstellung von Melancholie und Trauer erscheint durch das Gesamtbild der beiden Zustände gerechtfertigt. Auch die Anlässe zu beiden aus den Lebenseinwirkungen fallen dort, wo sie überhaupt durchsichtig sind, zusammen. Trauer ist regelmäßig die Reaktion auf den Verlust einer geliebten Person oder einer an ihre Stelle gerückten Abstraktion wie Vaterland, Freiheit, ein Ideal usw. ... Bei der Trauer ist die Welt arm und leer geworden, bei der Melancholie ist es das Ich selbst.

Zwingmann (1961) hat sich bei seinen Überlegungen, in deren Ergebnis er den Begriff der „nostalgischen Reaktion" prägte, auch auf diese Freud'sche Publikation berufen; darauf wird im einleitenden medizinhistorischen Kapitel zum „Heimweh" näher eingegangen.

Die nachfolgenden drei Arbeiten in diesem Buch von Petrus Han, Alexander Thomas und Ilhan Kizilhan beleuchten aus der migrationssoziologischen, (sozial-)politischen und psychosozialen Perspektive verschiedene Aspekte des Tagungsthemas, in dem sie eine Bestandsaufnahme der Situation in der Bundesrepublik Deutschland vornehmen.

Besonderheiten bei der Betreuung und Behandlung von Migrantinnen und Migranten sowie spezifische Belastungen in der Migration werden am Beispiel von Suchtstörungen (Christian Haasen, Cüneyt Demiralay, Agis Agorastos u. Jens Reimer), der Depression (Meryam Schouler-Ocak), psychosomatischen Erkrankungen in der Schwangerschaft (Matthias David, Frank Chen u. Theda Borde) und anhand einer Studie zur Inspruchnahme von Notfallambulanzen (Imke Schwartau et al.) aufgezeigt.

Drei qualitativ ausgerichtete Untersuchungen bieten vertiefende Einsichten und Erkenntnisse zu psychischen Folgen der Migration bei Kindern und jungen Erwachsenen (Ernestine Wohlfart, Ulrike Kluge u. Tülay Özbek), ermitteln Hintergründe für sprachliche und kulturelle Missverständnisse in der Beziehung zwischen Therapeuten/-innen und Patienten/-innen (Ali Kemal Gün) und erschließen Potentiale und Bedingungen einer ressourcen- und resilienzorientierten Arbeit mit migrierten Patienten/-innen (Dagmar Schultz).

Ergänzt werden diese Einblicke in migrationsspezifische psychosoziale Belastungen, psychotherapeutische Versorgungsstrukturen und Perspektiven durch den Beitrag von Murat Ozankan und Zeynep Atik, der die Bedeutung kultureller Kompetenz am Beispiel einer Migrantenambulanz aufzeigt.

Im Ausblick werden Belastungen der Migration und Potentiale transkultureller Prozesse aus individueller, institutioneller und globaler Sicht betrachtet. Mit den im Anhang vorgestellten Empfehlungen des Ministerausschusses der Mitgliedsstaaten des Europarates zur Ausrichtung der Gesundheitsdienste in einer multikulturellen Gesellschaft, die im November 2006 verabschiedet wurden, begeben wir uns dann wieder auf die europäisch-globale Ebene – gemäß dem gern zitierten Motto „*think global, act local*", denn Migration ist ein internationales Thema.

So hoffen wir, mit der Publikation des Tagungsbandes sowohl Anregungen für die Verbesserung der Situation im Versorgungs- und Betreuungsalltag der Bundesrepublik Deutschland geben zu können als auch eine Motivation dafür, sich wissenschaftlich-forschend und in der Praxis der Versorgung mit dem Thema „Migration" (weiter) intensiv zu befassen.

Wir danken allen Autorinnen und Autoren herzlich für die Überlassung ihrer interessanten Beiträge.

Theda Borde und Matthias David

Berlin, im Januar 2007

Literatur

Freud, S.: Trauer und Melancholie. In: Essays II. Auswahl 1915-1919. Simon, D. (Hrsg.)Volk u. Welt, Berlin 1988

Riedesser, R.: Psychische Störungen bei ausländischen Arbeitern in der Bundesrepublik Deutschland – Ursachen, Probleme und sozialpolitische Konsequenzen. Med Klein,70, 1975: 954-959

Weiß, R. (2003) Macht Migration krank? Eine transdisziplinäre Analyse der Gesundheit von Migrantinnen und Migranten. Zürich: Seismo

Zwingmann, Ch.: Die Heimwehreaktion alias „pothopatridalgia". Arch Psychiatr Z ges Neurol, 201, 1961: 445-464

Matthias David

Die Heimwehkrankheit – medizinhistorische Anmerkungen zur „nostalgischen Reaktion"

...Tatsächlich ist es doch bedauerlich festzustellen, daß die internationale psychiatrische Fachliteratur mit Beschreibungen weit seltener auftretender Phänomene übersättigt ist, während die überaus häufige und vielfältige 'Heimwehreaktion' beinahe vollkommen vernachlässigt wird. Das mag, unter anderem, in der Beurteilung dieses Zustandes als ein in das normalpsychologisch-psychiatrische Grenzgebiet fallender liegen, für dessen Bewertung sich weder Psychiatrie noch Psychologe zuständig halten, da er für den ersteren als nicht 'krankhaft' genug, für den letzteren als zu 'krankhaft' befunden wird, und vielleicht für beide nicht sensationell genug erschien, um ihn zu ergründen...

So vor 45 Jahren Professor Charles Zwingman am Beginn seiner Publikation, in der er den Begriff der „nostalgischen" oder „Heimweh-Reaktion" prägte und definierte (Zwingman 1961). 20 Jahre später schreibt Larbig in der „Medizinischen Klinik" unter der Überschrift „Heimweh als Krankheitsfaktor":

... Heimwehreaktionen als normalpsychologische Grenzreaktionen können mit zunehmender Dauer und Intensität mit dem Erleben von Hoffnungslosigkeit und Hilflosigkeit sowie Vorstellungen unvorhersagbarer Zukunft einhergehen – Erlebnisweisen, die das Auftreten psychosomatischer Erkrankungen begünstigen... (Larbig 1981).

Der Einfluss von Migrationsprozessen auf die seelische Gesundheit der Zuwandernden ist jedoch kein neues, im 20. oder gar 21. Jahrhundert erstmals bearbeitetes Thema. Geht man in die (Medizin-)Geschichte zurück, so stellt man mit einem gewissen Erstaunen fest, dass sich bereits im 17. Jahrhundert Ärzte mit einem wichtigen Aspekt von psychischer Belastung und Wohnortwechsel beschäftigten, nämlich dem Heimweh. Außerdem zeigt sich beim Studium der Primär- und Sekundärliteratur, dass es offenbar nur wenige psychische Alterationen gegeben hat, die so sehr zur literarischen

Gestaltung herausgefordert haben, wie eben das Heimweh (Pfeiffer 1994). Als Beispiel möge ein bekanntes Buch der Kinder- und Jugendliteratur gelten. Nicht ohne Grund war es – wie später noch zu erklären sein wird – eine Schweizer Schriftstellerin, nämlich Johanna Spyri, die in den Kinderbuchklassikern „Heidis Lehr- und Wanderjahre" und „Heidi kann brauchen, was es gelernt hat" 1880/1881 die Geschichte vom Naturkind Heidi erzählt, das nach dem Tod seiner Mutter in den Schweizer Bergen unter der Obhut seines Großvaters, des „Alp-Öhi", frei und ungebunden aufwächst und dann in die Großstadt Frankfurt verschickt wird, wo es als Gespielin der kranken Klara lesen, schreiben und beten lernt, aber vor Heimweh krank wird, bis man es wieder in die Berge zurück lässt (www.uni-esssen.de 2006). Im Kapitel „Heimweh" werden die Gefühle der Achtjährigen prototypisch beschrieben:

> Abends im Dunkeln hatte Heidi sofort alles vor Augen, was sie so schmerzlich vermisste. ... (Sie) sehnte sich danach, Wiesen und Bäume zu sehen. ... All das ... würde sie für lange Zeit, vielleicht sogar nie mehr sehen. Ihre Sehnsucht nach Zuhause brannte in ihr wie Feuer. Es war, als drücke ein riesiger Felsbrocken auf ihre Brust und nehme ihr die Luft zum Atmen. (Spyri 2006)

Der Begriff Heimweh als Synonym für ein unangenehmes Gefühl der Sehnsucht nach der fernen Heimat, nach der vertrauten menschlichen und dinglichen Umgebung, nach der Sicherheit und der Geborgenheit des Bekannten wurde in der deutschen Schweiz wahrscheinlich Mitte des 17. Jahrhunderts geprägt. Heimweh war über Jahrhunderte eine typische Krankheit der Söldner, insbesondere der Schweizer Soldaten, die fern der Heimat stationiert waren und für fremde Herren kämpfen mussten.

Oft zitiert wird in diesem Zusammenhang die Dissertation des Baseler Arztes Johannes Hofer. Er legte seine Diskussionsschrift am 22. Juni 1688 der Baseler Medizinischen Fakultät unter dem Titel „Dissertatio medica de Nostalgia oder Heimwehe" vor und prägt damit das lange Zeit im ärztlichen Gebrauch als Synonym für Heimweh verwendete Wort Nostalgie, in dem er ein Kunstwort aus dem griechischen nostos = Heimkehr und algos = Schmerz schuf (Leuschner 1991).

Noch 200 Jahre später finden sich in Meyers Konversations-Lexikon von 1887 hinter dem Stichwort „Heimweh" die Synonyme Nostalgia und

Nostrasia. Dieses weitverbreitete Nachschlagewerk definiert Heimweh als eine

...durch unbefriedigte Sehnsucht nach der Heimat begründete Art von Melancholie, welche in den verschiedensten Graden beobachtet wird, in schweren Fällen zu bedeutender Zerrüttung bei körperlicher Gesundheit führen, ja als vollkommen entwickelte Geistes- und Gemütskrankheit ... sich darstellen und dadurch zum Tode führen kann.

Eine gewisse Umbewertung des Wortinhaltes und quasi Neubeschreibung des Wortes Nostalgie als „Sehnsucht nach der Vergangenheit/der 'guten alten Zeit'" erfolgte erst in den 1970er Jahren mit der sog. Nostalgiewelle, die insbesondere Antiquitätenhandel und Trödelgeschäfte zum Blühen brachte.

Doch zurück in das 17. Jahrhundert und zur Dissertation Hofers. Fritz Ernst meint in seinem schönen Buch „Vom Heimweh", dass Hofers Ausgangspunkt der Versuch ist, der Medizin ein bekanntes Übel als legitime Krankheit einzuverleiben. Das Heimweh als Phänomen war bereits bekannt, aber, so schreibt Hofer im Paragraph 1 seiner Schrift einschränkend:

Das Heimweh, diese so oft tötende Krankheit, ist bisher von den Ärzten gar noch nicht, so sehr sie es auch verdient, beschrieben; ich habe daher nach besten Kräften einen Versuch gemacht, ihre Geschichte zu entwerfen.

Im Paragraph 2 heißt es dann:

Der deutsche Name zeigt den Schmerz an, den die Kranken deshalb empfinden, weil sie sich nicht in ihrem Vaterlande befinden, oder es niemals wieder zu sehen befürchten. Daher haben dann auch die Franzosen, wegen der in Frankreich davon befallenen Schweizern, die Krankheit 'mal du pays' genannt. Heimweh entsteht, meiner Meinung nach, von einer unrichtigen Einbildungskraft, indem der Nervensaft immer nur ein und eben denselben Weg durch das Gehirn nimmt, und daher nur hauptsächlich eine Idee, nämlich von der Rückkehr ins Vaterland erweckt ... (Ernst 1949).

Im Abschnitt 8 schließlich schreibt Hofer:

Zu den entfernten inneren Ursachen gehören jede gefährliche oder nur langwierige Krankheiten, in welchen diese Personen nicht gut behandelt oder nach

Wunsch verpflegt werden, worauf sie traurig, sich stets nach dem Vaterlande und den ihrigen sehnen. Die äußeren entfernten Ursachen fließen aus der ganzen veränderten Lage. Die veränderte Atmosphäre wirkt nicht wenig auf das Blut und die Nervengeister: Das mehrste tun aber die fremden Sitten, Gewohnheiten und ganz verschiedene Lebensarten; auch manche andere Unbequemlichkeiten; vielleicht auch zugefügtes Unrecht; welches alles sie an das bessere Vaterland zurückerinnert. (Ernst 1949)

Laut Grimmschem Wörterbuch (4. Band, 2. Abteilung), war es der Aufklärer und Züricher Stadtarzt, Johann Jacob Scheuchzer, der das „Heimweh" in der Deutschen Schriftsprache eingebürgerte. Er hatte 1705 eine Abhandlung zum Heimweh geschrieben, in welcher er seine Erklärung für dieses Phänomen abgibt:

Wir Schweizer bewohnen ... den obersten Gipfel von Europa, atmen deswegen in uns eine reine, dünne, subtile Luft ... Kommen wir in andere, fremde, niedrige Länder, so stehet über uns eine höhere Luft, welche ihre schwerere Drückkraft auf unsere Leiber, um so viel leichter ausübet, weil die innere Luft, welche wir mit uns gebracht, wegen ihrer größeren Dünnung nicht wiederstehen kann ... So verwundert sich niemand, wenn eine holländische oder französische Luft unsere Hautzäderlein, äußerste Blut- und Spannäderlein so zusammendrücket, dass der Lauf des Geblüts und der Geist da gehemmt, jenes gegen das Herz, diese aber gegen das Hirn zurückgehalten oder getrieben werden, also der Kreislauf aller Säften nicht zwar völlig stillzustehen, wohl aber gemächert zu gehen veranlasst wird. Wer ein solches leidet und nicht genügsame Kräfte hat, solch einer Gewalt zu widerstehen, der spüret eine Bangigkeit des Herzens, gehet traurig einher, zeiget in seinen Worten und Werken ein großes Verlangen nach dem Vaterland an." (Ernst 1949)

Während Hofer also durchaus die Heimwehkrankheit als psychisch-physiologische Folge eines Umgebungswechsels bzw. einer Luftveränderung sah, betonte Scheuchzer wie andere nach ihm den mechanistischen Deutungsweg deutlich mehr. Psychische Vorgänge konnten am ehesten als Produkte des Stoffwechsels eingeordnet und erklärt werden. Der (damalige) wissenschaftliche Zeitgeist verlangte nach einer quasi materialistischen Erklärung für seelische Erscheinungen wie das Heimweh. Daraus ergab sich dann auch die konkrete Therapie: Neben der Verbringung in die Heimat werden zur Behandlung ersatzweise Transporte auf höhergelegene Berge oder die innerliche Darreichung von Stoffen empfohlen, die „zusammengepresste Luft enthalten", um von innen den Druck im Körper zu erhöhen, z.B. Salpeter, Most, junger Wein oder neues, noch nicht vergorenes Bier. In der ärztlichen Literatur des 18. und 19. Jahrhunderts war die Nostalgie ein immer von neuem erwähntes und häufig beschriebenes Krankheitsbild, das für lange Zeit einen selbstverständlichen Platz im nosologischen System einnahm (Jaspers 1996). Anfang des 18. Jahrhunderts wurde das Heimweh in ganz Europa zu einem viel diskutierten Thema, das nicht nur von Ärzten sondern auch von Dichtern der Frühromantik und Romantik aufgegriffen wurde, wie z.B. von Joseph von Eichendorff:

Heimweh

Wer in die Fremde will wandern,
Der muß mit der Liebsten gehn,
Es jubeln und lassen die andern
Den Fremden alleine stehn.

Was wisset ihr, dunkle Wipfel,
Vor der alten, schönen Zeit?
Ach, die Heimat hinter den Gipfeln, Wie liegt sie von hier so weit!
...

Auch der aus Genf stammende französisch-schweizerische Schriftsteller und Philosoph Rousseau hat sich in seinem Briefroman „Julie oder die neue Heloise" (1761) mit der Sehnsucht nach einem glücklichen Ort befaßt. Im 19. Jahrhundert nahmen die französischen Romantiker Rousseau als Vorläufer in Anspruch.

...Die Aufklärung mit ihrer Hinwendung zum Menschen in seinen elementaren
Bedürfnissen mag diese Entwicklung geradezu herausgefordert haben. Die Tendenzen dieser geistigen Strömung reichen zurück bis in das Frankreich des frühen 17. Jahrhunderts, in dem später ... der Grund für die intensive Heimwehdiskussion gelegt wurde. Frankreich läuft der Schweiz den Rang als Heimwehnation 'par excellence' ab.

So begründet Heger in seiner Dissertation seine Beobachtung, dass die Heimwehdiskussion in Frankreich Anfang des 19. Jahrhunderts einen ersten Höhepunkt erreichte (Heger 1986).

1821 erschien die auch ins Deutsche übersetzte und ein Jahr später in der „Zeitschrift für psychische Ärzte" veröffentlichte Arbeit „Über den Sitz und die Folgen der Heimwehkrankheit nebst einigen Bemerkungen über die von selbst oder von mechanisch wirkenden Ursachen entstehenden partiellen Gehirnverletzungen" des französichen Chirurgen Larrey, einem der Ärzte Napoleons. Larrey berichtet aufgrund seiner Erfahrung, die er während der Feldzüge Napoleons sammelte, darüber, dass die Heimwehkranken auf dem Höhepunkt der Geistesverwirrung aus der Ferne wunderbare Gemälde ihrer Heimat sehen. Er beschrieb auch den Ablauf der Krankheit in drei Stadien, nämlich einer ersten Phase mit

> ... Aufregung, Steigerung der Wärme auf dem Kopfe, gehobenen Pulsschlag und regelosen Bewegungen, hastigem und nachlässigem Sprechen, Gähnen, Seufzen, Verstopfung und herumziehenden Schmerzens.

Das 2. Stadium ist gekennzeichnet durch

> ... Druck und Gefühl von Zwang in allen Teilen, Magen und Zwerchfell Verfallen in eine gewisse Trägheit, Symptome von Magen-Darm-Entzündungen, heftig werdendes Fiebers ...

und im 3. Stadium zeigen sich schließlich

> ... Schwäche, allgemeines Sinken der Kräfte, Traurigkeit, Seufzen, Tränen vergießen, Abscheu vor Nahrungsmitteln und klarem Wasser, Selbstmord oder allmähliches Erlöschen der Lebenskraft. (Larrey 1822)

Diese Zusammenfassung kann man der wiederum fast 100 Jahre später erschienenen Dissertation des Arztes und Philosophen Karl Jaspers mit dem Titel „Heimweh und Verbrechen" (1909) entnehmen. Im Vorwort beschreibt dieser das Ziel seiner Recherchen, die eine weitere Facette des Themenkreises „Nostalgie und seelische Gesundheit" untersuchten:

> Es wird zunächst historisch untersucht, was für Anschauungen über das Heimweh und seine Bedeutung geherrscht haben. Es erschien nicht überflüssig, auf diesem ganz kleinen Gebiet eine Vorarbeit für den künftigen Historiker der Psychiatrie zu leisten, zumal deutlich wurde, dass das Heimweh früher nach Auffassung der Ärzte eine viel größere Bedeutung hatte als heutzutage. Ferner wurde

versucht, die bis jetzt beschriebenen Fälle von Verbrechen aus Heimweh, die z. T. in schwer zugänglichen Schriften zerstreut sind, zusammenzustellen. (Jaspers 1996)

Jaspers betrachtete das Heimweh als Problem der sozialen Unterschicht, die im Zuge der industriellen Revolution aus der ländlichen Umgebung in die Großstädte gezwungen wurde. Mangelnde Anpassungsfähigkeit und „beschränkter Horizont" galten als „Voraussetzung" für eine entsprechende psychische Anfälligkeit. In dem bereits zitierten „Meyers Konversationslexikon" von 1887 findet unter dem Stichwort „Heimweh" eine dem wissenschaftlichen Zeitgeist entsprechende Passage:

> Die Disposition zu dieser Krankheit scheint bei dem einzelnen Individuum wie bei ganzen Volksgruppen an eine niedere Stufe der Zivilisation und an eine einfache, einförmige, mit der nächsten Umgebung in der ausschließlichsten Verbindung stehende Lebensweise gebunden zu sein.

Und weiter heißt es dort:

> Die gewaltige Macht, welche das Heimweh auf den davon befallenen ausübt, erhält u. a. aus der Tatsache, dass es in Frankreich bis über die Mitte des 18. Jahrhunderts hinaus bei Todesstrafe verboten war, den Kuhreigen zu singen oder zu pfeifen, weil die schweizerischen Soldaten durch das Hören desselben haufenweise in Heimweh verfielen, desertierten oder starben.

Die Figur des heimwehkranken, Kuhreigen singenden und deshalb mit dem Tode bestraften Schweizer Soldaten wurde weltberühmt und war u. a. als Gedicht „Der Schweizer" Bestandteil der von Bettina von Arnim und Klemens von Brentano zusammengestellten Liedersammlung „Des Knaben Wunderhorn" (1805):

Der Schweizer

> Zu Straßburg auf der Schanz,
> Da ging mein Trauern an,
> Das Alphorn hört ich drüben wohl anstimmen,
> Ins Vaterland mußt ich hinüber schwimmen,
> Das ging nicht an.

Ein Stunde in der Nacht
Sie haben mich gebracht:
Sie führten mich gleich vor des Hauptmann Haus,
Ach Gott, sie fischten mich im Strome auf,
Mit mir ists aus.

Früh Morgens um zehn Uhr
Stellt man mich vor das Regiment;
Ich soll da bitten um Pardon,
Und ich bekomm doch meinen Lohn,
Das weiß ich schon.

Ihr Brüder allzumahl,
Heut seht ihr mich zum letztenmahl;
Der Hirtenbub ist doch nur Schuld daran,
Das Alphorn hat mir solches angethan,
Das klag ich an.

(Strophen 1-4;
http://gutenberg.spiegel.de/arnim/wundhorn/Druckversion_wh1145.htm)

Auch drei Opern wurden im Verlaufe des 19. Jahrhunderts zu diesem Phänomen geschrieben und aufgeführt. Die Popularität des Themas war möglicherweise auch eine Anregung für Johanna Spyri, 1880 und 1881 ihre beiden bereits erwähnten, noch heute so populären „Heidi-Bücher" zu verfassen.

Einige der aufgeführten historischen Überlegungen zur Nostalgie bzw. zum Heimweh, mithin also zum Zusammenhang von Wanderungsbewegungen und deren psychischen Auswirkungen auf Migrantinnen und Migranten, muten uns heute vielleicht merkwürdig, z.T. bizarr an. Doch auch aktuelle Forschungsarbeiten sind zu dem Schluss gekommen, dass Wohnortwechsel zumindest potentiell mit Stress verbunden sind und auch das Risiko psychischer und körperlicher Erkrankungen deutlich erhöhen, wenngleich es bei der Interpretation dieser Studienergebnisse eine Reihe von Schwierigkeiten gibt, denn Korrelationen implizieren ja nicht immer einen kausalen Zusammenhang (Fisher 1991).

In diesem Zusammenhang sei beispielhaft auf die auch in Deutsch erschienene Studie von Shirley Fisher hingewiesen, die im Vorwort ihres Buches „Heimweh. Das Syndrom und seine Bewältigung" schreibt:

In medizinischen Texten aus dem 16. und 17. Jahrhundert wurde die Frage erhoben, ob beim Auftreten von Heimweh Umweltfaktoren ausschlaggebend seien oder ob bestimmte Charaktermerkmale die Betroffenen für die Erfahrung von Heimweh prädestinierten. Dieser Frage wollten wir auch ... nachgehen, obwohl sie nicht vollständig beantwortet werden kann. Wir haben Hinweise auf starke Umwelteinflüsse gefunden, stießen aber auch auf deutliche Anzeichen dafür, dass es Persönlichkeiten gibt, die für die Erfahrung von Heimweh prädisponiert scheinen, da sie sich bereits vor dem Verlassen der vertrauten Umgebung von den Versuchspersonen ohne Heimweh deutlich unterscheiden ...Im Verlauf der Untersuchung wurde deutlich, dass die neue Umgebung bei der Kontrolle von Heimwehepisoden eine mäßigende Rolle Einnehmen kann. Wird die neue Umgebung als attraktiv empfunden, hat dies positive Auswirkungen auf das persönliche Engagement für den neuen Lebensstil.

In dem Forschungsbericht werden verschiedene Hinweise darauf diskutiert, dass

... es sich beim Heimweh um ein sekundäres Phänomen handeln könnte: eine Reaktion auf die wahrgenommenen Belastungen durch die neue Umgebung. (Fisher 1991).

In einem Schlusskapitel gibt Fisher Empfehlungen zur Beratung und ggf. Behandlung von Menschen, die unter Heimweh leiden. Sie schreibt:

Die hauptsächliche Stoßrichtung sollte darauf abzielen, die Betroffenen davon zu überzeugen, sich für einige Aspekte der neuen Umgebung zu engagieren. Dies schließt die Teilnahme am sozialen Leben der neuen Umgebung und entsprechende Freizeitaktivitäten ein. Insbesondere sportliche Interessen sollten unterstützt werden. Die Grübeleien, von denen heimwehkranke Menschen oft geplagt werden, können durch konkurrierende Informationen gemildert werden, was wiederum dazu beitragen kann, die psychischen Belastungen abzubauen und den Anpassungsprozess zu fördern. (Fisher 1991)

Ganz ähnlich hat man schon 1887 in Meyers Konversations-Lexikon geraten:

Zur Verhütung des Heimwehs ... dient alles, was Heiterkeit, Mut und Hoffnung zu erwecken und zu erhalten imstande ist. Humane Behandlung, Vermeidung von Müßigkeit, von übermäßiger Anstrengung und Neckereien, gymnastische Übungen, nützlicher Unterricht, Spiele, Musik etc.

Literatur

Eichendorff, J. (1977) Heimweh. In: Deutsches Gedichtbuch. Lyrik aus acht Jahrhunderten. Hrsg. U. Berger u. G. Deicke. Berlin, Weimar: Aufbau Verlag

Ernst, F. (1949) Vom Heimweh. Zürich: Fretz & Wasmuth

Fisher, S. (1991) Heimweh. Das Syndrom und seine Bewältigung. Göttingen, Toronto: Hans Huber Verlag

Heger, P.E. (1986) Die Heimwehkrankheit aus der französischen Sicht des 18. und frühen 19.Jahrhunderts. Inauguraldissertation. Med. Fakultät, Kiel

Jaspers, K. (1996) Heimweh und Verbrechen. München: Belleville

Larbig W.: Heimweh als Krankheitsfaktor. Med Klinik, 76, 1981: 36-39

Larrey, J.: Ueber den Sitz und die Folgen der Heimwehkrankheit nebst einigen Bemerkungen über die von selbst oder auch von mechanisch wirkenden Ursachen entstehenden partiellen Gehirnverletzungen. Zeitschrift für psychische Aerzte, mit besonderer Berücksichtigung des Magnetismus. Erstes Vierteljahresheft für 1822, S. 153 ff

Leuschner, U. (1991) Sehn-Sucht. 26 Studien zum Thema Nostalgie (www.udoleuschner.de/sehn-sucht/index.htm) [26.11.2006]

Meyers Konversations-Lexikon (1887) Eine Encyklopädie des allgemeines Wissens. 4. Aufl. Band 8. Leipzig: Verl. D. Bibliographischen Instituts

Pfeiffer, W.M. (1994) Die nostalgische Reaktion. In: Transkulturelle Psychiatrie. Stuttgart, New York: Thieme

Spyri, J. (2006) Heidi. Lehr und Wanderjahre. Heidi kann brauchen, was es gelernt hat. Münster: Coppenrath. (www.uni-essen.de/literaturwissenschaft-aktiv/Vorlesungen/epik/heidi.htm) [26.11.2006]

Zwingmann, Ch.: Die Heimwehreaktion alias „pothopatridalgia". Arch Psychiatr Z ges Neurol, 201, 1961: 445-464

Petrus Han

Angst vor Fremden und Migrationsrealität – ein unlösbarer Widerspruch?

1. Erkenntnisstand der Angstforschung

Unter dem Phänomen der Angst – das Wort „*Angst*" ist verwandt mit dem lateinischen Wort „*angus*" (eng bzw. einengend) – wird allgemein ein innerer Erregungszustand aufgrund von Situationen verstanden, in denen sich Menschen bedroht fühlen. Die Bedrohung bzw. Gefahr, die Menschen tatsächlich oder vermeintlich wahrnehmen, ist somit zentral für das Verständnis des Angstphänomens. Angst zeigt an, dass eine Gefahr droht. Angst ist ein Warn- und Gefahrensignal. Konstitutiv für das Gefühl der Angst ist seine Diffusität, so dass die Ursachen und Anlässe wenig bekannt sind. Die unterschiedlichen Betrachtungsweisen der Bedrohung bzw. Gefahr dokumentieren sich in den verschiedenen Theoriemodellen der Angstforschung (Floßdorf 1988, Flöttmann 1989, Sörensen 1992).

Die psychoanalytische Angstforschung versucht, in Anlehnung an die Theorie der Angstneurose von Sigmund Freud, die Erlebnisformen der Realangst (Furcht), die durch die Bedrohung von außen ausgelöst wird, und der neurotischen Angst, deren Quelle in der Vorstellung des Menschen liegt, zu erforschen. Trotz ihrer theoretischen Bedeutung kann dieser Forschungsansatz keine Aussagen darüber machen, welche Gefahr oder Bedrohung in welcher Intensität welchen Angstzustand bei Menschen auslöst (Floßdorf 1988, Flöttmann 1989). Aus diesem Grund versucht die vom Behaviorismus inspirierte, streng experimentelle und lerntheoretisch orientierte Angstforschung durch Tierexperimente aufzuzeigen, dass ein ursprünglich neutraler Reiz (*unconditioned stimulus*) in Kombination mit einem anderen Reiz im Verlauf der wiederholten Darbietung (z.B. Gongschlag in Kombination mit Futter) in einen bedingten Reiz (*conditioned stimulus*) umgewandelt werden kann, der bei Tieren und teilweise auch bei Menschen bedingte Reaktionen (*conditioned response*) auslöst. Die Tatsache, dass ein bedingter Reiz eine bedingte Reaktion auslöst, liegt im Lernprozess begründet, in dem Tiere durch die mit dem bedingten Reiz verbundene Belohnung (z.B. Futter) oder Bestrafung (z.B. Schmerz) konditioniert werden. Nach diesem Ansatz wird die Konditionierung der Angstzustände sozial erlernt, indem die Angstreaktionen der nahe stehenden Menschen beobachtet werden. Man lernt somit auf einen ursprünglich neutralen Reiz ängstlich zu reagieren, wenn die Umwelt darauf ängstlich reagiert. Eine von der Einstellung der Umwelt abweichende Reaktion wird in der Regel von der Umwelt unterdrückt. So gesehen ist Angst nicht nur ein subjektiv individuelles Phänomen, sondern auch ein Produkt sozialer Interaktionen und ein gesellschaftliches Phänomen, dessen Ursachen oft außerhalb des individuellen Lernhorizonts liegen, und dessen Bewältigungsstrategien eine kollektive Dimension (z.B. die Bekämpfung des Terrorismus) haben (Sörensen 1992, Dreitzel 2003).

Die neuere kognitiv orientierte Angstforschung konstatiert dagegen, dass die Entstehung der Angst durch Angst auslösende Reize (Angststimuli) keinen automatisch ablaufenden Prozess darstellt, in dem die erlernten Angstreaktionen aktiviert werden, wie das behavioristische Lernmodell der Konditionierung unterstellt. Vielmehr setzt das Auslösen von Angst über das Abschätzen der Gefährlichkeit einer Situation hinaus zusätzlich einen kognitiven Bewertungsprozess voraus, der eine Beurteilung der eigenen Handlungsmöglichkeiten angesichts der Bedrohung einschließt. In diese Beurteilung fließen Interpretationen, Erwartungen und Werthaltungen ein. Die kognitiv orientierte Angstforschung untersucht daher die Auswirkungen der realen Angst vor einer möglichen Selbstwertbedrohung auf Wahrnehmung, Denken und Handeln des Menschen. Die fortgesetzte Konfrontation mit gefährlichen Situationen kann entweder zu einer Angst reduzierenden Gewöhnung (*habituation*) und damit zur erfolgreichen Angstbewältigung oder zu einer Steigerung der Angst (*sensibilization*) führen, die dauerhafte Wahrnehmungs-, Denk- und Verhaltensstörungen mit sich bringt (Krohne 1985, Glanzmann 1985, Floßdorf 1988, Sörensen 1992).

Angst als innerer Erregungszustand vor drohender Gefahr versetzt den Organismus in nervöse Spannungszustände (*biological aspects of anxiety problems*), die entweder die Aktivitäten des Organismus zur Bewältigung der Gefahr insgesamt erhöhen oder vorübergehend lähmen (z.B. Schreckmomente) können. Es ist jedoch normal, dass der Organismus grundsätzlich dahin tendiert, die eingetretenen unangenehmen Spannungen möglichst schnell zu beseitigen und seinen Normalzustand wiederherzustellen. So geht aus den Tierexperimenten hervor, dass verängstigte Tiere drei Verhaltensweisen zeigen, um der Bedrohung und den damit verbundenen möglichen negativen Folgen entkommen zu können: Das Sich-Totstellen (*freezing*), das Fliehen (*flight, running away*) oder das Kämpfen und Angreifen (*fight, attack*). Die Reaktionsform, die der Mensch zur Bewältigung seiner Angst wählt, wird dagegen in den sozialen Interaktionen kulturspezifisch erlernt (Hallam 1992).

Angst tritt immer auch dort auf, wo wir uns in einer Situation befinden, der wir nicht oder noch nicht gewachsen sind. Alles Neue und Unbekannte löst daher Angst aus. Da unser Leben immer wieder in Neues, Unvertrautes und noch nicht Erfahrenes führt, begleitet uns Angst ein Leben lang. Es ist normal, dass der Übergang in neuen Lebensphasen mit seinen jeweils neuen Herausforderungen in uns die sog. „*Borderline-Angst*" auslöst. Angst ist damit ein ständiges Begleitphänomen des menschlichen Lebens und zugleich ein nicht wegzudenkender Faktor unserer Entwicklung. Angst fordert uns auf, sie anzunehmen und zu überwinden. Die Bewältigung von Angst bedeutet einen Entwicklungsschritt, in dem wir in unseren Fähigkeiten wachsen und reifen. Das Ausweichen vor der Auseinandersetzung mit Angst hemmt dagegen unsere Weiterentwicklung (Riemann 1995). Die bewusste und unbewusste Abwehr und Vermeidung (*avoid*) von Angst verfestigen dagegen unsere Angsterfahrung (*anxiety memory*), weil wir die Chance nicht nutzen, Angst zu überwinden und zu besiegen. Angst wird durch ihre Vermeidung de facto verfestigt, so dass sie jedes Mal fester verankert und schließlich unüberwindbar wird. Die Annahme der Angst und die konstruktive Auseinandersetzung mit ihr ist damit überlebensnotwendig (*essential for our survival*), weil wir zunehmend fähiger werden, uns den neuen Herausforderungen des Lebens zu stellen (Hallam 1992).

Marginalität und Ausgrenzung durch die Einheimischen als die konstitutive Situation des Fremden

Gemeinsam für alle theoretischen Ansätze der Angstforschung ist die Feststellung, dass die Auslösung der Angst von bestimmten tatsächlich oder vermeintlich wahrgenommenen Angstreizen (Angststimuli) abhängt. Das Neue und Unbekannte gilt dabei als einer der wesentlichen Angstreize. Die Angst der Menschen vor Fremden ist so gesehen ein normaler Vorgang, wie dies z.B. die sog. Achtmonatsangst der Kleinkinder oder die generellen Ängste der Kinder vor fremden Menschen anschaulich dokumentieren.

Bevor jedoch die Angst vor Fremden thematisiert wird, soll das konstitutive Merkmal des Fremden skizziert werden, um sowohl die grundlegenden psychosozialen Befindlichkeiten des Fremden als auch die Angst auslösenden Vorbehalte der Gruppe darzustellen, in die der Fremde kommt und bleiben will. Der Fremde ist, wie Georg Simmel, ein Klassiker der Soziologie (Kaesler 1999), zutreffend analysiert, nicht der Wandernde, der heute kommt und morgen geht. Der Fremde ist für Georg Simmel derjenige, der heute kommt und morgen bleibt (Simmel 1958). Simmel weist darauf hin, dass der Gekommene mit seiner Entscheidung, bleiben zu wollen, statt zu seinem Herkunftsort zurückzukehren, eine Reihe von Problemen und Konflikten für sich selbst und seine Umwelt auslöst.

Diese Probleme sind, um mit der modernen Begriffssprache der Soziologie zu sprechen, die Marginalitätsprobleme des Gekommenen. Diese bestehen wesentlich in der konflikthaften Situation des Fremden, dessen Kommen (Distanz bzw. Ferne) keineswegs Gelöstheit von seiner Herkunft bedeutet, weil diese nicht nur durch das Verlassen einer räumlichen Umgebung allein bestimmt wird. Andererseits bedeutet sein Bleiben keineswegs die Fixiertheit (Nähe) an die neue räumliche Umgebung, weil er niemals so sein wird wie die Einheimischen. Hier tritt eine Konstellation ein, in der Fixiertheit noch keine endgültige Gelöstheit und umgekehrt Gelöstheit noch keine endgültige Fixiertheit impliziert. Die Frage nach Gelöstheit bzw. Fixiertheit ist für Georg Simmel eine Frage des seelischen Zustandes, die nicht nur räumlich entschieden und beantwortet werden kann (Simmel 1958, Han 2005).

Der Fremde ist nicht mehr der Wandernde, weil er in einem neuen räumlichen Umkreis bleiben will. Er ist aber der potentiell Wandernde, weil seine Position in dem neuen räumlichen Umkreis nicht durch diesen endgültig bestimmt werden kann. Er ist zwar nicht weiter gewandert, er hat aber die Gelöstheit des Kommens und Gehens nicht ganz überwunden. Er gehört nicht so in den neuen räumlichen Umkreis wie die Einheimischen. Er trägt Qualitäten in ihn hinein, die eben nicht aus diesem stammen. So gesehen verkörpert der Fremde in sich selbst die Einheit von Gelöstheit und Fixiertheit. Diese Einheit bzw. Synthese schafft jedoch eine Konstellation, die Georg Simmel wie folgt charakterisiert: *„Die Distanz innerhalb des Verhältnisses bedeutet, daß der Nahe fern ist, das Fremdsein aber, daß der Ferne nah ist."* (Simmel 1958). Dies bedeutet, dass der Fremde immer eine gewisse Distanz zu seinem neuen räumlichen Umkreis und zu den Menschen dort haben wird. Dabei ist das Verhältnis zum Raum zugleich als Bedingung und Symbol des Verhältnisses zu den Menschen zu verstehen.

Vor diesem Hintergrund ist er zwar in seinem neuen räumlichen Umkreis physisch anwesend, er wird sich aber mit Menschen und Gegebenheiten dort nicht so vertraut und verbunden fühlen, wie dies bei den Einheimischen der Fall ist. Seine innere und äußere Distanz wird nie völlig ausgeräumt werden. Georg Simmel gesteht daher dem Fremden die „*Objektivität*" bzw. „*Vogelperspektive*" zu (Simmel 1958), die die Einheimischen nicht haben, so dass der Nahe in dem neuen räumlichen Umkreis für ihn doch fern bleibt. Auf der anderen Seite hat er seine Gelöstheit von seinem Herkunftsraum (das Fremdsein) nicht ganz überwunden, so dass für ihn der Ferne, unabhängig von der räumlichen Entfernung, gedanklich und innerlich doch immer greifbar nah und präsent bleibt. Er begegnet daher anderen Menschen relativ vorurteilsfrei und objektiv (Han 2005). Seine marginale Situation besteht darin, dass er weder mit seiner Herkunft und Tradition bricht noch von der Gesellschaft akzeptiert wird, in die er aufgenommen werden möchte. Er lebt in und zwischen zwei Kulturen. Er bleibt aber in beiden Kulturen ein Außenseiter (*outsider*). Er ist ein „*marginal man*", der in sich die ambivalenten psychosozialen Konflikte zwischen zwei Kulturen aushalten muss, weil die Frage nach seiner Zugehörigkeit ungeklärt bleibt. In diesem Sinne ist die Marginalität (die ungeklärte Zugehörigkeit) ein Kennzeichen des Fremden (Park 1928, Han 2005).

Auf der anderen Seite hat auch die Umwelt, in die der Fremde gekommen ist und bleiben will, Probleme mit ihm. Er löst durch seine Fremdheit bei den Einheimischen Angst aus. Für sie ist die Andersartigkeit des Fremden total. Er ist nicht nur von seiner äußeren Erscheinung, sondern insgesamt von seinem Wesen her fremd. Seine Herkunftskultur, Religion, Sprache und all das, was sein kulturelles Selbstverständnis ausmacht (z.B. Denkweisen, Gewohnheiten, Verhaltensweisen), sind unbekannt und fremd.

Es ist allgemein bekannt, dass jeder Mensch eine kultur- und gesellschaftsspezifische Sozialisation durchläuft, um in seiner Kultur und Gesellschaft lebensfähig zu werden. Dabei wird er gleichzeitig kultur- und gesellschaftsspezifisch fixiert und eingrenzt. Jeder Mensch hat daher einen durch die Sozialisation angelegten und verborgenen Hang zum Ethnozentrismus: Die grundlegende geistige Haltung, die Welt durch das Wertsystem der eigenen Gruppe zu sehen. Die Eigengruppe wird als Mittelpunkt und Maßstab aller Dinge begriffen und bewertet. Damit wird die Eigengruppe (*we-group*) überlegener (*superior*), kann göttlich und sogar zur Religion werden, während die Fremdgruppen (*others-group/out-group*) als minderwertig herabgestuft werden. Diese in die Wiege des Menschen hineingelegte Prädisposition zum Ethnozentrismus bedeutet zweierlei: Zum einen grenzt man diejenigen, die der Eigengruppe nicht zugehören, als Fremde (*outsider*) aus. Die Mitglieder der Eigengruppe verstehen sich als „Wir" bzw. Einheimische (*insider*) und entwickeln ein Gruppengefühl (*group sentiment*) in Abgrenzung zu allen anderen Fremdgruppen. Die Beziehungen der Menschen in der Wir-Gruppe sind durch Kameradschaft und durch Frieden geprägt, während ihre Beziehungen zu Fremdgruppen durch Feindseligkeit und Krieg bestimmt sind, wie die unzähligen historischen Beispiele belegen. Zum anderen begegnet man dem Fremden mit Angst und Misstrauen. Latente Xenophobie wird somit als Produkt der Erziehung und Sozialisation jedem in die Wiege gelegt (Sumner 1940, Han 2005).

Migrationsrealität in Deutschland und Normalität der Angst vor Fremden

Die heutige Migrationsrealität in Deutschland ist weitgehend durch die Migrationsvorgänge geprägt, die nach dem Zweiten Weltkrieg eingetreten sind. Sie ist so komplex und facettenreich, dass ihre Beschreibung in einem begrenzten Rahmen nur eine selektive Bestandsaufnahme sein kann. Einer der zentralen Bestimmungsfaktoren der heutigen Migrationsrealität stellt die Anwerbung der Arbeitskräfte aus den südeuropäischen Ländern in der wirtschaftlichen Aufbau- und Wachstumsphase unmittelbar nach dem Zweiten Weltkrieg dar. Bis zum generellen Anwerbestopp am 23. November 1973 hat die Bundesanstalt für Arbeit aufgrund der Regierungsvereinbarungen mit Italien (1955), Griechenland und Spanien (1960), der Türkei (1961), Portugal (1964) und Jugoslawien (1968), Marokko (1963/1966) und Tunesien (1965) insgesamt 2,39 Mio. ausländische Arbeitskräfte nach Deutschland vermittelt. Diese Zuwanderung von Arbeitsmigranten erfolgte in einer Zeit, in der die Zahl der Erwerbstätigen in Deutschland um 2,3 Mio. zurückging. Die Arbeitsmigranten haben so gesehen den Fehlbedarf an Arbeitskräften ausgeglichen und substituiert (Pagenstecher 1996, BMFSFJ 2000, Han 2005).

Die Energiekrise 1973 und die dadurch ausgelöste Wirtschaftskrise in Deutschland haben dazu geführt, dass ca. 1 Mio. Arbeitsplätze von ausländischen Arbeitnehmern abgebaut wurden. Der Rückgang des Anteils von Männern an der ausländischen Bevölkerung wurde jedoch durch den fast in gleichem Umfang gestiegenen Anteil von Frauen und Kindern ausgeglichen, der auf die Familienzusammenführung der in Deutschland gebliebenen Arbeitsmigranten zurückzuführen war. In den 1980er Jahren war dieser Familiennachzug weitgehend abgeschlossen und die ausländische Wohnbevölkerung stabilisierte sich auf dem Niveau von ca. 4,5 Mio. (Han 2005).

Ein zweiter entscheidender Bestimmungsfaktor der heutigen Migrationsrealität stellt die Zuwanderung der Aussiedler aus den ost- und südeuropäischen Ländern dar. Von 1988 bis heute reisten rund 3 Mio. Aus- und Spätaussiedler in die Bundesrepublik Deutschland ein (www.bva.bund.de). Ab dem 1. Januar 1993 erfolgt ihre Aufnahme nach dem Kriegsfolgenbereinigungsgesetz, das zu diesem Zeitpunkt in Kraft getreten ist. Nach diesem

Gesetz gelten sie als Nachzügler der allgemeinen Vertreibung, so dass sie als Spätaussiedler bezeichnet werden. Sie sind im Vergleich zu den anderen ethnischen Gruppen in Deutschland die privilegierteste Zuwanderergruppe, weil sie deutschen Staatsbürgern gleichgestellt sind, wenn sie nach Art. 116 Abs. 1 des Grundgesetzes und nach § 6 des Bundesvertriebenengesetzes ihre deutsche Volkszugehörigkeit nachweisen können. Bis 1990 stammte der überwiegende Anteil von ihnen aus Polen und Rumänien, während sich ihre Herkunft ab 1990 fast ausschließlich (95%) zugunsten der ehemaligen Sowjetunion verschoben hat (Han 2005). Trotz der deutschen Volkszugehörigkeit bringen sie ihre Herkunftskultur und Sprache mit, so dass sie nicht nur Probleme der Eingliederung in die deutsche Gesellschaft haben, sondern der sozialen Distanz der einheimischen Bevölkerung ausgesetzt sind. Für die Einheimischen sind sie *„fremde Deutsche"* bzw. *„Russlanddeutsche"* (Ministerium für Arbeit Gesundheit u. Soziales Nordrhein-Westfalen 1992).

Ein dritter Bestimmungsfaktor der Migrationsrealität stellt die Zuwanderung von Flüchtlingen dar. Die Zahl der Asylsuchenden in der Bundesrepublik Deutschland stieg seit der zweiten Hälfte der 1980er Jahre stetig an und erreichte in den Jahren von 1990 (193.100 Asylsuchende), 1991 (256.100), 1992 (438.200) und 1993 (322.600) beispiellose Rekordhöhen. 53 % aller in Europa gestellten Asylanträge wurden in Deutschland gestellt. Gewalttätige Übergriffe auf Wohnheime von Asylsuchenden und Ausländern (z.B. in Hoyerswerda, Rostock-Lichtenhagen, Hünxe, Solingen, Mölln) nahmen zu. Die „Republikaner" instrumentalisierten diese fremdenfeindliche Stimmungslage zu ihren politischen Zwecken. Unter dem Druck der Kommunen und Wohlfahrtsverbände, die bei der Unterbringung und Versorgung der Flüchtlinge bis an den Rand ihrer Leistungskapazität belastet wurden, und der zunehmend eskalierenden xenophobischen Stimmungslage hat der Bundestag am 26.5.1993 die Ergänzung zum Art. 16 des Grundgesetzes verabschiedet, die am 1. Juli 1993 rechtskräftig wurde. Damit wurde das höhere Gut des im Grundgesetz verankerten und einklagbaren individuellen Verfassungsrechts auf Asyl in seiner Substanz zum Nachteil der Asylsuchenden restriktiv geändert. So wurde die Einreise in die Bundesrepublik Deutschland zum Zwecke der Asylantragstellung de facto kaum möglich. Vor diesem Hintergrund sinkt die Zahl der Asylsuchenden in Deutschland seit 1994 kontinuierlich (Han 2005). Im Jahr 2004 wurden insgesamt 35.607 Asylanträge gestellt. Zwischen 1990 bis Ende 2003 haben über 2,1 Mio. Menschen um politisches Asyl nachgesucht (BBFMFI 2004). Zu der Gruppe der Flüchtlinge zählen auch die sog. De-facto-Flüchtlinge, deren Aufenthalt in Deutschland trotz der Ablehnung ihres Asylgesuchs aus humanitären Gründen geduldet wird. Das Kontingentflüchtlingsgesetz, nach dem bisher die jüdischen Emigranten aus den Nachfolgestaaten der Sowjetunion aufgenommen wurden, wurde mit dem Inkrafttreten des neuen Zuwanderungsgesetzes am 1. Januar 2005 aufgehoben. Die Aufnahme der Juden aus der ehemaligen Sowjetunion erfolgt nun nach § 23 des neuen Zuwanderungsgesetzes (www.bmi.bund.de: Migrationsbericht 2005).

Weiterhin sind die EU-Ausländer, ausländische Studierende und illegale Migranten zu nennen, die weitere Facetten der Migrationsrealität ausmachen. 2004 war Deutschland mit 780.175 Zuwanderern das zuwanderungsstärkste Land Europas (BBFMFI 2004). Ende 2003 lebten insgesamt 7,335 Mio. Menschen mit ausländischer Staatsangehörigkeit in Deutschland (8,9% der Gesamtbevölkerung), wobei die Türken mit einem Anteil von 25,6% an der Gesamtzahl der Ausländer die größte ausländische Wohnbevölkerung ausmachte. Von den 7,335 Mio. Ausländern war jeder Fünfte in Deutschland geboren. Ende 2003 lebte etwa ein Drittel der ausländischen Bevölkerung seit 20 Jahren oder länger in Deutschland und 19% sogar seit 30 Jahren und länger (BBFMFI 2004).

Diese Daten machen deutlich, dass die ethnische Zusammensetzung der deutschen Gesellschaft pluraler geworden ist. Damit hat die Vielfalt von Kulturen, Sprachen, Religionen, Lebensweisen und Gewohnheiten in Deutschland zugenommen. Nach dem Ergebnis des Mikrozensus 2005 weisen 15,3 Millionen Menschen in Deutschland (19% der deutschen Bevölkerung) einen Migrationshintergrund auf. Zu den Personen mit Migrationshintergrund zählen zugewanderte Ausländer und Eingebürgerte, unabhängig davon, wo sie geboren sind, und ob sie eine weitere Staatsangehörigkeit zusätzlich zur deutschen besitzen (Statistisches Bundesamt 2006).

Eine weitere Realität der deutschen Gesellschaft ist die Tatsache, dass die zugewanderten Migranten eine ausgeprägte territoriale Konzentration in einigen Stadtstaaten, Bundesländern (Hamburg, Berlin, Bremen, Baden-Württemberg, Hessen und Nordrhein-Westfalen) und Großstädten (Frankfurt, Stuttgart, München) aufweisen (BBFMFI 2004). 58,1% der Ausländer leben in städtischen Regionen Deutschlands (BMFSFJ 2000). Typisch für die ausländische Wohnbevölkerung in den städtischen Teilräumen innerhalb der genannten Großstädte ist wiederum ihre starke residentiale Konzentration. Diese territoriale und residentiale Konzentration ist primär auf die Nachfrage der Wirtschaft nach ausländischen Arbeitskräften und auf die allgemeinen Diskriminierungen auf dem Wohnungsmarkt zurückzuführen (Han, 2005). Auf der anderen Seite werden die Migranten zu solchem Schließungsprozess gezwungen, um in einer Gesellschaft zu überleben, in der sie marginalisiert und ausgegrenzt werden. Für sie sind die emotionale Geborgenheit und Sicherheit in der koethnischen Gruppe überlebenswichtig. Die territoriale und residentiale Konzentration der Migranten ist jedoch mit zwei negativen Folgen verbunden. Zum einen bleiben ihre sozialen Interaktionen weitgehend auf die eigenen Primärgruppen beschränkt. Die Mehrheit der Einheimischen kennt die Migranten oft nur aus flüchtigen Begegnungen und aus Berichten in den Medien. Zum anderen treten die Migranten in ihrer territorialen und residentialen Konzentration besonders auffallend in Erscheinung (*visibility*). Die unzureichende Information der Einheimischen über die fremde Kultur und die auffällige Konzentration begünstigen dabei die Vorurteils- und Stereotypenbildungen.

Geht man von dem Erkenntnisstand der Angstforschung und von der sozialisationsbedingten Prädisposition der Menschen zum Ethnozentrismus aus, so ist es ein normaler Vorgang, dass Fremden gegenüber Angst entwickelt werden kann. Wie die skizzierte Migrationsrealität deutlich macht, stellt die Migration ein nicht wegzudenkendes Strukturelement der deutschen Gesellschaft dar. Dennoch liegt die Vermutung nahe, dass die ausländische Wohnbevölkerung in ihrer kulturellen, religiösen und sozialen Andersartigkeit der Mehrheit der Einheimischen letztlich fremd geblieben ist. Wenn diese Vermutung richtig ist, ist es verständlich, wenn ein Teil der Einheimischen Angst vor Fremden hat. Diese Angst ist jedoch diffus und latent. Sie existiert als ein diffuses Gefühl der Bedrohung, das durch Millionen von Fremden ausgelöst wird. Die Entstehung dieser Angst bezieht sich in der Regel nicht auf ein konkretes fremdes Individuum, sondern auf eine nicht präzisierbare Kategorie von Menschen fremder Herkunft. Wie das Nachwort „*Phobie*" bei dem Begriff „*Xenophobie*" bereits erkennen lässt, ist die Fremdenangst eine auf die reale, aber unbestimmte soziale Situation bezogene irrationale Angst, deren Ursache nicht eindeutig benannt und rational begründet werden kann.

2. Konstruktive Bewältigung der Angst vor Fremden als gesamtgesellschaftliche Aufgabe

Geht man von der Angstforschung aus, dann darf die diffuse und irrationale Angst vor Fremden, die bei einem Teil der deutschen Bevölkerung vorhanden ist, nicht abgewehrt bzw. verdrängt werden, wenn man ihren späteren negativen Folgen vorbeugen will. Obwohl die Vermeidung der Angst die am häufigsten angewandte Strategie der Angstbewältigung darstellt, festigt sie letztlich die vorhandene Angst und führt dazu, aus einer situationsbezogenen Zustandsangst (*anxiety state*) eine Angst entstehen zu lassen, die sich allmählich zu einer Verhaltensdisposition und zu einem Wesenszug (*anxiety trait*) entwickelt. Die Strategie der Vermeidung der Angst schließt generell den Lernprozess aus, in dem Angst konstruktiv überwunden werden kann (Sörensen 1992).

Die Vermeidung der Fremden in den sozialen Interaktionen ist keine produktive Form der Angstbewältigung. Sie festigt die vorhandenen Vorurteile, die möglicherweise erst die Angst vor Fremden hervorgerufen haben, und trägt zur Entstehung neuer Vorurteile bei. Sie unterdrückt die Fähigkeit des Menschen, das Neue zur eigenen Bereicherung selektiv, kritisch und konstruktiv aufzunehmen. Sie hindert nicht nur eine differenzierte Wahrnehmung, sondern führt zu rigider Stereotypenbildung und dogmatischer Haltung. Dadurch kann die realistische Einschätzung der Fremden durch persönliche Begegnung nicht stattfinden. Will man der Angst vor Fremden nicht durch Flucht entkommen, muss man bereit sein, sich mit der Angst vor Fremden konstruktiv auseinanderzusetzen. Angst ist Warnsignal und Alarmzeichen, das nicht nur auf mögliche Gefahren hinweist, sondern auch aktive Bewältigungsstrategien dazu herausfordert. Ihre positive Annahme und konstruktive Überwindung sind unverzichtbare Voraussetzungen für die Entwicklung interkultureller Fähigkeiten im Umgang mit Fremden.

Die Angstforschung macht deutlich, dass Menschen die Neigung haben, ihre nicht verarbeiteten Ängste auf wehrlose Ersatzobjekte zu projizieren und „Sündenböcke" für ihre Ängste zu konstruieren (Riemann 1995). Dies bedeutet, dass die konstruktive Bewältigung der Angst vor Fremden die Verhinderung aller Formen der Projektion von unbewältigten Problemen auf Ersatzobjekte (z.b. Fremden) einschließt. Die Angst vor Fremden resultiert aus den diffusen und inhaltlich kaum konkret bestimmbaren Empfindungen, sich durch die Fremden bedroht zu fühlen. Sie ist überwiegend affektgeleitet. Auf diese Affektbesetzung muss besonders geachtet werden, weil sich darin viele gesellschaftlich bedingte Existenzängste so verdichten und kulminieren können, dass sich diese auf Kosten der Fremden entladen. Die Fremden werden dann zum *„Sündenbock"*, der für alle Miseren verantwortlich gemacht wird.

Die historischen Beispiele aus dem größten Einwanderungsland USA belegen, dass die Intensität der irrationalen Angst vor Fremden primär davon abhängt, ob und inwieweit die Einheimischen die Anwesenheit der Fremden als wirtschaftliche Wettbewerbsnachteile für sich antizipieren. Die fremdenfeindlichen Agitationen und Aufstände sind oft Folgen solcher antizipierten Ängste der Einheimischen (Han 2005).

Die Wettbewerbsangst der Einheimischen vor Fremden ist in wirtschaftlichen Krisenzeiten besonders ausgeprägt. Die erhöhte Angst z.B. vor möglicher Arbeitslosigkeit führt in solchen Krisenzeiten unter anderem dazu, dass die Einheimischen die Fremden als potentielle Konkurrenten auf dem Arbeitsmarkt wahrnehmen. Diese Wahrnehmung ist zumeist unbegründet, weil die Fremden in der Regel dort nach Erwerbschancen suchen, wo der Wettbewerb mit den Einheimischen nicht zu erwarten ist. Dennoch wird deutlich, dass die Angst der Einheimischen vor Fremden in wirtschaftlichen Krisenzeiten mit ihrer Angst vor Arbeitslosigkeit vermengt wird. In der Tat führt die Globalisierung der Wirtschaft, die seit etwa 1990 als logische Konsequenz der radikalen Restrukturierung der Weltwirtschaft durch die Industrieländer eintritt, zur kontinuierlichen De-Industrialisierung und De-Zentralisierung der Produktion in den Industrieländern, so dass diese ihre bisherigen industriellen Standorte im eigenen Land sukzessiv abbauen und in die Niedriglohnländer der Peripherieregionen der kapitalistischen Weltwirtschaft verlagern, um die Lohnkosten der Produktion und Sozialversicherungskosten zu senken. Die unmittelbare Konsequenz dieses Prozesses ist die kontinuierliche Freisetzung der industriellen Arbeitskräfte und die steigende Arbeitslosigkeit in den Industrieländern (Han 2006).

Die skizzierten Entwicklungen sind mit den generellen Unsicherheiten und Zukunftsängsten der Menschen in den Industrieländern verbunden, weil sie nun die Gefährdung ihres wirtschaftlichen Wohlstands befürchten müssen, den sie in der langen wirtschaftlichen Wachstumsperiode (1950-1973) nach dem Zweiten Weltkrieg erreicht haben. Dieser Wohlstand wird grundlegend gefährdet durch die allgemein steigende Gefahr der Arbeitslosigkeit, die nun jeden Arbeitnehmer im Zuge der Rationalisierung der Produktion und internationalen Fusionen von Firmen treffen kann (Han 2003).

Die Gefahr, dass die Menschen ihre unbewältigten Ängste auf die Fremden projizieren und dadurch ihre Angst vor Fremden durch irrationale Affekte zusätzlich verstärken können, macht auch das Beispiel der kollektiven Angst vor Terrorismus in der Gegenwart deutlich. Die Terroranschläge auf das World Trade Center und das Pentagon am 11. September 2001 in den USA haben die gesamte westliche Welt in Angst und Schrecken versetzt. Die Weltwirtschaft und die westliche Welt brauchten einige Jahre, um sich von diesem Schock und von der dadurch ausgelösten wirtschaftlichen Lähmung zu erholen. In diesem Zusammenhang wurde das Thema *„der Kampf der Kulturen"* (Huntington 1997) zum Gegenstand aktueller und kontroverser Diskussionen. Die Nachwirkungen dieser Terroranschläge und einer Serie weiterer Anschläge auf Bali, in Tunesien, Madrid, London, im nordossetischen Beslan, in Ägypten und Indien haben so nachhaltige Spuren im Gedächtnis der heutiger Menschen hinterlassen, dass die Angst vor Terrorismus eine weltweite und kollektive Dimension erreicht hat. Sie ist nun nicht mehr die Angst Einzelner, sondern primär zu einer kollektiven Angst der Gesellschaften geworden. Eine der unmittelbaren Folgen davon ist das generelle Misstrauen der Menschen gegenüber Fremden unter dem Einfluss der verstärkten politischen Terrorismusbekämpfung. Die Angst der heutigen Menschen vor Fremden erfährt dadurch eine zusätzliche Sensibilisierung. Die wachsenden Zukunfts- und Existenzängste, denen die Menschen nicht ausweichen können, können leicht auf die Fremden übertragen werden. Die politisch rechts motivierten Gewalttaten mit fremdenfeindlichem Hintergrund, die jährlich im Verfassungsschutzbericht (www.bmi.bund.de) veröffentlicht werden, sind als Beispiele solcher Projektionen anzusehen, die überwiegend von gesellschaftlich frustrierten Individuen vorgenommen werden.

Die soziale Genese der Fremden in der modernen Gesellschaft geht auf die Migration zurück. Die wachsenden Migrationen werden immer mehr Fremde hervorbringen. Angst vor Fremden wird damit ein bleibender Bestandteil des gesellschaftlichen Lebens sein, weil die Andersartigkeit der Fremden nicht gänzlich weggewischt werden kann. Die lange Einwanderungsgeschichte der USA zeigt uns, dass die rassischen und religiösen Unterschiede der eingewanderten ethnischen Minderheiten trotz ihres Generationen umfassenden Assimilationsprozesses erhalten bleiben. Die ethnischen Minderheiten entwickeln über die ethnischen und nationalen Unterschiede hinweg letztlich doch differenzierte Identitäten als „*Asian-American*", „*African-American*", „*Hispanic-American*" usw. (Han 2006). Es ist daher eine Utopie, eine Gesellschaft frei von Angst vor Fremden zu erreichen.

Das Ziel der offenen Gesellschaft muss vielmehr sein, die Angst vor Fremden positiv anzunehmen und damit konstruktiv umzugehen. Dies setzt einen grundlegenden Einstellungswandel der Gesellschaft voraus, in dem sie bereit wird, sich mit der Angst vor Fremden konstruktiv auseinanderzusetzen. Die Xenophobie ist kein unlösbares Problem. Ihre konstruktive Überwindung ist jedoch eine gesamtgesellschaftliche Aufgabe, zu der alle sozialen Institutionen und Gruppen aufgerufen sind.

Literatur

Beauftragte der Bundesregierung für Migration, Flüchtlinge und Integration (BBFMFI), Daten – Fakten – Trends. Migrationsgeschehen. Stand 2004/1 (www.integrationsbeauftragte.de)

Beauftragte der Bundesregierung für Migration, Flüchtlinge und Integration (BBFMFI), Daten – Fakten – Trends. Strukturdaten der ausländischen Bevölkerung. Stand 2004/2 (www.integrationsbeauftragte.de)

Beauftragte der Bundesregierung für Migration, Flüchtlinge und Integration (BBFMFI), Daten – Fakten – Trends. Bildung und Ausbildung. Stand 2004/3 (www.integrationsbeauftragte.de)

Beauftragte der Bundesregierung für Migration, Flüchtlinge und Integration (BBFMFI), Daten – Fakten – Trends. Deutschland im Europäischen Vergleich. Stand 2004/4 (www.integrationsbeauftragte.de)

Bericht (2000) der Beauftragten der Bundesregierung für Ausländerfragen über die Lage der Ausländer in der Bundesrepulik Deutschland. Berlin und Bonn

Bundesamt für Migration und Flüchtlinge (BAMF), Migrationsbericht 2005 (www.bmi.bund.de)

Bundesministerium für Familie, Senioren, Frauen und Jugend (Hrg.), 2000: Familien ausländischer Herkunft in Deutschland. Sechster Familienbericht. Leistungen – Belastungen – Herausforderungen. Berlin: BMFSFJ

Bundesministerium des Innern (2006) Verfassungsschutzbericht 2005. Vorabfassung (www.bmi.bund.de)

Dokumentation (2005) der Beauftragte der Bundesregierung für Migration, Flüchtlinge und Integration: Berufsausbildung – eine Zukunftschancen für Zugewanderte. Berlin und Bonn

Dreitzel, H.-P. (2003) Aktuelle Überlegungen zur Soziologie der Angst. In: Staemmler, F.; Merten, R. (Hrsg.) Angst als Ressource und Störung. Interdisziplinäre Aspekte. Paderborn: Junfermann Verlag, 17-36

Floßdorf, B. (1988) Angst. In: Asanger, R.; Wenniger, G. (Hrsg.) Handwörterbuch Psychologie. 4. völlig neubearb. und erw. Auflage. München, Weinheim: Psychologie Verlags Union, 34-37

Flöttmann, H. B. (1989) Angst. Ursprung und Überwindung. Stuttgart, Berlin, Köln: W. Kohlhammer

Glanzmann, P. (1985) Angst, Angstbewältigung und Leistung. In: Krohne, H.-W. (Hrsg.) Angstbewältigung in Leistungssituationen. Weinheim: Edition Psychologie der VCH Verlagsgesellschaft, 115-134

Hallam, R. (1992) Counselling for Anxiety Problems. London, Newbury Park, New Delhi: Sage Publications

Han, P. (2006) Theorien zur internationalen Migration. Ausgewählte interdisziplinäre Migrationstheorien und deren zentrale Aussagen. UTB 2814. Stuttgart: Lucius & Lucius

Han, P. (2005) Soziologie der Migration. Erklärungsmodelle. Fakten. Politische Konsequenzen. Perspektiven. 17 Tabellen und 9 Übersichten. 2. überarb. und erweiterte Aufl. UTB 2118. Stuttgart: Lucius & Lucius

Han, P. (2003) Frauen und Migration. Strukturelle Bedingungen, Fakten und soziale Folgen der Frauenmigration. 19 Tabellen und 2 Übersichten. UTB 2390. Stuttgart: Lucius & Lucius

Huntington, S. P. (1997) Kampf der Kulturen (The Clash of Civilizations). Die Neugestaltung der Weltpolitik im 21. Jahrhundert. München und Wien: Europaverlag

Kaesler, D. (Hrsg.) (1999) Klassiker der Soziologie. Bd. 1. Von Auguste Comte bis Norbert Elias. München: Verlag C.H. Beck

Krohne, H. W. (1985) Das Konzept der Angstbewältigung. In: Krohne, H.-W. (Hrsg.)

Angstbewältigung in Leistungssituationen. Weinheim: Edition Psychologie der VCH Verlagsgesellschaft, 1-13

Ministerium für Arbeit Gesundheit u. Soziales Nordrhein-Westfalen (1992) (Hrsg.) Ausländer, Aussiedler und Einheimische als Nachbarn. Wuppertal: Klüsener-Druck

Park, R. E.: Human Migration and the Marginal Man. In: American Journal of Sociology, 33, 1928: 881-893

Pagenstecher, C.: Die „Illusion" der Rückkehr. Zur Mentalitätsgeschichte von „Gastarbeit" und Einwanderung. In: Soziale Welt,47(2), 1996: 149-179

Riemann, F. (1995) Grundformen der Angst. Eine tiefenpsychologische Studie. München, Basel: Ernst Reinhardt

Simmel, G. (1958) Soziologie. Untersuchungen über die Formen der Vergesellschaftung. 4. Aufl. des unveränderten Nachdrucks der 1928 erschienenen 3. Auflage. Berlin: Duncker & Humblot

Sörensen, M. (1992) Einführung in die Angstpsychologie. Ein Überblick für Psychologen, Pädagogen, Soziologen und Mediziner. Weinheim: Deutscher Studien Verlag

Statistisches Bundesamt (2006) Leben in Deutschland. Haushalte, Familien und Gesundheit. Ergebnis des Mikrozensus 2005 (www.destatis.de/presse/deutsch/pk/2006/mikrozensus2005_b.htm)

Sumner, W. G. (1940) Folkways. A Study of the Sociological Importance of Usages, Manners, Customs, Mores, and Morals. Boston u.a.: Ginn and Company

Alexander Thomas

Die Zukunft liegt in den multikulturellen Potentialen. Migration und Integration in Deutschland – von einer Duldungs- und Mitleidskultur zur Wertschätzungskultur

1. Vorbemerkungen

Die Bewältigung der mit zunehmender Migration verbundenen Probleme, besonders Fragen einer effizienten Integration der schon lange hier lebenden Ausländer und neu hinzukommender ist ein zentrales gesellschaftspolitisches Thema. Dazu werden im weiteren Verlauf einige Thesen formuliert und begründet, warum die zukünftige Lösung vieler drängender Fragen in diesem Kontext im Aufbau einer Wertschätzungskultur im Umgang mit den Menschen aus anderen Kulturen, die hier leben und arbeiten oder genau aus diesem Grunde einreisen, bestehen kann.

2. Grundlegende Thesen

- Kein Land der EU hat bislang ein brauchbares und belastbares Konzept zur Lösung der mit Migration verbundenen Probleme entwickeln und erproben können.
- Für jede Nation und Kultur stellt sich die Problematik anders, so dass die westeuropäischen Länder mit einer intensiveren kolonialen Vergangenheit und ihren Folgen (Frankreich, Niederlande, Belgien, Großbritannien, Spanien, Portugal) mit Deutschland nicht ohne weiteres vergleichbar sind. Eine Kopie, also die Übernahme eins zu eins von Konzepten verbietet sich, nicht aber der Vergleich von Konzepten und die Diskussion von Vor- und Nachteilen. Also konzentrieren wir uns auf Deutschland und dazu dienen die folgenden Einzelthesen.

3. Einzelthesen zur aktuellen Thematik

3.1 Duldungs- und Mitleidskultur-These

Während in der Öffentlichkeit die Integration von Ausländern in Deutschland als ein einseitiger Anpassungsprozess der ausländischen Mitbürger an die deutsche Kultur und Gesellschaft angesehen wird, ist ein erfolgreicher Integrationsprozess immer ein wechselseitiger, interdependenter Vorgang zwischen Vertretern der einreisenden und aufnehmenden Kultur. Ausländer, die nach Deutschland kommen, ob freiwillig oder gezwungen, sollen sich schnell, geräuschlos und kostenlos in die existierende deutsche Kultur so einfügen, dass sie brauchbare, nützliche und möglichst anspruchslose und unauffällige Bewohner des Landes werden, die niemanden stören und keine Belastung darstellen. Für die Übergangszeit zwischen Ankunft und Integration bringt die deutsche Bevölkerung ein gewisses Maß an Geduld für die von Ausländern gezeigten Unzulänglichkeiten auf (Duldungsattitüde/ Duldungskultur) und hilft aus christlichen oder humanistischen Motiven heraus bei der Überwindung der Integrationsbarrieren (Mitleidskultur). Tatsächlich aber bringen die in Deutschland lebenden Ausländer mit ihren nicht an die deutschen Kulturvorgaben angepassten Anteile ihrer eigenen Kultur schon heute eine erhebliche Bereicherung der kulturellen Vielfalt mit ein, auf die niemand gerne verzichten möchte (z.B. Theater, bildende Kunst, Gastronomie, Massenmedien) und, selbst wenn er wollte, auch nicht mehr verzichten könnte. Wie kommt es aber, dass der von Ausländern nach Deutschland und in die deutsche Kultur mitgebrachte kulturelle Reichtum von uns nicht bemerkt, nicht erkannt, nicht gewürdigt, nicht als Wohltat und Bereicherung empfunden bzw. zur Steigerung der eigenen Lebensqualität genutzt wird?

3.2 Gleichgültigkeitsthese

Die Mehrzahl der Deutschen ist nicht prinzipiell ausländerfeindlich eingestellt, steht ihnen aber gleichgültig gegenüber. Ausländer haben für die meisten Deutschen keine Bedeutung im Alltagsleben. Sie fallen nur auf als Kriminelle, Sozialhilfeempfänger, Ausbeuter des angeblich nur von Deutschen erwirtschafteten Wohlstands. Für einige wenige christlich und humanistisch eingestellte Gruppen fallen sie auf als Verfolgte und Flüchtlinge, denen man Mitleid entgegenbringt.

3.3 Einwanderungsland-These

Da Deutschland kein Einwanderungsland sein soll und im Bewusstsein der Bevölkerung auch keines ist, sondern eine kulturell geschlossene Einheit, werden Ausländer allenfalls geduldet und zur Kompensation von Arbeitsmarktdefiziten genutzt und dann abgeschoben. Die Einwanderungsgesetzgebungsdiskussion hat dazu neue und weiterführende Orientierungen ermöglicht.

3.4 Thesen zur historischen Entwicklung

Aus dem 2. Weltkrieg ist Deutschland als besiegte und international geächtete Nation hervorgegangen. Das so genannte deutsche Wirtschaftswunder hat historisch gesehen sehr schnell, vielleicht zu schnell, bei den Deutschen ein kollektives Selbstbewusstsein erzeugt, wieder eine anerkannte und geachtete Nation zu sein. Dieses Selbstbewusstsein basierte allein auf dem erstaunlich schnellen wirtschaftlichen Aufbau und seinen Erfolgen und auf der Überzeugung, dies alles (wieder einmal) allein und aus eigener Kraft, Tüchtigkeit, eigenem Fleiß und Können heraus bewerkstelligt zu haben. Im Bewusstsein breiter Bevölkerungsschichten in Deutschland hatten die mitbeteiligten Ausländer (Gastarbeiter) daran keinen Anteil. Die Deutschen sonnten sich im Bewusstsein ihrer allmählich wieder gefundenen internationalen Anerkennung und der Tatsache, dass Deutschland wieder für Ausländer attraktive Arbeitsplätze anzubieten hatte. Die so angeworbenen Menschen wurden in der allgemeinen Wahrnehmung allerdings schnell zur Last, sie blieben und gingen nicht mehr, belasteten die Sozialsysteme, verdrängten angestammte Stadtteilbewohner aus ihren Billigwohnungen und waren bereit, für wenig Geld unangenehme Arbeit zu verrichten etc. Ausländische Arbeitnehmer sind nicht als Mitarbeiter am Aufbau des Nachkriegsdeutschlands in Erinnerung, sondern nur als notwendiges Übel. Völlig anders ist der Nachkriegsaufschwung auf wirtschaftlichem Gebiet in Japan verlaufen. Die Insellage

Japans und kulturhistorische Tendenz zur Abgrenzung gegenüber Fremden hat den Gedanken nach einer Anwerbung von Gastarbeitern gar nicht erst aufkommen lassen. Japaner haben sich darauf konzentriert, einfach Arbeitsabläufe besonders in Notlagen klar zu automatisieren und waren damit außerordentlich erfolgreich.

3.5 Sündenbockthese

Menschen, die sich von der Mehrheit der Bewohner eines Landes unterscheiden, z.b. in Hautfarbe, Sprache, Lebensgewohnheiten etc., und die ethnisch und nationalstaatlich als fremd angesehen werden, und denen gegenüber die Majorität gleichgültig bis ablehnend eingestellt ist, sind immer in Gefahr, durch ihre alleinige Anwesenheit fremdenfeindliche Aggressionen zu provozieren und Objekt solcher Aggressionen zu werden.

3.6 These der unbemerkt gelungenen Integration

Die iranischen Flüchtlinge nach dem Ende des Shah-Regimes, die ungarischen Flüchtlinge nach dem Ungarnaufstand und tschechische Flüchtlinge, um nur einige Beispiele zu nennen, haben sich problemlos und nahezu unbemerkt zu Bürgern dieses Landes „entwickelt".

3.7 These von der psychischen Nähe und Ferne

Selbst ein Deutscher, der die historischen Entwicklungen kennt, dem die Leistungen der Ausländer in Deutschland bewusst sind, der weiß, dass seine täglichen Konsumgüter größtenteils aus dem Ausland kommen, dass sein Arbeitsplatz davon abhängt, dass Ausländer deutsche Produkte kaufen, der sich im Ausland erholt, für den Ausländer in Fußballmannschaften, Chören, Orchestern, in Kunst und Kultur allgemein eine Selbstverständlichkeit sind, und der chinesisch, indisch oder griechisch speist, wenn ein besonderes Fest ansteht, also der wirklich nichts gegen Ausländer hat, aktiviert durchaus massive Ablehnungen und Abwehrhaltungen, wenn Ausländer ihm zu nahe kommen, z.B. als Arbeitskollege, Vorgesetzter, als eingeheiratetes Familienmitglied, oder als

Nachbar. Ausländer, die einem zu nahe kommen, und zu denen sich eine positive Einstellung entwickelt, werden schnell mit dem Vorurteil des "untypischen Ausländers" belegt, damit das eigene aversive Stereotyp gegenüber Ausländern generell gefestigt bleibt.

3.8 Identitätsthese

In einer sich internationalisierenden und globalisierenden Gesellschaft wächst der Wunsch nach Sicherheit, Beständigkeit und Eigenständigkeit. Viele Völker, z.B. in Mittel- und Osteuropa, aktivieren Nationalismen, kulturelle, religiöse, historische und politische Besonderheiten und Leistungen, um sich so von der breiten Masse der anderen zu unterscheiden, sich durch positive Merkmale abzuheben und um sich im Strom der Vielfalt als eigenständige Nation, Gesellschaft, Kultur zu positionieren.

Für Deutschland mit seiner historisch sehr kurzen Zeit der Nationwerdung, der damit verbundenen Belastungen und den ständigen Um- und Zusammenbrüchen ist es schwer, das Bedürfnis nach einer gefestigten und anerkannten nationalen Eigenständigkeit und Qualität zu befriedigen. Feststellungen wie *„Deutschland, das Land der Dichter und Denker"*, des *„deutschen Wirtschaftswunders"*, des Qualitätsmerkmals *„Made in Germany"* oder des *„europäischen Zahlmeisters"* reichen nicht aus zur nationalen „Identitätsbestimmung". Aber was bleibt dann noch? So ist es nicht verwunderlich, dass deutsche Studenten im ersten Semester eines deutsch-französischen Studiengangs mit doppeltem Studienabschluss in einem Seminar über unterschiedliche Verhaltensweisen von Deutschen und Franzosen in Alltagssituationen und im beruflichen Kontext gleichweg leugnen, dass es typisch deutsche Verhaltensorientierungen gibt. Erst videographisches Feedback von Rollenspielen, in denen sie mit französischen Partnern zu tun hatten, sensibilisierte sie für deutsche Kulturstandards und deren Handlungswirksamkeit.

3.9 These von der Fremdheit als Bedrohung

„Ausländische Arbeitskräfte bedrohen Arbeitsplätze für Deutsche",
„Ausländer sind kriminell – gut, nicht alle Ausländer sind kriminell."
„Ich kenne eine nette türkische Familie, aber das sind eigentlich schon gar keine richtigen Türken mehr. Sie sind eigentlich schon eher Deutsche"

„Ausländer sind Schmarotzer, Faulpelze, Betrüger, Diebe usw."
„Überhaupt gehört Deutschland doch wohl den Deutschen, denn wer sonst hat nach dem 2. Weltkrieg hier alles wieder aufgebaut?"

Klar sind das Vorurteile. Aus ihnen spricht die Arroganz des Nichtwissenden, der sich anmaßt, über andere bzw. über Sachverhalte, die er nicht genau kennt, ein abschließendes Urteil zu fällen. Aber Vorurteile erfüllen wichtige psychologische Funktionen:
- Orientierungsfunktion
- Anpassungsfunktion
- Abwehrfunktion
- Selbstdarstellungsfunktion
- Abgrenzungs- und Identitätsfunktion
- Steuerungs- und Rechtfertigungsfunktion

Alles dies sind hoch bewertete und von Individuen angestrebte Leistungen, zu deren Erreichung Vorurteile in hervorragender Weise beitragen. Sie geben auch einen wichtigen Hinweis darauf, dass Vorurteile nicht so einfach abgebaut werden können und verlässlichen Urteilen weichen. Für den, der so über Fremde redet, urteilt und entsprechend handelt, hat sich das Problem erledigt. Er hat eine klare ethnozentristische Orientierung und will mit Fremden und Fremdem nichts zu tun haben und braucht sich weiter nicht mit ihnen zu befassen. Alles, was mit Fremden zu tun hat, bleibt für ihn zwar etwas vage, unklar und im Kern auch uneinsichtig. Da diese Vagheit aber zugleich seine Vorurteile stützt und rechtfertigt, gewinnt er eine unantastbare Gewissheit darüber, was richtig ist. Für ihn ist es nur wichtig, Mitmenschen zu finden oder sich solche vorzustellen, von denen er soziale Unterstützung erfährt, die seine Meinungen teilen. Dann lässt sich gut mit bzw. gegen Fremde leben.

3.10 These von der Fremdheit als Bereicherung

Es gibt vielleicht zwei Motive, die Menschen veranlassen, sich unter dem Aspekt der Bereicherung, Horizonterweiterung, Persönlichkeitsentwicklung, Wissens-, Informations- und Bildungserweiterung mit Fremdheit zu befassen:

1. Fremdheit ist attraktiv, weil sie anders ist, als das Gewohnte, Gewöhnliche, Alltägliche, weil es etwas Neues zu entdecken und zu erleben gibt und weil man noch nicht so genau weiß, was einen alles erwartet (Abenteuerlust). Hier sind Freiwilligkeit und Selbstbestimmtheit von zentraler Bedeutung.
2. Aus beruflichen und privaten Gründen werden Fremdheitserfahrungen unvermeidbar. Ein im gewählten Studiengang verpflichtend vorgesehenes einjähriges Auslandsstudium oder Auslandspraktikum, ein Arbeitseinsatz im Ausland oder die Liebe zu einem ausländischen Partner konfrontieren einen Menschen unweigerlich mit Fremdheit, ob er das nun persönlich mag oder nicht, ob er flexibel genug ist, darauf einzugehen oder eher davor zurückschreckt, ob er und wie er befähigt ist, damit umzugehen. Wenn er im Studium, im Beruf oder in seinen Bemühungen um den geliebten Partner erfolgreich sein will, muss er sich auf Fremdheit einlassen. Weder die vorurteilsbasierte Ablehnung von Fremdheit noch die permanente nachhaltig erlebte psychische Provokation durch das Fremde sind zielführend und langfristig erträglich. Die Gründe für die Fremdbestimmtheit, für den Zwang und für die Inkaufnahme von Fremdheit als „*notwendiges Übel*" zur Erreichung höherwertigerer Ziele sind hier von zentraler Bedeutung.

Unter dem motivationalen Stichwort „*Fremdheit ist attraktiv*" wird Fremdes geradezu gesucht, gefunden, geschätzt, verehrt, übernommen und weiterempfohlen. Im eigenen Leben kann gar nicht genug von dieser Fremdheit, Andersartigkeit, Abgehobenheit, Herausgehobenheit vorhanden sein.

Neben einem grundlegenden Interesse an anderen Kulturen und der Sitte und den Gebräuchen fremder Menschen im jeweiligen Gastland oder im eigenen Land ist nicht selten auch das Bedürfnis in der eigenen Gesellschaft und der eigenen Gruppe (Bezugs- und Vergleichsgruppen) da, über das erworbene Wissen über Fremde und die zu ihnen hergestellten Beziehungen eine herausgehobene Position als „*Indienexperte*", „*Asiate*" oder „*Orientale*" zu erlangen. Nicht das Fremde und der Fremde sind dann das Ziel der Bemühungen, sondern das Eigene, das eigene

Ich im Vergleich zu anderen und die Positionierung der eigenen Person in den wichtigsten Gruppen.

Humanitäre Ziele der Hilfe für unterentwickelte oder in ihrer kulturellen Eigenständigkeit bedrohte Völker oder christliche Werte, wie Nächstenliebe und Caritas, können ein Beziehungsverhältnis zu fremden Kulturen, zu fremden Menschen, ihren Wünschen, Bedürfnissen und Lebenssituationen entstehen lassen, das einerseits fremdkulturelles Interesse und Verständnis weckt und das im weiteren Verlauf als Wissens- und Persönlichkeitsbereicherung empfunden wird. Dieses positiv bewertete Beziehungsverhältnis zu Fremden, erlebt als Bereicherung, kann auf einer Irrealitätsebene als Phantasie, Tagtraum, Imagination, Projektion etc. wirksam werden oder auf der Realitätsebene als kurzfristige oder dauerhafte Beziehung zum Fremden und zu Fremden. Nicht selten wird dabei das Fremde und werden die Fremden den Erwartungen und Wünschen des Betrachters und Handelnden entsprechend interpretiert, angenähert und zugerichtet.

Indische oder afrikanische Tanzgruppen, die auf einem Stadtfest oder im Fernsehen auftreten, verbreiten vorrangig Exotik und das Gefühl von einer schönen, neuen, friedlichen und von Völkerverständigung durchdrungenen Welt. Sie bieten eine breite und zudem noch authentische Projektionsfläche für Hoffnungen und Sehnsüchte. Wenn das alles auch weit entfernt ist von den politischen, wirtschaftlichen und gesellschaftlich-kulturellen Realitäten des jeweiligen Landes oder Kontinents, so wird der Betrachter das Resultat als Kombination aus Darbietung und Phantasie durchaus als subjektive Bereicherung empfinden. Er wird seinen Freunden davon erzählen und von den Erlebnissen innerlich erfüllt sein. Er hat gefunden, was er gesucht hat.

4. Konsequenzen für die Entwicklung eines Wertschätzungskonzepts

Konsequenzen für die Entwicklung eines Konzepts zum Umgang mit Ausländern in Deutschland:

Die Zukunft liegt in den multikulturellen Potentialen

4.1 Die Entwicklung der Verhältnisse in Deutschland, in Europa und weltweit erzwingt einen radikalen Perspektivenwechsel im Verhältnis von Deutschen und Ausländern:
- statt Duldungspolitik eine konsequente Aufnahmepolitik
- statt Mitleidspolitik eine konsequente Leistungspolitik
- statt Ausländerpolitik eine konsequente Mitbürgerpolitik
- statt Abwehr-, Ausgrenzungs-, Mitleids- und (Zwangs-)Integrationspolitik eine konsequente Wertschätzungspolitik

4.2 Informieren, Aufklären, verständlich machen, transparent machen und überzeugend darstellen und nachweisen, dass Deutsche nur zusammen mit Fach- und Führungskräften aus dem Ausland den Lebensstandard in Deutschland für die Zukunft sichern können.

4.3 Konsequente Darstellung der von Ausländern schon jetzt erbrachten Leistungen in den verschiedensten Bereichen unserer Gesellschaft und Aufzeigen zukünftigen Entwicklungen.

4.4 Entwickelt werden muss allmählich eine Wertschätzungskultur, in der es selbstverständlich ist, dass das, was durch Ausländer in Deutschland geleistet und nach Deutschland hinein getragen wird, auf sein Wertschöpfungspotential hin betrachtet und gewürdigt wird. Das Verhältnis zu ausländischen Mitbürgern muss auf der Grundüberzeugung aufbauen, dass Wertschöpfung nur aus einer für beide Seiten nützlichen Kooperation entstehen kann. Zu dieser Wertschätzungskultur gehört auch die Akzeptanz, dass nicht alle nach Deutschland kommenden Ausländer diesen Maßstäben genügen und genügen können, und dass auch Ausländer, ebenso wie viele Deutsche, ohne Gegenleistung der Gesellschaft Lasten aufbürden (dürfen).

4.5 Alles dies verlangt von der deutschen Bevölkerung, besonders von den im politischen und wirtschaftlichen Bereich sowie im Bildungs- und Ausbildungs-, Sozialdienst- und Kulturbereich tätigen Fach- und Führungskräften ein hohes Maß an interkultureller Kompetenz. Interkulturelle Kompetenz wird zu einer Schlüsselqualifikation im Kontext der zukünftigen gesellschaftlichen Entwicklung in Deutschland und der Position (Wettbewerbsposition) Deutschland im globalen Gefüge. Interkulturelle Kompetenz lässt sich folgendermaßen definieren:

1. Interkulturelle Kompetenz ist die notwendige Voraussetzung für eine *angemessene, erfolgreiche* und für alle Seiten *zufrieden stellende* Kommunikation, Begegnung und Kooperation zwischen Menschen aus unterschiedlichen Kulturen.
2. Interkulturelle Kompetenz ist das Resultat eines Lern- und Entwicklungsprozesses.
3. Die Entwicklung interkultureller Kompetenz setzt die Bereitschaft zur Auseinandersetzung mit fremden kulturellen Orientierungssystemen voraus, basierend auf einer *Grundhaltung kultureller Wertschätzung*.
4. Interkulturelle Kompetenz zeigt sich in der Fähigkeit, die kulturelle Bedingtheit der Wahrnehmung, des Urteilens, des Empfindens und des Handelns *bei sich selbst* und *bei anderen Personen* zu erfassen, zu respektieren, zu würdigen und produktiv zu nutzen.
5. Ein hoher *Grad an interkultureller Kompetenz* ist dann erreicht, wenn
   - differenzierte Kenntnisse und ein vertieftes Verständnis der *eigenen* und *fremder* kultureller Orientierungssysteme vorliegen,
   - aus dem *Vergleich* der *kulturellen Orientierungssysteme* kuluradäquate Reaktions-, Handlungs- und Interaktionsweisen generiert werden können,
   - aus dem Zusammentreffen kulturell divergenter Orientierungssysteme synergetische Formen interkulturellen Handelns entwickelt werden können,
   - in kulturellen Überschneidungssituationen alternative Handlungspotentiale, Attribtionsmuster und Erklärungskonstrukte für erwartungswidrige Reaktionen des fremden Partners kognizierbar sind,
   - die kulturspezifisch erworbene interkulturelle Kompetenz mit Hilfe eines generalisierten interkulturellen Prozess- und Problemlöseverständnisses und Handlungswissens auf andere kulturelle Überschneidungssituationen transferiert werden kann,
   - in kulturellen Überschneidungssituationen mit einem hohen Maß an Handlungskreativität, Handlungsflexibilität, Handlungssicherheit und

Handlungsstabilität agiert werden kann. Dabei sind Persönlichkeitsmerkmale und situative Kontextbedingungen so ineinander verschränkt, dass zwischen Menschen aus unterschiedlichen Kulturen eine von Verständnis und gegenseitiger Wertschätzung getragene Kommunikation und Kooperation möglich wird.

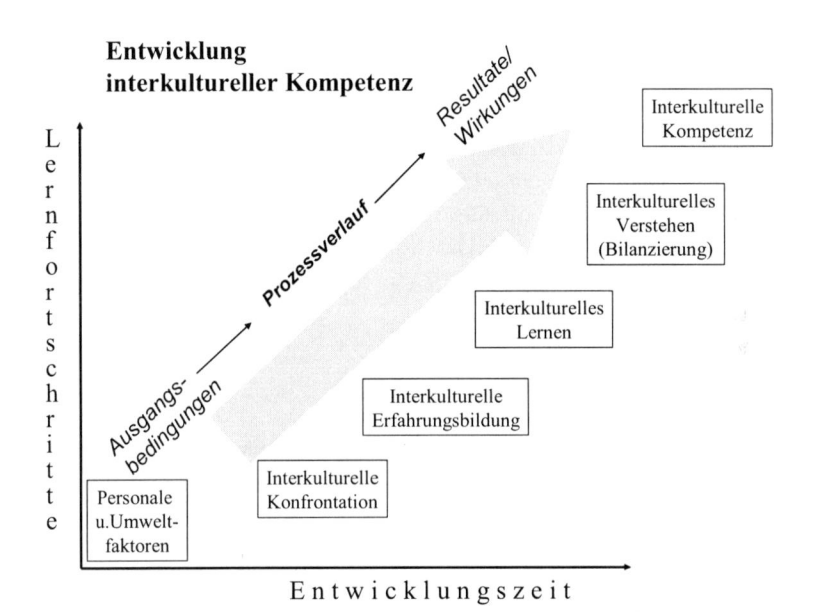

Entwicklung interkultureller Kompetenz

Lernfortschritte ↑

- Personale u. Umweltfaktoren
- *Ausgangsbedingungen*
- Interkulturelle Konfrontation
- *Prozessverlauf*
- Interkulturelle Erfahrungsbildung
- Interkulturelles Lernen
- *Resultate/Wirkungen*
- Interkulturelles Verstehen (Bilanzierung)
- Interkulturelle Kompetenz

Entwicklungszeit →

4.6 Interkulturelle Kompetenz entsteht aber nicht von alleine, sondern nur auf der Grundlage geeigneter und effektiver Erfahrungs-, Ausbildungs- und Trainingsangebote in Schulen und Vereinen (Schüler und Jugendaustausch), Hochschulen (Studentenaustausch, Zusatzstudienangebote), Unternehmen (Interkulturelles Training) und Behörden (Fort- und Weiterbildung internationaler Fachkräfte). Fundiert werden müssen die Ausbildungsangebote durch qualitativ hochwertige, einschlägige Forschungen zu Fragen der Akkulturation, interkulturellen Integration, interkulturellen Kommunikation sowie des interkulturellen Lernens, Verstehens und Handelns. Eine so verstandene Interkulturelle Handlungskompetenz bietet die Chance, in Bezug auf Reaktionen gegenüber Fremdheit eine wertschätzende und eher integrierende Haltung aufzubauen im Vergleich zu anderen Reaktionstypen.

4.7 Reaktionen auf Fremdheit

Unter dem Stichwort *„Fremdheitserfahrungen sind unvermeidbar und ein notwendigerweise in Kauf zu nehmendes Übel"* gibt es auf die Frage nach der Bereicherung durch Fremdheit völlig andere Antworten. Mit Fremdheit *„fertig zu werden"*, wird als Herausforderung erlebt, der man sich zu stellen hat. Je nach individueller Lebensgeschichte, berufsspezifischer und unternehmensspezifischer Sozialisation, Welt- und Menschenbild sowie Wissensstand über andere Kulturen und Erfahrungen mit Ausländern wird sich die Bewältigung dieser Anforderung sehr unterschiedlich vollziehen. Die Forschungen zu dieser Thematik lassen vier Reaktionstypen erkennen:
1. Der Ignorant
2. Der Universalist
3. Der Anpasser
4. Der Integrierer/Synergetisierer

Der Ignorant wird alles daran setzen, die Bedeutung von Fremdheit für den Verlauf und Erfolg einer interkulturellen Begegnung und Zusammenarbeit herunterzuspielen. Mit einem „normalen" Maß an Freundlichkeit und Toleranz, so glaubt er, ist alles zu erreichen. Falls Unterschiede auftreten, sind die nicht gravierender als im monokulturellen Handlungsfeld und mit Aufklärung, etwas Nachdruck und Überzeugungsarbeit wird der Partner im Gastland sich erwartungskonform verhalten, weil grundsätzlich jeder Mensch vernünftigen und sachlichen Vorschlägen folgt. (Gedacht wird zwar an universell geltende, in Wirklichkeit werden aber die eigenkulturellen handlungswirksam eingesetzt.)

Der Universalist unterstellt, dass alle Menschen auf der Welt gleich sind. Allenfalls die Sprache, die Kleidung, religiöse Überzeugungen, künstlerische Ausdrucksformen und ähnliche Randphänomene sind unterschiedlich. Eine Fremdsprache kann man erlernen und überhaupt ist Englisch inzwischen die „lingua franca" weltweit. Internationalisierung und Globalisierung erzeugen zudem einen Anpassungsdruck in Richtung auf Konvergenz, wodurch solche kulturellen Unterschiede allmählich abgeschliffen werden und verschwinden.

Der Anpasser beantwortet die Anforderung mit Fremdheit umgehen zu müssen, mit der Bereitschaft, sich fremden Sitten und Gebräuchen so weit wie möglich anzupassen und sucht deshalb nach relevanten kulturspezifischen, landeskundlichen Informationen und nach wirksamen Verhaltenstrainings. Er will wissen, was man unter welchen situativen Bedingungen tun muss, um nicht unangenehm, sondern angenehm aufzufallen, und das Vertrauen und Wohlwollen der Partner zu gewinnen. Obwohl für ihn die Beschäftigung mit fremden Kulturen und Menschen nicht Selbstzweck ist, sondern im Dienste der Erreichung von Arbeits- und Ausbildungszielen steht, ist nicht ausgeschlossen, dass die Konfrontation mit Fremdheit, der Erwerb kulturspezifischen Wissens und der Aufbau eines vertieften Verständnisses für fremdes Denken und Verhalten als Bereicherung auch der eigenen Person empfunden und geschätzt wird. Das wird um so mehr der Fall sein, wie Informationsvermittlung und interkulturelles Qualifizierungstraining in der Lage sind, auch ein Bewusstsein der eigenkulturellen Besonderheiten im Vergleich und in Kontrast zum Fremden aufzubauen.

Der Integrierer/Synergetisierer geht mit einer völlig anderen Grundeinstellung an die Konfrontation mit Fremdheit heran. Eigenes und Fremdes beinhalten Gemeinsamkeiten, aber auch viel Unterschiedliches. Beides besitzt seine eigenständige Werthaftigkeit schon alleine deshalb, weil kulturelle Ausprägungen das Resultat lang andauernder gesellschaftlicher, besonders sozialer Konsens findender und Konsens bildender Entwicklungsprozesse sind. Internationalisierung und Globalisierung mit ihren sich daraus ergebenden Notwendigkeiten und Chancen zur interkulturellen Kommunikation und Kooperation bieten die Möglichkeit, vertrautes Eigenes und vertraut gewordenes Fremdes miteinander zu vergleichen, einer Wertigkeitsprüfung mit Blick auf die Erreichung bestimmter Ziele zu unterziehen und auf synergetische Formen der Zusammenarbeit hin zu erkunden. Sich auf diesen Prozess einzulassen und sich daran zu beteiligen, ist für den Integrierer/Synergetisierer ein Ziel und wird als innovatives Element und als persönliche Bereicherung erlebt.

4.8 Wer kann und sollte die erforderliche Integrationsarbeit leisten?

In einem so zentral in der Mitte Europas gelegene (Durchgangs-) Land wie Deutschland, das zu dem noch wirtschaftlich, technologisch und wirtschaftlich auf viele Menschen anziehend wirkt, haben alle Bürger, auch die hier lebenden Ausländer, die Verantwortung für die Schaffung integrationsfördernder Bedingungen. Besonders trifft dies auf alle zu, die beruflich oder privat viel mit Ausländern zu tun haben und die an der Basis dort, wo die Menschen zusammen leben (Stadtteil, Gemeinde, Dorf) politische und gesellschaftliche Verantwortung tragen und mit ihrem Verhalten gegenüber ausländischen Mitbürgern Vorbild sein können. Als personenspezifische Merkmale, die neben einer grundsätzlich wertschätzenden Haltung anderen Kulturen und ihren Vertretern gegenüber zur Bewältigung der Herausforderungen zu wären, sind:

- Wer interkulturelle Kompetenz besitzt,
- wer als interkultureller Potenzierer gelten kann,
- wer ein stabiles Selbstbewusstsein hat,
- wer Orientierung besitzt, wer sich zurecht finden kann,
- wer sozial verankert ist,
- wer Hoffnung hat,
- wer über positive Leistungserfahrungen verfügt (Kontrollbewusstsein),
- wer einen realistischen Nutzen aus der Integrationsarbeit ziehen kann.

Literatur

Thomas, A. (2005) Grundlagen der interkulturellen Psychologie. Nordhausen: Bautz
Thomas, A., Kammhuber, S., Schroll-Machl, S. (Hrsg.) (2003) Handbuch Interkulturelle Kommunikation und Kooperation. Band 2: Länder, Kulturen und interkulturelle Berufstätigkeit. Göttingen: Vandenhoeck & Ruprecht
Thomas, A., Kinast, E.-U., Schroll-Machl, S. (Hrsg.) (2003) Handbuch Interkulturelle Kommunikation und Kooperation. Band 1: Grundlagen und Praxisfelder. Göttingen: Vandenhoeck & Ruprecht
Thomas, A. (Hrsg.) (2003) Psychologie interkulturellen Handelns. Göttingen: Hogrefe
Thomas, A. (Hrsg.) (1996) Psychologie und multikulturelle Gesellschaft – Problemanalysen und Problemlösungen. Göttingen: Hogrefe

Ilhan Kizilhan

Potentiale und Belastungen psychosozialer Netzwerke in der Migration

1. Einleitung

In ihrer rund 40-jährigen Migrationsgeschichte haben Zuwanderer und ihre Nachkommen ein weites Netz eigener Organisationen etabliert, die von der lokalen bis zur nationalen Ebene reichen. Es sind Selbstorganisationen, die die gesamte Bandbreite kultureller, religiöser und politischer Interessen der Migranten repräsentieren. Sie reichen von einigen wenigen völlig unpolitischen Kulturvereinen über Organisationen, die versuchen Integrationspolitik zu betreiben, bis hin zu herkunftsorientierten politischen und religiösen Organisationen. Die genaue Zahl der Migrantenvereine auf bundesdeutschem Gebiet ist schwer zu ermitteln, Schätzungen bewegen sich bei mehreren Tausend.

Viele dieser Vereine haben sich regional oder überregional in Dachorganisationen zusammengeschlossen. Ähnlich schwierig ist eine präzise Angabe über den Anteil der in Deutschland lebenden Migrantenbevölkerungsgruppe, der in Vereinen organisiert ist, oder von ihnen angesprochen wird. Zum einen sind die Selbstorganisationen eine institutionelle Antwort auf die Bedürfnisse der Migranten im Einwanderungskontext. Zum anderen sind sie aber auch eine Verpflanzung sozialer und politischer Beziehungen aus dem Herkunftsland. Viele dieser Vereine haben trotz ihrer Existenz in Deutschland in der Vereinsarbeit kaum auf Integration hin gearbeitet und die psychosoziale Versorgung ihrer Landsleute vernachlässigt. Konservative Haltung und Tradition, die vor 40 Jahren mit gebracht und konserviert wurde, gepaart mit der politischen, sozialen, ökonomischen, ethnischen und religiösen Krisen im Heimatland verhinderten die Integration und verwehrten der neuen Generation in Deutschland, in diesem Bereich aktiv zu arbeiten. Auch die Aufnahmeländer waren auf eine solche Migration nicht vorbereitet. Grundlegende psychosoziale und politische Konzepte zur Integration sind nicht in ausreichendem Maße vorhanden. Trotz des geschilderten düsteren Bildes kann aber festgestellt werden, dass der Prozess der Bildung von Selbstorganisationen dynamisch ist und längst nicht abgeschlossen. Auch die europäischen Länder und ihre Institutionen haben dieses Defizit erkannt und beginnen sich dieses Themas anzunehmen.

Die Mehrzahl der gesellschaftlichen Migrantenorganisationen bilden Kulturzentren, religiöse Vereinigungen oder funktionale Zusammenschlüsse, wie Unternehmer-, Studenten- Hilfsvereine, die multifunktional agieren. Studien, die eine präzise Trennung der Migrantenorganisationen nach Zielen (kulturelle, politische, sozial-gesundheitliche) unterschieden, sind nicht vorhanden. Einzelne Studien zu speziellen Migrantengruppen und ihren Aktivitäten finden sich und geben uns eine Idee von ihren Tätigkeitsbereichen. Die Aktivitäten von Dachorganisationen sind eher überschaubar. In dieser Hinsicht sind türkische Dachorganisationen besonders aktiv, was auch mit der großen Zahl türkischer Migranten in Deutschland zu tun hat. Es wird u. a. versucht, Einfluss auf die deutsche Politik und Öffentlichkeit zugunsten bzw. zuungunsten des Heimatlandes oder bestimmter politischer Konstellationen dort auszuüben. Spezifische Dachorganisationen zur Wirtschaft haben sich inzwischen globalisiert. Spezifische Gesundheitsorganisationen sind vorhanden und versuchen, mit ihren geringen vorhandenen Mitteln durch Publikationen, Kongresse, Fortbildungen etc. auf die Notwendigkeit spezieller Versorgungsmaßnahmen der Migranten aufmerksam zu machen.

2. Belastungen und Potenziale in der Migration

Der Prozess der Migration beinhaltet nicht nur die Verarbeitung vieler neuer Erfahrungen und Umstände, sondern auch den Umgang mit Verlusten und zieht normalerweise langwierige Adaptationsprozesse nach sich. Dieser Akkulturationsvorgang kann sehr stressbelastet sein und sowohl zu körperlicher als auch psychischer Anspannung führen. Der individuelle Verarbeitungsprozess wird in erheblichem Ausmaß mitbestimmt durch den psychosozialen Kontext und das soziale Klima, in dem die Migranten leben. Migrations- und Akkulturationsprozesse sind jedoch nicht per se Ursache für psychische

Erkrankungen, beeinflussen aber die gesundheitlichen Belastungen, da sie besondere Stressoren darstellen.

Wenn man die psychische und psychosoziale Situation und Versorgung von Migranten untersucht, stößt man auf eine mehrdimensionale Problemstellung, die eine Verknüpfung von körperlichen, psychosozialen, soziokulturellen, religiösen, rechtlichen und gesellschaftspolitischen Faktoren aufweist. Bei der Analyse von Daten und Informationen zu dem Thema ist man mit zwei zentralen Problemen konfrontiert: Zum einen haben wir es mit einer extrem heterogenen Gruppe zu tun und zum anderen haben wir sehr wenige aktuelle Daten und wissenschaftlich fundierte Studienergebnisse zur Verfügung. Die Gruppe der Migranten unterscheidet sich u.a. hinsichtlich folgender Aspekte:
- sozioökonomischer Status
- Aufenthaltsdauer in den Aufnahmeländern (1., 2., 3. Generation)
- Wanderungsmotive (Familienzusammenführung, Arbeitsmarkt, Flucht, Erfahrung traumatischer Ereignisse etc.)
- rechtlicher Status
- kultureller Hintergrund

All diese Faktoren hängen direkt oder indirekt auch mit Art und Weise der Integration und der Nutzung von Ressourcen aus dem Herkunfts- und Aufnahmeland zusammen. Dies hat auch einen erheblichen Einfluss auf die gesundheitliche Situation der Menschen zusammen sowie mit dem Zugang zu Versorgung und Prävention. Entsprechend schwierig ist es, eine allgemein gültige Beschreibung und Analyse der effektiven Nutzung von Potentialen für eine derartig heterogene Gruppe vorzunehmen.

Als Beispiel sie hier die psychische Gesundheit und Migration zu erwähnen. Bei dieser Problematik ist z.B. eine multiperspektivische Betrachtung erforderlich, die sowohl die unterschiedlichen Typen von Migration als auch die unterschiedlichen theoretischen Erklärungsansätze für die Genese psychischer bzw. psychosomatischer Erkrankungsformen, aber auch deren Vermeidung durch salutogenetisch wirkende Faktoren weitestgehend zu umfassen versucht. Gleichzeitig spielen die Migrationstypen [a] die Arbeitsmigranten, in der Hauptsache aus südeuropäischen Ländern und deren nachgezogene Familien, b) Aussiedler, c) Flüchtlinge (Asylbewerber, Kontingentflüchtlinge, Konventionsflüchtlinge, De-facto-Flüchtlinge etc.) sowie d) Menschen, die „illegal" in einem Land leben] eine wichtige Rolle beim Migrationsprozess mit entsprechender Nutzung von Potentialen sowie Entwicklung und Aufbau von psychosozialen Netzwerken.

Bisher können wir festhalten, dass Migration sowohl als Chance wie auch als Bedrohung und nicht per se als krankmachend zu betrachten ist. Es ist weiterhin davon auszugehen, dass weder psychogene Erkrankungen der Migranten noch deren Krankheitsverständnis und -verhalten „importiert" sind. Vielmehr sind diese Ergebnis sowohl der migrationsbestimmenden Ereignisse als auch der Wechselwirkung zwischen den Werten und Normen der Herkunftsgesellschaft und den mit großer Definitionsmacht ausgestatteten Bestimmungsfaktoren des Lebens in der Einwanderungsgesellschaft. Die psychosozialen Netzwerke von Migranten benötigten fast zwei Generationen, um sich zu orientieren und beginnen mit der individuellen und kollektiven Neukonstruktion ihrer Identität. Die Vergangenheit der Migranten sollte als ein Bestandteil der Gegenwart gesehen werden, in der vergangene und gegenwärtige Belastungen überwunden und neue interkulturelle Potentiale geschaffen werden können.

Das heißt, dass Migration nicht nur eine räumliche Bewegung zur Veränderung des Lebensmittelpunktes ist, sie ist vielmehr auch ein folgenreicher Einschnitt in die Identität der migrierenden Person. Selbstkontinuitätssinn (Bewahrung des Zusammenhangs zwischen Vergangenheit und Gegenwart), die Selbstbestätigung (Anerkennung in der Interaktion mit anderen Menschen) sowie die Kommunikationsfähigkeit und Handlungskompetenz müssen neu erarbeitet werden. Diese befähigen das Individuum als auch ihrer psychosozialen Netzwerke, sich gesund in verschiedenen Welten zu bewegen und eine neue dynamische Synthese zu entwickeln.

3. Kulturspezifische psychosoziale Netzwerke

Seitdem Menschen in Gruppen leben, gibt es auch Vereinigungen, Verbindungen und Organisationen bis hin zu Formation von Staatsgebilden und sogar Zusammenschlüssen von Staaten. Soziale Netzwerke haben immer eine wichtige Funktion für die Gemeinschaft gehabt und sorgen dafür, dass

Menschen in verschiedenen Bereichen emotional, kognitiv und materiell versorgt werden. Allgemein kann man davon ausgehen, dass in den meisten Ländern der Welt psychosoziale Netzwerke mehr oder weniger vorhanden sind. Der Schwerpunkt, Umgang und Zugang zu solchen Netzwerken kann sehr unterschiedlich sein. In der Regel können wir solche Netzwerke in folgenden Gruppen unterteilen:

3.1 Traditionell-soziologische Netzwerke

Soziale Unterstützung, Loyalität zur Familie und Gemeinschaft haben über Jahrhunderte in traditionellen Gesellschaften wichtige psychosoziale Aufgaben erfüllt. Diese Elemente sind ein Teil der Kultur, der Denkweise und damit auch prägend für das Verhalten dieser Menschen geworden. Diese Gruppenbildung kann als eine offene Netzwerkbildung verstanden werden. Das heißt, auf Grund von bestimmten Interessen schlossen sich Gruppen, meistens auch unabhängig von der Religion und Ethnie, zu Netzwerken zusammen und entwickelten über Jahrhunderte wirkende Regeln.

Im Gegensatz dazu können historisch auch geschlossene Netzwerkbildungen beobachtet werden. Viele indigene Kulturen, sowohl die Gesellschaften mit Naturreligionen als auch die mit später entstandenen Glaubenssystemen, die zahlreichen Repressalien durch von außen kommende Mächte ausgesetzt waren, entschlossen sich zu einer inneren Isolation mit einer geschlossenen Netzwerkbildung. Sie vermieden z.B. soweit möglich jeglichen Kontakt zu anderen Gruppen und entwickelten ein eigenes Norm- und Wertesystem. Als Ergebnis solcher geschlossener Netzwerke bildeten sich konservative Vorstellungen, Umwandlung in Annäherung an sektenähnliche Zustände, geringe Schulbildung etc. Insofern entwickelten sich immer wieder so genannte Parallelgesellschaften mit tatsächlich parallelen Gesetzen und unterschiedlichen Lebensvorstellungen und Lebensarten. So entstanden in vielen Gebieten des Mittleren Ostens verschiedene Schichten und Gruppen, die nebeneinander, aber nicht miteinander agierten und existierten. Viele diese Gruppen sind mit diesen Vorstellungen, Werten und Normen nach Europa immigriert und aufbauend von diesen Erfahrungen haben sie ihre Netzwerke (Vereine und Dachverbände) gegründet.

In traditionellen Gesellschaften erfolgt z.B. die medizinische und psychosoziale Unterstützung innerhalb einer definierten Gruppe, z.B. durch die Groß- oder Kernfamilie in Form von Selbsthilfe. Als Erstinstanz bei sozialen und gesundheitlichen Beschwerden kommt dieser Einheit eine überaus wichtige Rolle in alten und neuen Netzwerken zu.

3.2 Unabhängige Helfer/Heiler

Krankheit und Gesundheit haben in verschiedenen Gesellschaften unterschiedliche Bedeutung. Krankheitswahrnehmung und –konzepte, aber auch der Umgang mit Krankheit in einer Gesellschaft werden durch bestehende Traditionen, Glaubensvorstellungen und kulturelle Praktiken, Techniken und Methoden der Heilung oder Vorbeugung von Krankheit mitbestimmt. Auch das medizinische System ist Teil des jeweiligen kulturellen und sozialen Systems. Bei Migranten ist davon auszugehen, dass Muster der Inanspruchnahme hiesiger Gesundheitsversorgungsangebote von Erfahrungen und Bedingungen in den Herkunftsländern beeinflusst sind (Borde 2002). In jeder Kultur stehen Krankheit und die Menschen, die sie fühlen und behandeln, sowie die sozialen Institutionen, die mit ihr in Verbindung stehen, in systemischen Beziehungen zueinander.

In vielen Gesellschaften fungieren heute noch zahlreiche Helfer, Vermittler und Heiler, die zwar rechtlich als eigenständige Gruppe nicht verankert und anerkannt sind, aber dennoch über einen wichtigen Einfluss in diesen Gemeinschaften verfügen. So wissen wir, dass z.B. traditionelle Heiler aus verschiedenen Gründen im Herkunftsland als auch im Aufnahmeland aufgesucht werden. Die Gründe reichen vom unerfüllten Kinderwunsch bis zur Geistervertreibung. So berichten oft Menschen aus der Türkei über den *„gefallenen Nabel"*, was nicht bedeutet, dass es tatsächlich so ist. Vielmehr empfinden sie das Gefühl der Orientierungslosigkeit, Instabilität, psychisch aus dem Gleichgewicht geraten zu sein. Historisch wurde dieses Gleichgewicht durch bestimmte Massagetechniken im Bauchbereich oder Festbinden des Bauches und Rückens durch flache Teller wieder hergestellt. Dabei scheinen die persönliche Zuwendung und das Ernstgenommenwerden wichtige Aspekte der Besserung des Leidens neben den praktischen Übungen zu sein. Abhängig von Kultur und Gebiet können religiöse Rituale sehr unterschiedlich sein. Als Beispiel seien z.B. das Gebet, Waschungszeremonien,

Steine gegen den „Bösen Blick", Wünsche durch einen Stofffetzen an den Wunschbaum zu bringen, Steine, die schützen oder heilen, Fasten, heilige Orte, Vermeidung von bestimmten Wörtern und Farben (Kizilhan 1997) genannt. Von vielen Muslimen wird die Existenz von „Djinnen"[1] als gegeben angesehen, welches als ein religiös-kulturelles und nicht als ein krankhaftes Phänomen zu verstehen ist.

Migration bedingt nun die Notwendigkeit einer individuellen Verknüpfung dieser alten – religiös fundierten und/oder magisch geprägten – Krankheits-/Gesundheitsvorstellungen mit neuen, technisch-biologisch geprägten Vorstellungen eines nüchternen, von der Ratio geprägten medizinischen Weltbildes. Trotz möglicher Widersprüche kann meines Erachtens auch ein religiös fundiertes Krankheitsverständnis als Ressource, falls notwendig, in die Behandlung implementiert werden und steht nicht im Widerspruch zur „modernen Medizin", wenn das Kriterium die Gesundung des Patienten ist. Die Konfrontation mit „Djinnen", Geistern, Kultstätten, magischen Steinen, Gebeten etc. können insbesondere im psychiatrisch-psychotherapeutischen Bereich und anderen Bereichen der psychosozialen Versorgung für die Behandlung und Diagnostik von Bedeutung sein. Krankheiten können in diesen Gesellschaften als Erklärungssystem für Störungen der sozialen Interaktion angesehen werden. Der erkrankte Mensch wird als Teil einer Gruppe (Großfamilie) betrachtet und diese muss – weil man sich gemeinsam krank fühlt – auch in den Heilungsprozess einbezogen werden.

3.3 Professionelle Instanzen und Helfer

Ärzte, Psychologen, Sozialarbeiter etc. können als professionelle Helfer betrachtet werden, die eine standardisierte, überregional anerkannte Ausbildung haben. In den meisten Gesellschaften sind diese Institute mit den entsprechenden Mitarbeiter als moderne Netzwerke zu bezeichnen, die allerdings in den verschiedenen Kulturen unterschiedlich stark repräsentiert sind. Es kann durchaus vorkommen, dass viele Menschen in ihrem Herkunftsland z.B. keine Beratungsstelle gesehen haben oder kannten. Die Kontakte zu

---

[1] Djinnen sind nach islamischer Fassung intelligente Wesen, die verschiedene körperliche Gestalten annehmen können. Diese Djinnen, gute und böse, sollen aus dem Feuer entstanden sein.

Ärzten kann abhängig vom Herkunftsort und ökonomischen Status sehr rar gewesen sein.

Häufig überschneiden sich die oben genannten Bereiche und können sich gegenseitig bei der psychosozialen Versorgung von Migranten befruchten. In der Migration können solche Bereiche unabhängig voneinander genutzt werden. Allerdings kann das Nicht-Wissen voneinander zu verschiedenen Lösungsansätzen führen, die dann z.b. eine Behandlung erschweren.

3.4 Traditionelle Konfliktlösungsstrategien als Potentiale

Zahlreiche Konflikte innerhalb von bestimmten Migrantengruppen bedürfen manchmal kultureller Kenntnisse dieser Gemeinschaft und des Wissens über mögliche Konfliktlösungsstrategien. Dabei seien hier nur kurz die in den letzten Jahren immer wieder auftretenden „Ehrenmorde" in ganz Europa (vgl. Kizilhan 2006) zu erwähnen.

Konflikte zwischen zwei Migrantengruppen können z.b. in einem Mix aus der traditionellen und der modernen Justiz münden und eine Lösung erschweren. Dabei können Personen mit interkultureller Kompetenz als Vermittler eingesetzt werden. In traditionellen Solidargruppen werden seit Jahrhunderten bei verschieden sozialen Konflikten so genannte Vermittler mit hervorragender Kompetenz, Kommunikation und kulturellem Wissen eingesetzt. Diese Vermittler werden zum Teil auch in der Migration genutzt. Entscheidend für die Auswahl des Vermittlers und für dessen Vorgehen ist es, dass keine der betroffenen Parteien eine (weitere) Statuseinbuße erleidet. Daher bot sich früher in den Herkunftsländern in erster Linie eine lokale religiöse oder außerhalb der Hierarchie der betroffenen soziologischen Gruppen angesiedelte Persönlichkeit als Vermittler an. Heute kann eine solche Aufgabe von einem Arzt/Therapeuten, Richter, Polizisten, Vereinsvorsitzenden, Politiker etc. wahrgenommen werden. Diese Person muss nicht unbedingt aus der Kultur der Betroffenen stammen, sie sollte allerdings die grundlegenden Rituale und Normen kennen bzw. zuvor von jemandem darüber informiert werden. In islamischen Ländern fällt diese Rolle sehr oft einem religiöser Führer, dem Stammesführer, einem Offizier oder einer Persönlichkeit aus der Politik zu.

Als weitere wichtige Voraussetzungen für eine erfolgreiche Vermittlung bzw. Deeskalation von Konflikten z.B. bei Generationskonflikten zwischen Migranten in der Psychotherapie und Beratung sind die Fähigkeit des Vermittlers zur Kommunikation, seine Problemlösungskompetenz und gute kulturelle und religiöse Kenntnisse zu nennen. Wenn erst einmal Vertrauen aufgebaut ist, sind in Solidargruppen lebende Familien bei einem guten Kontakt zum Vermittler darüber in der Regel gesprächsbereit.

4. Einige Überlegungen zu möglichen Modellen von Migrantennetzwerken

Unter dem sozialwissenschaftlichen Begriff Netzwerk kann die Gesamtheit derjenigen Personen verstanden werden, zu denen ein Individuum Beziehungen unterhält. Ein Netzwerk kann als ein System von Transaktionen, in dem Ressourcen ausgetauscht, Informationen übertragen, Einfluss und Autorität ausgeübt, Unterstützung mobilisiert, Koalitionen gebildet, Aktivitäten koordiniert, Vertrauen aufgebaut wird, verstanden werden (Ziegler 1984).

Das soziale Netzwerk eines Individuums umfasst also alle ihre oder seine Beziehungen zu Verwandten, Freundinnen und Freunden, Bekannten, Nachbarinnen und Nachbarn, Arbeitskolleginnen und -kollegen usw. Unter den privaten Netzwerken können wir familiäre sowie außerfamiliäre Beziehungen unterscheiden. Hierzu zählen auch Beziehungen zur Menschen der Aufnahmekultur. Unter herkunftsorientierten und migrationsspezifischen Netzwerken können wir formale und informelle Beziehungen unterscheiden: Formelle Beziehungen werden durch die organisationale Struktur vorgegeben. Solche Beziehungen bestehen zwischen Mitgliedern der Vereine, Verbände, Dachorganisationen, die zusammenarbeiten, Hilfesuchenden und Helfenden, sowie zwischen Angehörigen verschiedener Organisationen, deren Arbeit miteinander verbunden ist. Informelle Beziehungen entstehen dagegen unabhängig von organisationsstrukturell vorgegebenen Kontakten und ihre Kommunikation geht zumindest potentiell über die Inhalte der Arbeit hinaus. Die Summe aller informellen Beziehungen kann man als das *informelle psychosoziale Netzwerk* bezeichnen.

Solche Netzwerke sind zwischenmenschliche Beziehungen in der Migrationarbeit, die innerhalb und zwischen Organisationen bestehen. Unter salutogenetischer Betrachtung kommt dem Faktor Kommunikation bei der Ausgestaltung dieser Wechselwirkungen eine zentrale Bedeutung zu. Soziale Isolation und das Gefühl, sich nicht mitteilen zu können, ist als ein Leitsymptom in der Genese von Krankheit und psychischer Instabilität zu betrachten, dem durch gezielte kommunikationsfördernde Maßnahmen und Strategien entgegengewirkt werden kann. Formelle und informelle psychosoziale Netzwerke wie z.b. muttersprachliche Seminare und Treffs über psychische Belastungen können die Isolation und Sprachlosigkeit von Betroffenen überwinden helfen. Solche Maßnahmen dienen u. U. auch zur Prävention von Krankheiten.

Psychosoziale Netzwerke sollten u.a. die Potentiale der Herkunftskultur (Solidarität der Menschen untereinander, religiöse und kulturelle Verhaltensweisen, Verständnis von Krankheit und Gesundheit etc.) erkennen und mit modernen wissenschaftlichen Kenntnissen für bestimmte Gruppen nutzen. Psychosoziale Netzwerke sind auch als ein Typ des sozialen Handelns der Individuen und Institutionen zu verstehen. Übergeordnetes Ziel dieses Handelns ist es z.b., die persönlichen psychosozialen Stressoren zu reduzieren. Zum Funktionieren von psychosozialen Netzwerken gehören u.a. die weiter unten angeführten Strategien und Taktiken, die langfristig und situationsübergreifend bzw. kurzfristig und situationsspezifisch dem Knüpfen, der Pflege und der Nutzung informeller Beziehungen dienen.

4.1 Wechselseitige Akzeptanz und Wertschätzung

Für das interne und externe Funktionieren von Netzwerken sind Akzeptanz und Wertschätzung Grundvoraussetzungen für ein erfolgreiches Zusammenwirken zum Nutzen der Klienten und zur Verbesserung des jeweils eigenen Handelns. Akzeptanz und Wertschätzung wird darüber deutlich, ob und wie Stärken aber auch Grenzen aufgezeigt werden können und diese vom potentiellen Kooperationspartner wahrgenommen werden. Die vorhandenen Stärken zu identifizieren und diese effektiv in die Versorgungskette zu implementieren, führen zur Anerkennung und Legitimierung dieser Netzwerke.

Gemeinsame Aktivitäten der verschiedenen Migrantengruppen zu jeweiligen spezifischen Themen und gemeinsame Entwicklung von sozialen und politischen Interessen sorgen für Konsistenz. Sie scheinen als Realfaktoren ebenso wichtig wie die Idealfaktoren gemeinsamer Wert- und Normenbindung der jeweiligen spezifischen Gruppen. Allerdings sind „reine Migrantennetzwerke" ohne einen Kontakt zu anderen Netzwerken der hiesigen Gesellschaft auch mit zahlreichen Nachteilen behaftet. Sie betonen den Minderheitenstatus von Migranten, so dass diesen die Funktion einer Randgruppe zukommt und mögliche Verknüpfung zu anderen Netzwerken erschwert. Stereotypisierungen als „reine Migrantenvereine" gehen in dieselbe Richtung. Dies ist ein Phänomen nicht nur in der Migrationspolitik, sondern ein Effekt des Minderheitenstatus und der Heraushebung der speziellen Themen der jeweiligen Gruppe.

Spezifische Netzwerke (z.B. Gesundheit und Migration, politische Interessenvertretungen der Migranten etc.) sollten dennoch nicht ganz abgelehnt werden, da die vorhanden Potentiale stärker genutzt werden, mit der Option einer offene Kommunikation und Kontakt zu anderen Netzwerken.

4.2 Kooperationen zwischen den Akteuren und den Netzwerken

Erfolgreiche Kooperationen zwischen den Akteuren und Netzwerken entstehen nicht von selbst: Vereinzelung, punktuelle Koalitionsbildungen und Konkurrenzen sind eher die Regel. Synergieeffekte, Weiterentwicklung und „Lernen" lassen sich jedoch neben der Vernetzung im gleichen Feld vor allem über Allianzen mit interdisziplinären Akteuren in der psychosozialen Versorgungslandschaft erreichen. Damit das Patchwork an gelungenen Kooperationen und Vernetzungen flächendeckend zusammenwächst, wäre es notwendig, auf breiter Ebene und simultan die Chancen für eine Zusammenarbeit aufzugreifen.

Da die Versorgungslandschaft von Akteuren mit unterschiedlichen Wertvorstellungen und Interessen geprägt ist, sollte im Zeitalter der Globalisierung das globale Denken im Einklang mit dem lokalen Handeln in Einklang gebracht werden. Die Unterschiede der Kulturen können in der Praxis am besten dadurch überwunden werden, dass gemeinsam an übergreifenden Zielsetzungen gearbeitet wird. Solche *„win-win-Situationen"* lassen sich nicht einfach verordnen; sie müssen aus dem konkreten Anlass in einer konkreten Umgebung entstehen.

Einer Überbetonung von Differenzen gegenüber Gemeinsamkeiten wird am besten dadurch begegnet, dass gemeinsame und übergreifende Zielsetzungen „entdeckt" werden, die den Nutzen für alle Beteiligten deutlich werden lassen. Eine solche Kooperationspraxis muss fachlich abgestützt (begleitet) werden: Hier kommt z.b. auf die psychosozialen Verbände und Migrantendachorganisationen vermehrt die Aufgabe zu, gezielt Vernetzungsarbeit zu leisten und die lokalen psychosozialen Netzwerke bei ihrer Profilschärfung zu unterstützen, damit sie vom professionellen Versorgungssystem überhaupt als kompetente Kooperationspartner wahrgenommen werden (z.b. Fortbildungen zu Präsentations- und Verhandlungstechniken, Öffentlichkeitsarbeit). Zur Verbesserung der Qualität der Arbeit von Vereinen und Organisationen sind Fort- und Weiterbildung, Curricula und Qualitätssicherungsmaßnahmen dringend notwendig. Bei der Schaffung von flächendeckenden professionellen psychosozialen Migrantennetzwerken mit entsprechender Infrastruktur sind Unterstützung und begleitende Forschung notwendig.

4.3 Kernkompetenzen von Migrantennetzwerken

Psychosoziale Migrantennetzwerke können z.B. bei der psychosozialen Versorgung bestimmte Kernkompetenzen anbieten, über die nur sie verfügen. Dies wären u.a. Ansprechpartner für Betroffene im Rahmen der sozialen Unterstützung, Beratung und Behandlung, die spezifischer Kenntnisse bedarf. Sie können ihr spezifisches Erfahrungswissen zur Verfügung stellen, das professionelles Handeln unterstützt und qualitativ erweitert. Behandlungs- und Beratungskompetenzen, -inhalte und -material könnten entwickelt und angeboten werden, was die psychosoziale Versorgung der Migranten auch innerhalb des professionellen Versorgungssystems unterstützen kann. Dadurch kommt es zu einer verstärkten Bindung und zu einem verbesserten Vertrauensverhältnis z.B. zwischen Arzt-Patient, Klient-Berater etc.

Unterstützung für diese Aufgaben wird vor allem durch die professionellen Migrantenorganisationen notwendig, die sich stärker als bisher als *„Mittler zwischen den Welten"* verstehen müssen aber auch als Impulsgeber für koordinierte Maßnahmen. Allerdings profilieren sich aufgrund der heterogenen Struktur, manchmal diffusem Selbstverständnis und unterschiedlicher Arbeitsweise der unterschiedlichen Organisationen Migrantenvereine und -verbände in ihrem Wirkungsfeld nur selten als innovative Impulsgeber, Mediator oder Brückenbauer gegenüber Politik, Verwaltung und Institutionen. Die Einzelkämpfersituation vieler Migrantenvereine sollte zugunsten eines übergreifenden gemeinsamen Leitbilds verändert werden. Rolle, Funktion und Aufgaben müssen gegenüber unterschiedlichen Zielgruppen entsprechend den künftigen Anforderungen neu überdacht werden. Migrantenvereine und -verbände müssen ihrerseits eine Vertrauenskultur aufbauen, statt sich über Partikularinteressen in Konkurrenz zueinander zu verhalten.

Psychosoziale Migrantennetzwerke sollten noch stärker ein gemeinsames Profil entwickeln, das sie als kompetente Akteure im psychosozialen und politischen Handeln ausweist. Gerade deshalb sollte die bereits begonnene Diskussion über Gruppenbildung und die Funktion der Migrationsnetzwerke noch stärker geführt werden, damit diese dauerhafter und effektiver sind und Perspektiven für eine gesunde Integration entwickeln können. Gerade hier sind die spezifischen Vereine und Institutionen – die Microeinheiten der Migrationsgesellschaft – von Bedeutung. Die Funktion und Qualität von Netzwerken sind gerade von den Micronetzwerken abhängig. Nicht die großen Migrationsnetzwerke, sondern die sie zusammensetzenden Teilgruppen wie Familien, Berufsgruppen, religiöse Gemeinschaften bilden den Rahmen für soziale Organisationen, mit dem Geist eines temporalen Auftrages, die jeweils unterschiedlichen Aufgaben verpflichtet sind. Der dynamische Prozess von Micronetzwerken der Migranten in der Migration ermöglicht somit einen dauerhaften und konsistenten Migrationsprozess.

5. Zusammenfassung

Betrachtet man Prognosen über die künftige Zuwanderung in die Europäische Union, so wird deutlich, dass der Umgang mit Immigration auch weiterhin eine zentrale Herausforderung der Politik in Europa sein wird. Nicht nur wird der Umfang der ausländischen Bevölkerung beständig wachsen, zugleich dürfte wohl auch eine Verstetigung des Aufenthaltes von Zuwanderern zu erwarten sein. Allerdings resultiert die Entwicklung der Zuwanderung aus einem Zusammenspiel gegenläufiger Trends: einerseits einem Rückgang der Asylbewerber, andererseits aber eine Zunahme des Familiennachzugs und bedarfsorientierter, temporär beabsichtigter Arbeitsmigration. Ähnlich wie bei der Zuwanderung der so genannten „Gastarbeiter" in der Bundesrepublik ist jedoch damit zu rechnen, dass auch diese Einwanderungen eine dauerhafte Niederlassung zur Folge haben werden. Aus dem weiteren Anstieg der Immigrationsbevölkerung resultieren Herausforderungen in unterschiedlichen gesellschaftspolitischen Feldern, für den Arbeitsmarkt, den Sozialstaat und nicht zuletzt für die Integrationspolitik.

Die wichtigste Herausforderung bei der Bewältigung der Einwanderung dürfte allerdings in der Vermittlung der Einsicht liegen, dass Europa in Zukunft sogar vermehrt auf Zuwanderung angewiesen sein wird. Dies müsste und sollte auch den Migrationsnetzwerken bewusst sein. Zwar ist inzwischen bereits ein Wandel im Selbstverständnis der europäischen Staaten zu beobachten, aber es dominiert doch immer noch die Vorstellung, die Aufnahme einiger Immigranten sei nur die Ausnahme von einer Regel der „Nullzuwanderung". Folglich werden die Migrationsnetzwerke nicht ausreichend unterstützt.

Aber auch die Migrantennetzwerke benötigen neue Visionen für ein Migrationsleben mit entsprechenden spezifischen Migrantennetzwerken, die den Bedürfnissen der Migranten gerecht werden. Ethnisch-religiöse und unterschiedliche politische Vorstellungen erschweren eine solche Arbeit zum gegenwärtigen Zeitpunkt.

Um eine langfristige, über Generationen hinaus wirkende, mit möglichen wechselnden politischen Organisationen und Akteuren arbeitende, stabile demokratische Bewegung und ihre politischen Interessen linear zu etablieren, benötigt man auf verschiedenen Ebenen funktionierende Migrationsnetzwerke. Als Kriterium sollten für diese Migrationsnetzwerke die historischen gewonnenen Konstrukte der Gemeinschaft (kollektive und individuelle Identität, Religion, Kultur, Politik, Sprache etc.), Erfahrungen und Ergebnisse der Migration selbst und der Einfluss auf den aktuellen dynamischen Prozess der Gesamtgemeinschaft in dem jeweiligen Migrationsland gelten. Vieles hängt aber auch von der Integration der nachfolgenden Migrantengenerationen und ihrem politischen Bewusstsein in einer pluralen-demokratischen Gesellschaft sowie der Akzeptanz und Gleichbehandlung durch die Politik und die hiesige Gesellschaft ab.

Literatur

Borde, T., David, M. (Hrsg.) (2003) Gut versorgt? Migrantinnen und Migranten im Gesundheits- und Sozialwesen. Frankfurt/Main: Mabuse-Verlag

Kizilhan, I. (1997) "Die Yeziden" eine ethnologisch-psychologische Studie über eine ethnische Minderheit. Frankfurt: medico international Verlag

Kizilhan, J.:Biographiearbeit für Kinder und Jugendliche mit Migrationshintergrund. In: Forum Erziehungshilfen,2, 2005: 140-143

Kizilhan, J. (2006) Islam und Integration – Jugendliche Migranten und der patriarchalische Ehrenkodex. In: Unsere Jugend UJ3/06. München: Reinhardt Verlag, 98-109

Kizilhan, J. (2006) „Ehrenmorde" – Der unmögliche Versuch einer Erklärung. Berlin: Regener Verlag.

Ziegler, R.: Norm: Sanktion, Rolle. Eine strukturale Rekonstruktion soziologischer Begriffe. Kölner Zeitschrift für Soziologie und Sozialpsychologie, 3, 1984: 433-463

Christian Haasen, Cüneyt Demiralay,
Agis Agorastos, Jens Reimer

Suchtstörungen bei Migrantinnen und Migranten – ein relevantes Problem?

Einleitung

Die Forschung auf dem Gebiet der Suchtstörungen sowie deren Behandlung bei Migrantinnen und Migranten ist in Deutschland noch in den Anfängen, obwohl die Bedeutung für diese Untergruppe schon mehrfach auch bei Suchtfachkonferenzen betont wurde (z.B. Loosen 1997). Es gibt bisher hierzu nur wenige Untersuchungen. Anfang der 1980er Jahre wird durch eine Studie über die Versorgung drogenabhängiger „Ausländer" in Berlin erstmals auf die Quantität und Qualität dieses Problems hingewiesen (Akbiyik 1991). In dieser Studie wird festgestellt, dass von 1981 bis 1983 in West-Berlin etwa 1500 drogenabhängige MigrantInnen den Versorgungseinrichtungen bekannt waren. Bei einer Befragung einiger Drogenberatungsstellen in Deutschland stellen Höhn und Stork (1990) ebenfalls fest, dass die Problematik des schädlichen Drogenkonsums bei MigrantInnen sowie die Arbeit mit ihnen in diesen Einrichtungen unzureichend thematisiert werden.

Um sich der Thematik anzunähern, müssen wir uns folgende Fragen stellen:
1. Gibt es Unterschiede in der Häufigkeit von Suchtstörungen zwischen Menschen mit und ohne Migrationshintergrund?
2. Gibt es Unterschiede in den Konsummustern?
3. Auf welche Aspekte bei der Diagnostik und Behandlung müssen wir speziell bei MigrantInnen mit Suchtproblemen achten?

Epidemiologie

Angesichts der Tatsache, dass die häufigste behandlungsbedürftige Suchtstörung in Deutschland die Alkoholabhängigkeit ist und für einen Großteil der MigrantInnen der Konsum von Alkohol aus religiösen Gründen nicht erlaubt ist, könnte die Vermutung aufkommen, dass Suchtstörungen bei MigrantInnen seltener vorkommen als bei Menschen ohne Migrationshintergrund. Andererseits gibt es Herkunftsländer von MigrantInnen, wo der Alkoholkonsum einen alltäglichen Stellenwert hat – hier sind vor allem Länder wie Polen und Russland zu erwähnen – so dass eine erhöhte Alkoholismusrate in diesen Migrationsgruppen vermutet werden könnte. Wie es nun genau aussieht, wäre nur durch eine sehr aufwändige epidemiologische Untersuchung ausfindig zu machen. Daher müssen wir uns über Umwege an die Frage annähern.

Ein Hinweis für eine erhöhte Prävalenz von Suchtstörungen bei MigrantInnen wäre ein erhöhter Anteil von MigrantInnen in Suchteinrichtungen im Vergleich zu deren Anteil in der Allgemeinbevölkerung. Das Gegenteil ist der Fall: MigrantInnen sind in allen Einrichtungen, die bei der Behandlung von Suchtstörungen beteiligt sind, eher unterrepräsentiert (Lazaridis 1988, Haasen 1997). Dabei ist der Anteil geringer, desto spezialisierter das Behandlungsangebot ist. Aber sogar in der Allgemeinpraxis ist der Anteil der MigrantInnen niedriger als ihr Anteil in der Bevölkerung (Haasen et al. 2000).

Nach einem noch nicht veröffentlichten Bericht vom „Projekt Laufwerk" in Hamburg liegt der Anteil der drogenabhängigen MigrantInnen in der Drogenszene bei 33-35%. Dagegen liegt in Hamburg der Anteil derjenigen, die ambulante oder stationäre Suchtkrankenhilfe in Anspruch nehmen, bei ca. 5-10%. Die Situation abhängiger MigrantInnen in Hamburg wurde anhand einer Auswertung von drei Stichproben untersucht (Haasen 1997). Die 1. Stichprobe umfasste alle Aufnahmen von MigrantInnen in die Klinik für Psychiatrie des Universitäts-Krankenhauses Eppendorf in den Jahren 1993 und 1994 mit einer Suchtstörung nach ICD-10 im Rahmen einer Prävalenzstudie zu psychiatrischen Störungen bei MigrantInnen (Haasen et al. 1997). Die 2. Stichprobe war eine repräsentative Stichprobe von Heroinabhängigen im niedrigschwelligen Entzug im AK Ochsenzoll von 1993 bis

1995 (Degkwitz u. Krausz 1995) unter besonderer Berücksichtigung der MigrantInnen. Die 3. Stichprobe, die sich deutlich von den beiden anderen aufgrund der Erhebungsorte unterschied, untersuchte im Rahmen eines Forschungsprojektes, finanziert vom Bundesministerium für Forschung und Technologie (BMFT) zu psychiatrischen Störungen bei Heroinabhängigen, die Ergebnisse bei denjenigen mit ausländischer Staatsangehörigkeit. Es waren drei Gruppen, die sich stark unterscheiden und dennoch einen Einblick in die Situation der süchtigen MigrantInnen in einer größeren Stadt wie Hamburg zulassen. Das erste wichtige Ergebnis der Analyse aller drei Stichproben ist die Tatsache, dass der Anteil der MigrantInnen in den Suchteinrichtungen mit ca. 8-10% unterrepräsentiert ist. Das bedeutet, dass die Bedürfnisse der abhängigen MigrantInnen durch die Drogeneinrichtungen nicht gedeckt werden.

Nun ist die Inspruchnahme von Behandlungseinrichtungen kein direkter Beweis für eine erhöhte oder erniedrigte Prävalenz – die Inanspruchnahme setzt voraus, dass ein ähnliches Krankheitsverständnis zwischen Menschen mit und ohne Migrationshintergrund besteht. Gerade bei MigrantInnen ist jedoch ein medizinisches Verständnis nicht in ähnlichem Ausmaß vorhanden. Ein Suchtproblem führt bei MigrantInnen häufiger zunächst zu anderen Lösungsversuchen. Zwei dieser Lösungsversuche sind hervorzuheben: Einerseits werden häufiger traditionelle Heiler aufgesucht (Assion 2004), andererseits wird von den Eltern des Betroffenen die sozialen Verhältnisse der neuen Heimat für die Sucht verantwortlich gemacht und der Betroffene wird in das Herkunftsland (temporär) zurückgeschickt (Haasen u. Toprak 1999).

Auch wenn diese anderen Lösungsversuche eine erniedrigte Inanspruchnahme zum Teil erklären, bleibt jedoch kein Hinweis für eine erhöhte allgemeine Prävalenz von Suchtstörungen bei MigrantInnen. Trotzdem wird in den Suchthilfeeinrichtungen ein zunehmendes Problem in der Behandlung mit MigrantInnen wahrgenommen. Da aber kein Hinweis für eine erhöhte Prävalenz vorliegt, kann dieses an den verschiedenen Konsummustern und den daraus resultierenden Schwierigkeiten im therapeutischen Umgang liegen. Weiterhin weisen durchgeführte Untersuchungen in verschiedenen Städten auf einen stark zunehmenden Anteil von suchtmittelabhängigen MigrantInnen hin. Zum Beispiel berichtet Philippi (1996), dass unter den

1994-1995 erstmals erfassten Drogenabhängigen in Frankfurt ca. 37% MigrantInnen sind. Ebenfalls wird der Anteil in Essen auf 21% geschätzt (Goldmann 1996). In dem Bericht von Marinovic (1997) wird der Anteil der drogenabhängigen MigrantInnen in der offenen Szene in Stuttgart auf 50%, phasenweise auf 70% geschätzt. Bei einer Auswertung der Angaben aller Drogentherapieeinrichtungen in Baden-Württemberg kommt Baudis (1997) zu dem Ergebnis, dass die Belegung mit MigrantInnen im Schnitt etwa bei 15-18% liegt. Dagegen aber liegt der Anteil in der offenen Gruppenarbeit bei 30%, in der Straßenarbeit sogar bei 50%. In einer in Frankfurt und London durchgeführten Studie von Gaitanides (1998) wird in Frankfurt festgestellt, dass der Anteil an MigrantInnen in der offenen Szene und bei den niedrigschwelligen Angeboten bei ca. 40% liegt. Dagegen aber liegt diese Quote bei den Drogenberatungsstellen mit 10-15% sehr viel niedriger. In den stationären Therapieeinrichtungen und betreuten Wohngemeinschaften ist der Anteil mit Ausnahme der zielgruppenorientiert arbeitenden Therapieeinrichtungen noch niedriger. Hier wird von einer Einrichtung berichtet, die ihren Migrantenanteil durch den Einsatz einer türkischen und einer kroatischen Beratungskraft von 8% (1988) auf 31% (1995) erhöhte. Ähnlich hoch lag in London die Differenz zwischen Einrichtungen mit und ohne afrikanischen Mitarbeiter. Somit muss in Zukunft die Prävalenz von Suchtstörungen bei MigrantInnen weiter beobachtet werden, da sich eine erhöhte Prävalenz noch entwickeln kann.

Konsummuster

Der Suchtverlauf und somit die Prognose für den erfolgreichen Ausstieg aus einer Sucht ist maßgeblich von dem Konsummuster abhängig. Einige Ergebnisse der transkulturellen Forschung können hilfreich sein, um Unterschiede im Suchtverlauf bei MigrantInnen zu verstehen: Unterschiede im Einstiegsalter (z.B. in der Türkei erst Mitte bis Ende der 20-er Jahre, nur selten in der Pubertät (Evlice 1998), in der Geschlechterverteilung (z.B. in Mexiko extrem hohe Abstinenzrate für Frauen (Caetano 1988) und der Werte und Normen (Pfeiffer 1996) bezüglich der Substanzen.

Dennoch müssen einige Hinweise für riskantere Konsummuster bei

MigrantInnen in Deutschland näher analysiert werden. Zu diesen Hinweisen zählen die erhöhte Mortalität drogenabhängiger Aussiedler, die erhöhte Rate an Hepatitiden bei drogenabhängigen MigrantInnen und die erhöhte Alkoholismusrate bei drogenabhängigen MigrantInnen türkischer Herkunft.

Die erhöhte Mortalität bei drogenabhängigen Aussiedlern in den letzten Jahren (Drogen- und Suchtbericht 2006) bei bisher (noch) keinen Hinweisen für eine erhöhte Prävalenz der Drogenabhängigkeit bei Aussiedlern spricht für ein riskanteres Konsummuster in dieser Gruppe. Erfahrungsberichte schildern einen raschen Einstieg in den intravenösen Gebrauch nach Beginn des Drogenkonsums als einen möglichen Grund. Als weitere Erklärung wird die Nutzung von anderen Dealerstrukturen vermutet, die ein reineres Heroin verkaufen und somit eher Überdosierungen auftreten können.

Die erhöhte Rate an Hepatitiden wurde von Reimer et al. (in Druck) untersucht. Dabei zeigte sich eine erhöhte Rate von Hepatitis A Infektionen sowohl bei türkischen MigrantInnen als auch bei Aussiedlern, als auch bei Mehrfachinfektionen von Hepatits A, B und/oder C. Bei Hepatitis B zeigte sich keine erhöhte Prävalenz bei MigrantInnen, während bei Hepatitis C die Prävalenz bei Deutschen schon sehr hoch ist, so dass eine erhöhte Prävalenz bei MigrantInnen kaum möglich ist. Erstaunlich ist vor allem die erhöhte Rate an Hepatitiden bei Aussiedlern trotz der wesentlich kürzeren Abhängigkeitsdauer in dieser Gruppe in der Studie, so dass hier erneut ein riskanteres Konsummuster angenommen werden muss. Aber auch die erhöhte Rate in anderen Migrantengruppen ist ein Hinweis, dass *Safer-use* Praktiken, die vor allem zur Vermeidung von Infektionskrankheiten wichtig sind, bei MigrantInnen unbekannter sind und somit hier ein Versorgungsbedarf deutlich wird.

Ein weiterer Hinweis für ein riskanteres Konsummuster bei MigrantInnen ist die Tatsache, dass bei Drogenabhängigen türkischer Herkunft eine erhöhte Rate an Alkoholproblemen festgestellt wurde (Kleinemeier et al. 2001). Diese zweite Suchtstörung erschwert die therapeutische Arbeit und führt zu einer schlechteren Prognose. Als Erklärung wird vermutet, dass in der muslimischen Bevölkerungsgruppe der Alkoholkonsum einen ähnlichen Tabubruch bedeutet wie der Drogenkonsum, so dass die Entwicklung hin zu einer Alkoholabhängigkeit schneller ist aufgrund von fehlenden gesellschaftlichen Kontrollen, die sonst einen kontrollierten Alkoholkonsum ermöglichen.

Weitere Aspekte von Konsummustern bei MigrantInnen, die bisher unzureichend beschrieben wurden und deren Bedeutung daher noch nicht bekannt ist, sind z.b. der hohe Anteil von MigrantInnen iranischer Herkunft mit Erfahrungen mit Opium vor der Migration (dadurch möglicherweise schnellere Entwicklung einer Drogenabhängigkeit bei Wegfall von gesellschaftlichen Normen, die den Opiumkonsum regulieren?), der hohe Anteil von Erfahrungen mit Alkoholkonsum, vor allem hochprozentiger Alkohol, bei Menschen aus Osteuropa (schnellere Entwicklung einer Alkoholabhängigkeit bei Auftreten von migrationsspezifischen Stress?), aber auch der höhere Anteil von MigrantInnen, die Drogen eher rauchen als intravenös konsumieren (protektiver Faktor?).

Diagnostik und Behandlung

Die beschriebene niedrigere Inanspruchnahme süchtiger MigrantInnen als auch die steigende Wahrnehmung der Sucht bei MigrantInnen als ein Problem im Suchthilfesystem führt zu einer vermehrten Beschäftigung mit dem Thema. Dabei müssen drei verschiedene Aspekte berücksichtigt werden:
1. Wie kann eine niedrige *Inanspruchnahme* erklärt werden und welche Maßnahmen sind notwendig, um die Inanspruchnahme zu erhöhen?
2. Welche Aspekte sind bei der *Diagnostik* von Suchtproblemen bei MigrantInnen besonders zu berücksichtigen?
3. Welche *Behandlungsmaßnahmen* müssen bei MigrantInnen mit Suchtproblemen besonders berücksichtigt werden?

Inanspruchnahme

Die niedrigere Inanspruchnahme ergibt sich sowohl aufgrund einer hohen institutionellen Schwelle als auch durch Vorurteile auf Seiten der MigrantInnen. Die hohe institutionelle Schwelle erklärt sich durch den Mangel an Fachkräften mit muttersprachlichen Kenntnissen, das Fehlen von Informationen speziell für MigrantInnen und nicht zuletzt die gesellschaftlichen Hindernisse für MigrantInnen wie Ablehnung, Diskriminierung bis hin zu Rassismus, die natürlich auch in Suchthilfeeinrichtungen vorhanden sein können. Gegen diese institutionellen Hürden können bestimmte Maßnahmen eingesetzt werden, die die Inanspruchnahme von MigrantInnen erhöhen können: Informationsbroschüren in verschiedenen Sprachen, das Einstellen von MigrantInnen als Mitarbeiter der Einrichtung, aber auch generelle Erhöhung der kulturellen Kompetenz des Fachpersonals. Die Erhöhung der kulturellen Kompetenz erfolgt auf drei Ebenen (Orlandi 1992): Zunächst ist es wichtig, generelle Information über kulturelle Gegebenheiten der wichtigsten Migrantengruppen zu vermitteln. Zweitens ist es erforderlich, eine emotional wohlwollende Haltung gegenüber MigrantInnen zu erzeugen und Ängste, auch die vor einer vermeintlichen Überforderung in der Arbeit mit MigrantInnen, abzubauen. Drittens ist es notwendig, einige spezielle Fachkenntnisse im Umgang mit MigrantInnen mit Suchtstörungen zu vermitteln.

Die erniedrigte Inanspruchnahme aufgrund von Vorurteilen auf Seiten der MigrantInnen betrifft sowohl die Vorstellung in Bezug auf ein Suchtproblem, als auch das Wissen über mögliche Hilfsangebote. Die Vorstellung, dass ein Suchtproblem heute als eine Krankheit angesehen wird und nicht als eine menschliche Schwäche, ist zwar in allen Gesellschaften vorhanden, jedoch in vielen Herkunftsländern der MigrantInnen weitaus stärker ausgeprägt als noch in Deutschland. Daraus ergibt sich, dass vor allem bei MigrantInnen ein Aufklärungsbedarf besteht, um diese Vorstellung zu korrigieren. Damit hängt dann auch zusammen, dass das Wissen über die professionellen Hilfsmöglichkeiten nur unzureichend existent ist. Der Abbau dieser Vorurteile bei MigrantInnen erfolgt durch den Einsatz von kulturellen Mediatoren. Hierbei handelt es sich um Laien (in Bezug auf das Hilfesystem), die Mitglieder der entsprechenden Migrantengruppe sind, die ausgebildet werden, um dann in ihrer Gemeinde sowohl über Suchtstörungen als auch über das Suchthilfesystem aufzuklären. Ein entsprechendes Projekt ist das von der BKK finanzierte und von dem Ethnomedizinischen Zentrum in Hannover durchgeführte Projekt „MiMi" (Mit Migranten für Migranten – Interkulturelle Gesundheit in Deutschland).

Diagnostik

Bei den diagnostischen Besonderheiten, die bei MigrantInnen mit Suchtstörungen berücksichtigt werden sollten, ist vor allem die Bedeutung von Akkulturationsschwierigkeiten zu nennen. Die psychische Belastung bei der Akkulturation nach der Migration wird häufig unterschätzt oder nicht wahrgenommen. Dabei ist vor allem darauf hinzuweisen, dass der Akkulturationsstress erst zunimmt nach einer initialen Phase von geringerem Akkulturationsstress im ersten Jahr. Der Höhepunkt des Akkulturationsstress wird im Durchschnitt erst 7 bis 9 Jahre nach der Migration erreicht (Sluzki 2001). Gleichzeitig ist das im Durchschnitt der Zeitpunkt nach der Migration, wo Suchtstörungen bei MigrantInnen auftreten (Haasen et al. 1998). Somit ist der Akkulturationsstress ätiologisch im Zusammenhang mit der Suchtstörung zu sehen. Auch aus den Niederlanden berichtet Trautmann (1998), dass sich alle Migrantengruppen mit Ausnahme von Spaniern mit Anpassungs- und Integrationsproblemen konfrontiert sehen und im Hinblick auf einen problematischen Drogenkonsum überdurchschnittlich gefährdet sind.

Eine weitere diagnostische Besonderheit, die für Suchtstörungen spezifisch ist, ergibt sich aus der unklaren Definition einer Suchtstörung. Während die Definition des Abhängigkeitssyndroms weniger kulturellen Einflüssen unterliegt, ist bei der ICD-10 Diagnose des „schädlichen Gebrauchs" (F1x.1) die kulturelle Varianz sehr groß (Room 2006). Die Menge der konsumierenden Substanz, die als problematisch angesehen wird, ist sehr unterschiedlich und unterliegt eher kulturellen Normen als wissenschaftlich klar definierten Grenzen.

Behandlung

Bei den Behandlungsmaßnahmen, die bei MigrantInnen mit Suchtstörungen besonders berücksichtigt werden müssen, sind psychosoziale als auch pharmakologische Aspekte von Bedeutung. Bei den psychosozialen Aspekten spielt vor allem die Familie eine wichtige Rolle. MigrantInnen, die Suchthilfeeinrichtungen in Anspruch nehmen, sind im Vergleich zu Menschen ohne Migrationshintergrund noch gut sozial und/oder familiär integriert sind. In mehreren Studien (z. B. Haasen et al. 2001, Reimer et al. in Druck) wird festgestellt, dass MigrantInnen eine stärkere Integration in die Familie aufweisen. Dieses wird als eine mögliche Erklärung für die Unterrepräsentanz der MigrantInnen in den Suchthilfeeinrichtungen angesehen (der Betroffene wird mit seiner Suchtproblematik länger von der Familie getragen). Die MigrantInnen in Suchthilfeeinrichtungen brauchen eine stärkere familientherapeutische Ausrichtung der Behandlung, was in der Suchthilfe in Deutschland nicht üblich ist.

Ein weiterer psychosozialer Aspekt ist die Arbeit mit Dolmetschern. Die Gefahr ungenügend ausgebildeter Dolmetscher ist vor allem dann gegeben, wenn Laien als Übersetzer genutzt werden. Dabei ist vor allem die Nutzung von Familienangehörigen als Übersetzer sehr kritisch zu bewerten, da sie voreingenommen und nicht objektiv sind. Kline et al. (1980) konnten jedoch auch feststellen, dass zwar die mit Übersetzer befragten Patienten sich besser verstanden fühlten, die Therapeuten jedoch im Gegenteil den Eindruck hatten, dass diese Patienten sich durch die dritte Person gestört fühlten. Dabei sahen Kline et al. (1980) die Gefahr, dass unerfahrene Therapeuten aus eigener Unsicherheit einen Übersetzer ablehnen und dieses mit unbegründeter subjektiver Erfahrung des Patienten rechtfertigen. Die Anwendung von professionellen Dolmetschern mit Kompetenz zur kulturellen Mediation bleibt in der Suchthilfe die Ausnahme, vor allem dort, wo diese professionellen Dienste zwar angeboten werden, sie noch lange nicht bezahlbar sind und die Krankenkasse nur in den seltensten Fällen die Kosten übernimmt. Bevor Laien als Übersetzer herangezogen werden, sollte der Therapeut sich trauen, auch mit rudimentären Elementen der Kommunikation eine ausreichende therapeutische Beziehung herzustellen, die einen positiven Prozess initiiert.

Bezüglich Erwartungen an eine Psychotherapie spielt vor allem die soziale Schicht eine entscheidende Rolle – MigrantInnen in Deutschland gehören größtenteils zu sozial schwächeren Schichten, für die ein langwieriger Prozess des Aufarbeitens eines psychischen Konfliktes durch Gespräche schwer vorstellbar ist, wenn nicht schon nach wenigen Sitzung eine positive Veränderung zu spüren ist. Daher wird empfohlen, bei dieser Erwartungshaltung eher eine Kurzintervention zu planen, mit dem Ziel, schon nach wenigen Sitzungen zu spürbaren Veränderungen bei Patienten zu kommen (Acosta 1982).

Zu den pharmakologischen Aspekten gehören vor allem interethnische Unterschiede in der Wirkung und im Nebenwirkungsprofil von Medikamenten (Zusammenfassung siehe Haasen u. Demiralay 2006). Einige Unterschiede bei Medikamenten, die in der Suchtbehandlung eingesetzt werden, seien an dieser Stelle exemplarisch erwähnt: empfindlichere Reaktion auf Neuroleptika und Antidepressiva bei Menschen asiatischer Herkunft, höherer Anteil von schnellen Metabolisierern von Methadon bei Menschen aus dem Mittelmeerraum, besseres Ansprechen auf trizyklische Antidepressiva bei Menschen afrikanischer Herkunft. Diesen biologisch erklärbaren Unterschieden (z.B. Unterschiede in der Enzymaktivität) kommen noch weitere Unterschiede hinzu, die eher mit dem Verständnis der Wirkung von Medikamenten zusammenhängen und somit einen Unterschied in der Compliance verursachen.

Eine besondere Untergruppe der MigrantInnen stellen die Flüchtlinge dar. Insgesamt wird bei Flüchtlingen aufgrund der zum Teil extremen psychosozialen Belastungen ein höheres Risiko für süchtiges Verhalten beschrieben (Desjarlais et al. 1995, Reynell 1989, Westermeyer 1991). Die Bedeutung der Traumatisierung für die Ätiologie der Suchtstörung ist in der Suchtforschung erst in den letzten Jahren in den Fokus gerückt (Schäfer u. Krausz 2006). Dennoch wurden auch in dieser Untergruppe der Flüchtlinge bestimmte protektive Faktoren eruiert, die möglicherweise ebenso für andere Migrantengruppen zutreffen: So wurde das Leben in einer ethnischähnlichen Gemeinschaft in der fremden Gesellschaft als protektiv beschrieben (Murphy 1977) als auch ein starker religiöser Glauben (McCallin u. Fozard 1990), eine ideologische Weltanschauung (Brune et al. 2002) und eine ausgedehnte Familie (McCallin u. Fozard 1990). Dennoch können auch diese zunächst protektiven Faktoren zu Integrationsschwierigkeiten führen, die wiederum neue Risiken darstellen. Hinzu kommt, dass traumatisierte Flüchtlinge nur in speziell ausgebildeten Zentren erfolgreich behandelt werden können und für die allgemeine Suchthilfe zum Teil eine Überforderung darstellen.

Zusammenfassung und Ausblick

Insgesamt kann festgestellt werden, dass Suchtstörungen bei Migrantinnen und Migranten als ein relevantes Problem bezeichnet werden können. Dieses ergibt sich jedoch nicht aufgrund einer erhöhten Prävalenz, wofür es derzeit keine Hinweise gibt, wobei eine erhöhte Prävalenz von Suchtstörungen bei MigrantInnen sich durchaus in Zukunft noch entwickeln kann. Daher bedarf es perspektivisch einer epidemiologischen Untersuchung dieser Entwicklung – eine indirekte Annäherung an die Frage einer erhöhten Prävalenz, wie bisher geschehen, ist unzureichend für eine adäquate Antwort auf entsprechende Versorgungsfragen.

Am deutlichsten wird die Relevanz der Suchtstörungen bei MigrantInnen bei der Betrachtung der Konsummuster. Ein riskanteres Konsummuster kann der erhöhten Mortalität unter drogenabhängigen Aussiedlern, der erhöhten Rate an Hepatitiden unter MigrantInnen mit Suchtstörungen und der erhöhten Alkoholismusrate bei drogenabhängigen MigrantInnen türkischer Herkunft entnommen werden. Diese drei Aspekte sind alarmierend und erfordern ein schnelles versorgungspolitisches Eingreifen. Eine schnelle Antwort wird jedoch erschwert durch die unzureichende wissenschaftliche Evidenz und dem Mangel an kultureller Kompetenz im Suchthilfesystem.

Die notwendige Veränderung des Suchthilfesystems muss sowohl den diagnostischen als auch den therapeutischen Besonderheiten Rechnung tragen. Diagnostisch muss sowohl für eine klare Definition eines Suchtproblems unter Berücksichtigung kultureller Normen gesorgt, als auch die Bedeutung der Akkulturationsschwierigkeiten als psychische Belastung berücksichtigt werden. Die notwendigen Behandlungsmaßnahmen betreffen vor allem die familientherapeutische Perspektive, eine adäquate und finanziell abgesicherte Hinzuziehung von Dolmetschern mit Erfahrung in der kulturellen Mediation, als auch die Berücksichtigung von Wirkungsunterschieden in der Pharmakotherapie.

Literatur

Acosta, F.X. (1982) Effective Psychotherapy for Low-Income and Minority Patients. New York: Plenum Press

Akbiyik, O. (1991) Drogenarbeit mit Ausländern. In: Heckmann, W. (Hrsg.) Drogentherapie in der Praxis. Ein Arbeitsbuch für die 90er Jahre. Weinheim: Beltz, 156-171

Assion, H.-J. (2004) Traditionelle Heilpraktiken türkischer Migranten. Berlin: VWB

Baudis, R. (1997) Gastarbeiterkinder. In: Landesstelle gegen die Suchtgefahren in Baden-Württemberg (Hrsg.) Sucht und Migration. Stuttgart, 54-64

Brune, M., Haasen, C., Krausz, M., Yagdiran, O., Bustos, E., Eisenman, D.: Belief systems as coping factors for traumatized refugees: A pilot study. European Psychiatry, 17, 2002: 451-458

Caetano, R.: Alcohol use among Hispanic groups in the United States. Am J Drug Alcohol Abuse, 14, 1988: 293-308

Degkwitz, P., Krausz, M. (1995) Epidemiologie und Dokumentation im Drogenentzug. In: Behrendt, K., Degkwitz, P., Trüg, E. (Hrsg.) Schnittstelle Drogenentzug. Freiburg: Lambertus

Desjarlais, R., Eisenberg, L., Good, B., Kleinman, A. (1995) World Mental Health: Problems and Priorities in Low-Income Countries. New York: Oxford University Press

Evlice, Y.E. (1998) Heroinabhängigkeit in der Türkei. Vortrag III. Deutsch-Türkischer Psychiatriekongress, Berlin

Gaitanides, S. (1998) Zugangsbarrieren von Migranten zu den Drogendiensten. In: Deutsche Hauptstelle gegen die Suchtgefahren (Hrsg.) Sucht in unserer multikulturellen Gesellschaft. Freiburg i. B.: Lambertus

Goldmann, W. (1996) Erschreckend hoch. In: Psychosozialer Arbeitskreis Migration im Projekt Gesunde Stadt Essen (Hrsg.) Drogenkonsum – Fakten, Hintergründe, Prävention, Ausblicke – 3. Veranstaltung der Reihe Migration und Justiz. Essen, 7

Haasen, C., Boyali, A., Yagdiran, O., Krausz, M.: Prävalenz psychischer Störungen bei Migranten in einer Allgemeinpraxis. Zeitschr. für Allgemeinmed.,76, 2000: 512-516

Haasen, C., Demiralay, C.: Transkulturelle Aspekte der Behandlung psychischer Störungen. Die Psychiatrie, 3, 2006: 150-156

Haasen, C., Lambert, M., Maß, R., Krausz, M.: Impact of ethnicity on the prevalence of psychiatric disorders among migrants in Germany. Ethnicity & Health, 3, 1998: 159-165

Haasen, C., Lambert, M., Yagdiran, O., Krausz, M.: Psychiatric disorders among migrants in Germany: prevalence in a psychiatric clinic and implications for services and research. Eur Psychiatry, 12, 1997: 305-310

Haasen, C., Toprak, M.A., Yagdiran, O., Kleinemeier, E.: Psychosoziale Aspekte der Sucht bei Migranten. Suchttherapie, 2, 2001: 161-166

Haasen, C., Toprak, M.A. (1999) Sucht. In: Institut für Soziale Arbeit e.V. u. Netzwerk WOGE e.V. (Hrsg.) Handbuch zur sozialen Arbeit mit Kinderflüchtlingen. Münster: Votum

Haasen, C. (1997) Migration und Sucht: Empirische Ergebnisse und Zukunftsperspektive. In: Schäfer, L., Schmalfuss, E.S. (Hrsg.) euroTC 1996 Strasbourg: Europe unlimited! Drugs unlimited? Dtsch. Ausg. Föderation der Drogenhilfen in Europa e.V.

Höhn, R., Stork, C.: Drogenproblematik junger Ausländer. Informationsdienst zur Ausländerarbeit, 3, 1990: 46-48

Kleinemeier, E., Reimer, J., Lorenzen, J., Haasen, C., Bätz, B., Krausz, M.: Charakteristika von Patienten im stationären Drogenentzug mit Migrationshintergrund. Suchtmedizin,5, 2003: 115

Kline, F., Acosta, F., Austin, W., Johnson, R.: The misunderstood Spanish-speaking patient. American Journal of Psychiatry, 137, 1980: 1530-1533

Lazaridis, K.: Epidemiologische Aspekte der Suchterkrankungen bei Ausländern. Hospitalisationsinzidenz in Niedersachsen. Suchtgefahren, 34, 1988: 396-400

Loosen, W.: Fachkonferenz „Sucht 1997" in Hamburg: Viele Aussiedler werden in Deutschland süchtig. Deutsches Ärzteblatt, 94, 1997: 2317

Marinovic, P. (1997) Streetwork in der offenen Drogenszene mit nichtdeutschen KonsummentInnen. In: Landesstelle gegen die Suchtgefahren in Baden-Württemberg (Hrsg.) Sucht und Migration. Stuttgart, 17-20

McCallin, M., Fozard, S. (1990) The Impact of Traumatic Events on the Psychological Well-Being of Mozambican Refugee Women and Children. Genf: International Catholic Child Bureau

Murphy, H.B.M.: Migration, culture, and mental health. Psychol Med, 7, 1977: 677-684

Orlandi, M.A. (1992) Defining cultural competence: an organizing framework. In: OSAP (Hrsg) Cultural competence for evaluators. Washington: US DHHS Publ.

Pfeiffer, W.M. (1996) Suchtbehandlung aus transkultureller Perspektive. In: Krausz, M., Haasen, C. (Hrsg.) Langzeitperspektive Süchtigen Verhaltens. Freiburg i.B.: Lambertus

Philippi, R. (1996) Drogenkriminalität und Gefährdungspotential. In: Kommunale Ausländerinnen- und Ausländervertretung (KAV) der Stadt Frankfurt a. M. (Hrsg.) Drogen und Migration: Dokumentation der Anhörung am 4. März 1996 zur Situation Drogenabhängiger und –gefährdeter Junger Menschen Ausländischer Herkunft in Frankfurt a.M.. Bonn: 67

Reimer, J., Lorenzen, J., Baetz, B., Fischer, B., Rehm, J., Backmund, M., Haasen, C.: Migration and Viral Hepatitis in Injection Drug Users. Substance Use u. Misuse *(in Druck)*

Reynell, J. (1989) Political Pawns: Refugees on the Thai-Kampuchean Border. Oxford: Refugee Studies Programme

Room, R.: Taking account of cultural and societal influences on substance use diagnoses and criteria. Addiction, 101 (Supl.1), 2006: 31-39

Schäfer, I., Krausz, M. (2006) Trauma und Sucht: Konzepte, Diagnostik, Behandlung. Stuttgart: Klett-Cotta

Sluzki, C. (2001) Psychologische Phasen der Migration und ihre Wirkungen. In: Hegemann, T., Salman, R. (Hrsg) Transkulturelle Psychiatrie. Bonn: Psychiatrie Verlag

Trautmann, F. (1998) Drogenarbeit mit Migranten in den Niederlanden. In: Deutsche Hauptstelle gegen die Suchtgefahren (Hrsg.) Sucht in unserer multikulturellen Gesellschaft. Freiburg i. B.: Lambertus, 234-247

Westermeyer, J. (1991) Psychiatric services for refugee children. In: Ahearn, F.L., Athey, J.L. (Hrsg.) Refugee children: Theory, Research, and Services. Baltimore MD: The Johns Hopkins University Press, 127-162

Meryam Schouler-Ocak

Sind Migrantinnen und Migranten anders depressiv?

Einführung

Die wissenschaftliche Literatur konzentriert sich weniger auf die Erfolgsseite der Migration, vielmehr beschäftigt sie sich mit nicht gelungenen Migrationsgeschichten. Bereits im 17. Jahrhundert wurde die bisweilen tödlich verlaufende „melancholia nostalgia" – die „Heimweh-Krankheit" – am Beispiel Schweizer Söldner, die in fremden Diensten standen, beschrieben. Im Jahre 1688 umschrieb Johannes Hofer die Heimwehkrankheit mit den Worten:

> Wenn nun solche, obgleich gut erzogene Kinder, unter anderen Nationen kommen, so können sie sich an keine fremden Sitten und Lebensarten gewöhnen, noch der mütterlichen Pflege vergessen: Sie sind furchtsam und ergötzen sich nur an dem süßen Gedanken vom Vaterlande, bis sie Widerwillen gegen das fremde Land erfüllt, oder unter mancherlei Unbequemlichkeit leidend Tag und Nacht an die Rückkehr ins Vaterland denken und, daran gehindert, erkranken" (Migrationsbericht 2001).

Der Begriff „Heimweh" beinhaltet, dass Migration an sich ein Verlusterlebnis sei und Trauerreaktion auslöse. Diese Erlebnisse können umso intensiver sein, je unfreiwilliger die Migration stattfindet und damit ohne Vorbereitungen erfolgt. Zudem spielt dabei die Integration in der Aufnahmegesellschaft eine wichtige Rolle. Sie unterstützt bei der Überwindung der Trauer und des Verlusterlebnisses. Je weniger eine alltägliche Integration in die neue Umgebung stattfindet, desto mehr wird der Heimat nachgetrauert, so dass die Trauer nicht nachlassen kann und in eine anhaltende Depression übergeht (Dill et al. 2002)

In der 6. Auflage seines Werkes „Psychiatrie" trennte Kraepelin (1899) erstmals das „manischdepressive Irresein" von der „dementia praecox". Es folgten Unterscheidungen in biphasische und monophasische Störungen sowie noch später in endogene (oder psychotische) und neurotische (oder psychogene) Depressionen.

1992 fand eine von der WHO durchgeführte Studie in mehreren Ländern heraus, dass keine signifikanten Unterschiede in der Prävalenz depressiver Störungen existieren (Thornicroft u. Sartorius 1992). Pfeiffer (1996) sieht in der unterschiedlichen Bewertung depressiver Symptome und der Depression einen Grund dafür, dass in der diagnostischen Bewertung Schwierigkeiten bestehen. So muss z.b. in vielen Kulturen die Depression den ganzen Menschen betreffen, um als Krankheit anerkannt zu werden.

Phasenmodell des Migrationsprozesses

Sluzki (2001) erarbeitete ein Phasenmodell, das den Migrationsprozess abbildet, der kulturübergreifend valide ist. Das Modell besteht aus den Phasen Vorbereitungsphase, Migrationsakt, Phase der Überkompensation, Phase der Dekompensation und Phase der generationsübergreifenden Anpassungsprozesse. Jeder Mensch, der geplant oder unfreiwillig migriert, durchläuft diese Phasen. Sie können sehr unterschiedlich ausfallen und mit unterschiedlichen Risiken und Belastungsfaktoren einhergehen. Wenn eine Migration geplant wird, werden entsprechende Vorbereitungen getroffen, es wird eingepackt, auch für die Zeit nach der Ankunft in der neuen Heimat. Es wird sich mit der Aufnahmegesellschaft beschäftigt, evtl. wird die neue Sprache erlernt. Ist jedoch die Auswanderung erzwungen und relativ in kürzester Zeit erfolgt, bleibt wenig Zeit zum Abschiednehmen, Packen, Planen. Die Zukunft erscheint sehr ungewiss, nicht kontrollierbar und nicht vorhersehbar.

So kann der Migrationsakt selbst zeitlich sehr unterschiedlich verlaufen. Er kann Stunden, Tage, Wochen, Monate, sogar Jahre oder Jahrzehnte dauern, wenn über Drittstaaten weitergewandert wird. Im Migrationsakt selbst sind wesentliche weitere Stressmomente bzw. -faktoren enthalten, wie z.B. bei der illegalen Migration, wenn unter sehr schwierigen Umständen migriert werden muss. In der Phase der Überkompensation herrscht zunächst eine Art Goldgräberstimmung. Die Betroffenen sind froh, weil sie es geschafft haben, im ersehnten Land angekommen zu sein und einen Neubeginn mit Hoffnungen, Perspektiven, Erwartungen und Plänen starten zu können.

Die Phase der Dekompensation ist die Phase der Ernüchterung, die die Goldgräberstimmung nach und nach ablöst und in der Stressfaktoren, Belastungsfaktoren zunehmend in den Vordergrund rücken und beispielsweise eine depressive Erkrankung in Gang setzen können. Die Phase der Dekompensation gilt auch als die Phase, in der Menschen mit Migrationshintergrund die Gesundheitssysteme des aufnehmenden Landes aufsuchen. Hier erfolgen die ersten Kontakte mit den Einrichtungen des Gesundheitssystems. In der Phase der generationsübergreifenden Anpassungsprozesse werden z.B. Konflikte der ersten Generation in der dritten Generation verarbeitet.

Nach einer Untersuchung von Haasen (2002) wird die Phase der Dekompensation im Durchschnitt nach etwa 7 Jahren erreicht. Das heißt, dass Menschen mit Migrationshintergrund sich durchschnittlich nach etwa 7 Jahren mit Beschwerden an das Gesundheitssystem wenden. Mit einer Suchterkrankung wenden sie sich etwa nach 6,7 Jahren, mit einer schizophrenen Erkrankung nach etwa 6,9 Jahren, mit einer affektiven Störung nach etwa 8,9 Jahren, mit einer neurotischen Störung, somatoformen und Belastungsstörungen im Durchschnitt nach mehr als 9 Jahren.

Migrationsassoziierte Risiken

Zeiler und Zarifoglu (1997) gehen auf migrationsassoziierte Risiken ein, die sie in Hochrisikopersonen, Hochrisikoperioden und Hochrisikomilieus unterteilen. Zu den Hochrisikopersonen werden Personen mit psychischen Vorerkrankungen, seelischen Traumatisierungen, mangelnden Sprachkenntnissen und höheres bzw. niedriges Lebensalter gezählt. Die Hochrisikoperioden stellen bestimmte Phasen der Migration dar, es können auch migrationsunabhängige lebenskritische Ereignisse sein, risikobehaftete Lebensperioden, unzureichende Beschäftigung, aber auch der Verlust vertrauter Wertorientierungen. Zu den Hochrisikomilieus zählen Zeiler und Zarifoglu Mangel an sozialer Unterstützung, soziale Isolation, unstrukturierter Tagesablauf und Verunsicherungs- und Bedrohungserfahrungen. Die aufgeführten Stressfaktoren können eine Erkrankung wie die Depression mit auslösen und unterstützen.

Depression in verschiedenen Kulturen

Affekt, Verhalten und somatische Symptome stellen die drei Kategorien der Symptome der Depression dar. Als Hauptmerkmal einer Depression wird in westlichen Kulturen als eine Störung des Affektes eingeordnet, während z.b. in östlichen Kulturen die Ausdrucksform einer Depression anders aussieht. Obeyesekere (1985) berichtet, dass z.b. im Buddhismus das Leiden (dukkha) zu einem der vier Grundwahrheiten zählt und daher nicht wie in westlichen Kulturen als Krankheitsmerkmal gewertet wird.

Bereits Kraepelin (1899) hatte beschrieben, dass in Indonesien schwere Depressionen mit Schuldvorwürfen und Verarmungswahn fehlen. Nach Pfeiffer (1984) existieren kulturell unterschiedliche Ausformungen, so z.B. versteckte depressive Symptome, die als lavierte Depression beschrieben werden. Während im europäischen Kulturkreis häufiger schwere Verläufe mit ausgeprägten psychischen Symptomen und Suizidtendenzen im Vordergrund stehen, sind es in Entwicklungsländern nach Pfeiffer eher vegetativ körperliche Symptome. So fand er in einer Untersuchung mit 53 deutschen und 53 indonesischen Patienten heraus, dass in Bezug auf Stimmung und Verhalten bei einer Depression die Symptome Hemmung, Agitiertheit und Suizidgedanken bei deutschen Patienten signifikant häufiger vorzufinden waren. Bei der inhaltlichen Ausgestaltung der Depression waren Symptome wie Leistungsfähigkeit, Verarmungsideen und Selbstbeschuldigung (Schuldwahn) bei deutschen Patienten signifikant häufiger.

Auch in der internationalen WHO-Depressionsstudie, an der sich die Zentren Basel, Montreal, Nagasaki, Teheran, Tokio mit insgesamt 573 Patienten beteiligten, konnten Unterschiede festgestellt werden. In allen Zentren waren häufig die Symptome Traurigkeit, Freudlosigkeit, Angst, Spannung, Energieverlust, Interessenverlust, Konzentrationsschwierigkeiten und Minderwertigkeitsgefühl. In den Zentren unterschiedlich waren dagegen Schuldgefühle (Schweiz 68%, Iran 32%), somatische Symptome (Iran 57%, Kanada 27%) sowie Suizidgedanken (Kanada 70%, Japan 40%) (Sartorius et al. 1977).

Es existieren breite kulturelle Unterschiede in der Benennung der Depression. In einigen kulturellen Kontexten existieren keine Begriffe zur Beschreibung der Depression. Organe mit emotionaler Zuordnung werden daher als Behelfsmöglichkeiten zur Übermittlung der Emotionen eingesetzt. Aus dem Indonesischen stammen die Begriffe *Hati kecil*, das heißt, dass die Leber klein sei, und die dementsprechend „verzagt" bedeuten. Damit wird Traurigkeit vermittelt. *Hati besar* dagegen bedeutet, dass die Leber groß sei, entspricht dem Begriff „freudig" und spiegelt damit eine gute Stimmungslage wider. Neben den Organchiffren existieren auch „Idioms of distress", lokaltypische Symptommuster wie z.b. *Hwa Byung* aus Korea, die mit epigastrischem Brennen und weiteren Körpersymptomen verbunden mit Wut einhergehende Feuerkrankheit. Der Begriff z.B. *sikinti* (aus dem türkischen Kulturkreis) beinhaltet Druck- oder Spannungsgefühl in der Brustregion, innere Unruhe, Langeweile, allgemeines Unwohlsein, verstimmt und/oder gereizt sein (Pfeiffer 1984).

Die diagnostische Einschätzung der Depression kann auch durch die unterschiedliche Ausformung depressiver Erkrankungen, z.B. bei Fehlen der Kernsyndrome, für einen westlichen Untersucher mit seinem Bild einer Leib/Seele Dichotomie und dem Unberücksichtigtlassen eventueller körperlicher Symptome wesentlich erschwert sein (Yagdiran u. Boyali 2000). Menschen mit Migrationshintergrund wenden sich häufig mit körperlichen Beschwerden und einer Überlagerung mit Verstimmtheit an Ärzte. Die Interpretation dieses Verhaltens als Bewältigungsversuch, die psychische Erkrankung in Form einer körperlichen und damit von der Gesellschaft besser akzeptierten Form zu präsentieren, ist nahe liegend. Doch die Ursache hierfür ist am ehesten an der ganzheitlichen Betrachtungsweise von Krankheit zu sehen. Es handelt sich hier um die Leibhaftigkeit des depressiven Erlebens. Nach Yagdiran u. Boyali besteht noch ein weiteres Merkmal in der Bewertung depressiver Zustände, nämlich die veränderte Wahrnehmung der Umwelt bei Menschen mit Migrationshintergrund. Während in westlichen Kulturkreisen die Depressiven sich selbst als verändert, schuldig und wertlos erleben, erfahren Menschen mit Migrationshintergrund ihre Umwelt in depressiven Zuständen als verändert, bedrohlich und feindselig. Der Hintergrund für diesen Unterschied ist in der unterschiedlichen Sozialisation begründet. Menschen mit z.B. mediterranem Hintergrund sehen ihre eigene Identität sehr eng an die Identität der Bezugsgruppe angelehnt. Werden die Umgebung und damit die Bezugsgruppe im Rahmen der Erkrankung als fremd wahrgenommen, kann das Gefühl von Bedrohung und Feindseligkeit entstehen. Magische Interpretationen bei depressiven und anderen Zuständen dienen daher oft als Erklärungsmodelle für z.B. zwischenmenschliche Konflikte (Tuna 1999, Yagdiran u. Boyali 2000).

Diese Ausführungen verdeutlichen, dass neben der Benennung der Depression auch unterschiedliche Vorstellungen zum Krankheitsverständnis, Krankheitskonzept und auch zu Behandlungserwartungen sowie Behandlungsvorstellungen bestehen. Während in der westlichen Medizin die Krankheit vor allem im Versagen des betroffenen Organismus oder im Nichtfunktionieren gesehen wird und das Krankheitsgeschehen auf einen umschriebenen Teil des Körpers lokalisiert wird, herrscht z.B. im mediterranen Raum die Vorstellung vor, dass die Krankheit von außen in den Körper eindringt und ihn ganzheitlich erfasst. Dabei spielen übernatürlich orientierte Erklärungs- und Handlungsmuster nicht selten eine Rolle. Böser Blick, Verzauberung, Verwünschung können mit dem Gefühl der Bedrohung einhergehen. Diese magische Interpretation erleichtert den Umgang mit der Krankheit, indem die Betroffenen von Schuldgefühlen und Verantwortung entlastet werden und auch die Solidarität der Gruppe gegen eine gemeinsame Gefahr von außen gerichtet wird. Dadurch werden bedrohliche Zustände bei z.B. depressiven Erkrankungen erträglicher (Tuna 1999). Menschen mit mediterranem Migrationshintergrund sind nach Tuna in hohem Maße bei psychischen oder sozialen Konflikten auf den Körper fixiert. Die Vorstellung, dass ein Kranker der körperliche Beschwerden angibt, bessere Chancen hat, von der Umgebung als krank akzeptiert und anerkannt zu werden, spielt dabei eine wichtige Rolle. Dem „körperlich Kranken" wird mit mehr Toleranz und Verständnis begegnet; er wird als schutzbedürftig gesehen und für sein „Versagen" nicht persönlich verantwortlich gemacht.

In einer Untersuchung stellte Simon (1999) fest, dass 69% der Patienten mit Depression ihren Hausarzt ausschließlich aufgrund von körperlichen Beschwerden aufsuchten. Sie berichteten in erster Linie über körperliche Symptome wie Energieverlust, Schlafstörungen oder Schmerzen. Typische Symptome wie depressive Niedergeschlagenheit oder Verlust an Interesse und Freude wurden weit seltener spontan berichtet.

In einer Patientenbefragung in zwei türkischen Allgemeinmedizinpraxen in Bezirken mit hohem Anteil an türkeistämmiger Bevölkerung in Berlin (Kreuzberg und Wedding) konnte bei 23 von 100 Patienten eine aktuelle depressive Episode nach den diagnostischen Kriterien der ICD 10 festgestellt werden. Diese waren wegen anderer Beschwerden zum Allgemeinmediziner gegangen. Damit konnten die Angaben von Simon bestätigt werden. Überraschenderweise waren 22 von ihnen Frauen, von diesen wiederum waren 14 im Alter zwischen 50 und 65 Jahren, also ältere Frauen (unveröffentlichte Daten).

Die Arbeitsgruppe „Psychiatrie und Migration" der Bundesdirektorenkonferenz der Leiter psychiatrisch-psychotherapeutischer Kliniken, erhob im Rahmen einer Pilotstudie 2004 Daten zur aktuellen Inanspruchnahme der stationären Behandlung in den Bereichen der Psychiatrie und Psychotherapie durch Menschen mit Migrationshintergrund. Von Interesse war dabei festzustellen, in welchem Ausmaß diagnostische und therapeutische Prozeduren durch sprachliche und kulturelle Verständigungsprobleme belastet oder erschwert waren. Bei den diagnostischen Einstufungen fiel auf, dass mehr als ein Drittel der Patienten mit Migrationshintergrund eine Diagnose aus dem schizophrenen Formenkreis F20 (36,1%) hatten. Die Untersuchungen zeigten, dass bei Patienten mit Migrationshintergrund signifikant häufiger Erkrankungen aus dem schizophrenen Formenkreis diagnostiziert wurde. Möglicherweise spielen hier Verständigungsschwierigkeiten eine Rolle. Es ist anzunehmen, dass diese Patienten erst dann die Klinik aufsuchen, wenn im familiären und ambulanten Bereich die Ressourcen ausgeschöpft sind. Affektive Störungen und Anpassungs- und Belastungsstörungen fanden sich lediglich bei 7,7% bzw. 6,7% der Patienten mit Migrationshintergrund. Das heißt, dass affektive Erkrankungen wie Depressionen mit einem geringen Anteil im stationären Bereich vertreten waren. Dagegen war der Anteil der Patienten mit einer affektiven Störung bei der Hauptstudie vom 19. Juli 2006 mit 24% deutlich höher, während sich der Anteil an Erkrankungen aus dem schizophrenen Formenkreis bestätigen ließ (unveröffentlichte Daten). Auch depressive Patienten mit Migrationshintergrund scheinen inzwischen im stationären Kontext anzukommen.

Umgang mit Krankheit und Kranken in verschiedenen Kulturen

Tseng und Streltzner (2004) weisen darauf hin, dass neben individuellen Faktoren wie Bildungsstand, medizinischem Wissen und Lebenserfahrung die Kultur des Patienten zu Krankheitsverständnis, Wahrnehmung und Darstellung von Symptomen und Problemen sowie der Reaktion auf und den Umgang mit Krankheit beiträgt. Dabei beeinflusst die Kultur auch die Erwartungen des Patienten an den Arzt, seine Behandlungsmotivation sowie seine Compliance. Zudem betonten die Autoren, dass neben der Kultur des Patienten auch die Kultur des Arztes besteht, die von persönlichen Einstellungen und medizinischem Wissen sowie Lebenserfahrung, die Art der Interaktion und der Kommunikation mit dem Patienten geprägt ist und (direkt oder indirekt) die Haltung und das Verständnis dem Patienten gegenüber sowie seine möglichen Behandlungsstrategien überlagert. So beschreibt Peseschkian (1998) den Umgang mit einem Kranken in verschiedenen kulturellen Kontexten folgendermaßen:

> [Für den Osten:] Ist hier jemand erkrankt, so wird das Bett ins Wohnzimmer gestellt. Der Kranke steht im Mittelpunkt des Geschehens und wird von zahlreichen Familienmitgliedern, Verwandten und Freunden besucht. Ein Ausbleiben der Besucher würde als Beleidigung und mangelnde Anteilnahme aufgefasst.

Damit wird deutlich hervorgehoben, dass im kulturellen Kontext soziale Kontakte für die Familie sehr gute Ressourcen darstellen, die auch den Genesungsprozess unterstützen können. Im Westen hingegen sei es so, dass

> „jemand, der krank ist, seine Ruhe haben möchte. Er wird von sehr wenigen Personen besucht, Besuche werden auch als soziale Kontrolle empfunden."

Diese Ausführungen spiegeln das unterschiedliche soziale Gefüge wieder, in dem den Betroffenen Platz eingeräumt wird. Tseng u. Strelzner heben des Weiteren hervor, dass auch eine institutionelle Kultur existiert, die die Gesundheitsberufe verbindet und dabei unbewusste Traditionen von Einstellungen, die sich im Medizinsystem entwickelt haben, bestimmen. Werte wie Individualität, aktive Interventionen, aggressive Behandlungsstrategien, Therapie gegen den Willen des Patienten stellen westliche Wertvorstellungen dar, die keine Gültigkeit in anderen Kulturen besitzen müssen. Dies spiegelt sich auch in der Arzt-Patient-Beziehung (partnerschaftlich vs. patriarchalisch), den Erwartungen an den Arzt oder dem Umgang mit Regeln wider (Tseng u. Strelzner 2004). So erwarten Patienten mit Migrationshintergrund umgehende Hilfe durch die Autorität des Therapeuten/Arztes bei den Befriedigungen des Hilfebedürfnisses, während der Therapeut/Arzt nach westlichem Modell auf Mobilisierung der eigenen Potentiale, Stärkung des Patienten, Selbstverantwortlichkeit und Autonomie hinarbeitet. Von der Beziehung zum Therapeuten/Arzt erwartet der Patient mit Migrationshintergrund eher ein familiäres Autoritätsverhältnis, während der Therapeut/Arzt eher sachlich partnerschaftlich mit ihm umgeht und an der Übertragung und Gegenübertragensreaktion arbeitet. Auch in Bezug auf das Verhältnis zum Körper gibt es unterschiedliche Vorstellungen. Das Erleben und der Ausdruck sind beim Patienten mit Migrationshintergrund körperbetont, beim Therapeuten/Arzt hingegen körperfern, beherrscht und ausdrucksarm (Pfeiffer 1995).

Die aufgeführten Aspekte geben nur einen Teil der Unterschiede in den Erwartungen und Einstellungen in unterschiedlichen kulturellen Kontexten zwischen Therapeut/Arzt und Patient mit Migrationshintergrund wieder. Der Zugang zueinander erscheint erst nach Abklärung dieser Aspekte möglich.

In der Pilotstudie der AG „Psychiatrie und Migration" der Bundesdirektorenkonferenz 2004 haben beteiligte Einrichtungen mittels einer Selbsteinstufung angegeben, in welchem Ausmaß diagnostische und therapeutische Prozeduren durch sprachliche und kulturelle Verständigungsprobleme belastet oder erschwert waren. Hierbei fand sich, dass in diagnostischen oder therapeutischen Situationen bei 27,9% sprachliche Verständigungsprobleme eine Rolle spielten, während bei 37,7% kulturgebundene Verständigungsprobleme beschrieben wurden. In der Summe heißt dies, dass bei mehr als 45% der Patienten mit Migrationshintergrund sprachliche oder kulturelle Kommunikationsprobleme oder beides angegeben wurden. Diese Ergebnisse wurden in der Hauptstudie bestätigt (unveröffentlichte Daten). Damit zeigt sich, dass bei fast jedem zweiten Patienten mit Migrationshintergrund Verständigungsschwierigkeiten bestehen.

Schlussfolgerung

Depressionen zählen zu den Erkrankungen, die oft unerkannt bleiben, weil viele Betroffene selber nicht erkennen, dass sie an einer Depression leiden, Depression und gedrückte Stimmung verwechselt werden und insbesondere körperliche Beschwerden häufig die Depression überdecken können. Die dargestellten unterschiedlichen Ausdrucksformen, Krankheitskonzepte und Behandlungserwartungen bei depressiven Erkrankungen verdeutlichen, dass sich die Depression bei Menschen mit Migrationshintergrund anders äußern und daher auch übersehen werden können. Dabei spielen die sprachlichen und kulturgebundenen Verständigungsschwierigkeiten eine besondere Rolle. Insgesamt ist aufgrund der aufgeführten Unterschiede in den verschiedenen kulturellen Kontexten davon auszugehen, dass Depressionen bei Menschen mit Migrationshintergrund schwieriger zu diagnostizieren und zu behandeln sind.

Diese Ausführungen verleiten zu der Schlussforderung, dass die interkulturelle Kompetenz im Umgang mit Patienten mit Migrationshintergrund unverzichtbar ist. Zu den Grundlagen der interkulturell therapeutischen Kompetenz zählt Kirmayer (2001) Interesse und Wertschätzung als Basis. Darüber hinaus werden Kenntnisse der eigenen kulturellen Identität als Voraussetzung vermittelt. Die Arbeit mit Kulturmittlern und qualifizierten Dolmetschern sowie die Beachtung und Erkennung von „Idioms of distress", das Krankheitsverständnis des Patienten zu beachten und kulturell passende Erklärungen sowie Behandlungsangebote zu erarbeiten, werden als weitere Grundlagen aufgeführt. Kirmayer weist darauf hin, dass auch die Beachtung der Biographie der Betroffenen mit Migrationshintergrund unbedingt zu den Grundlagen zählt. Der systematische Einsatz von professionellen Sprach- und Kulturvermittlern, die systematische interkulturelle Öffnung sowie das systematische Erwerben der interkulturellen Kompetenz können dazu beitragen, dass Depressionen bei Menschen mit Migrationshintergrund aus unterschiedlichem kulturellen Kontext besser erfasst und behandelt werden.

Literatur

Brucks, U.: Der blinde Fleck der medizinischen Versorgung in Deutschland. Migration und psychische Erkrankung. Psychoneuro,30 (4), 2004: 228-231

Dill, H., Frick, U., Höfer, R., Klöver, B., Straus, F. (2002) Risikoverhalten junger Migrantinnen und Migranten. Expertise für das Bundesministerium für Gesundheit. Schriftenreihe des Bundesministeriums für Gesundheit, Band 141/I. Baden-Baden: Nomos

Haasen, C. (2002) Kulturelle Aspekte der Diagnostik psychischer Störungen. Fachtagung des Referats Transkulturelle Psychiatrie der DGPPN. St. Andreasberg/ Oberharz

Kirmayer, L.J.: The place of culture in psychiatric nosology. Taijin Kyofusho and DSM III-R. In: Journal of Nervous and Mental Disease, 179, 2001: 19-28

Kraepelin, E. (1899) Psychiatrie. Ein Lehrbuch für Studierende und Ärzte. 6. Auflage. Leipzig

Migrationsbericht der Bundesregierung für Ausländerfragen (2001) Bericht über die Lage der Ausländer in der Bundesrepublik Deutschland. Berlin, Bonn

Obeyesekere, G. (1985) Depression, Buddhismus and the work of culture in Sri Lanka. In: Kleinman, A., Good, B. (Hrsg.) Culture and Depression. Berkeley: Univ. of California Press, 134-152

Peseschkian, N. (1998) Die Notwendigkeit eines transkulturellen Austausches. Dargestellt am transkulturellen Aspekt der Positiven Psychotherapie. In: Heise, T., Schuler, J. (Hrsg.) Transkulturelle Psychotherapie. Hilfen im ärztlichen und therapeutischen Umgang mit ausländischen Mitbürgern. Berlin: VWB, 195-210

Pfeiffer, W.M.: Das Bild der Depression im Kulturvergleich. Curare,19, 1996: 193-199

Pfeiffer, W.M. (1995) Kulturpsychiatrische Aspekte der Migration. In: Koch, E., Özek, M., Pfeiffer, W.M. (Hrsg.) Psychologie und Pathologie der Migration. Deutschtürkische Perspektiven. Freiburg i.B.: Lambertus, 17-30

Pfeiffer, W.M.: Transkulturelle Aspekte der Depression. Nervenheilkunde,3, 1984: 14-17

Sartorius, N., Jablensky, R., Shapiro, R.: Two year follow-up of the patients included in the WHO International Pilot Study of Schizophrenia. Psychol. Med., 7, 1977: 529-487

Simon et al.: An international study of the relation between somatic symptoms and depression. The New England Journal of Medicine. Boston: Oct 28, Vol.341, 1999

Sluzki, C.E. (2001) Psychologische Phasen der Migration und ihre Auswirkungen. In: Hegemann, T., Salman, R. (Hrsg.) Transkulturelle Psychiatrie. Bonn: Psychiatrie Verlag

Thornicroft. G., Sartorius, N.: The course and outcome of depressions in different cultures: 10-year-follow-up of the WHO collaborative study on the assessment of depressiv disorders. Psychol Med, 23, 1992: 1023-1032

Tseng, W.S., Streltzner, J. (2004) Cultural Competence in clinical psychiatry. American Psychiatric Publishing, Inc.

Tuna, S. (1999) Transkulturelle Begutachtung: Beispiele ethnokultureller Bewältigungsstrategien in der Migration – Kasuistiken. In: Collatz, J., Hackhausen, W., Salman, R. (Hrsg.) Begutachtung im interkulturellen Feld. Zur Lage der Migranten und zur Qualität ihrer sozialgerichtlichen und sozialmedizinischen Begutachtung in Deutschland. Reihe: Forum Migration Gesundheit Integration Bd 1. Berlin: VWB, 153-168

Yagdiran, O., Boxali, A. (2000) Depression. In: Haasen, C., Yagdiran, O. (Hrsg.) Beurteilung psychischer Störungen in einer multikulturellen Gesellschaft. Freiburg i.B.: Lambertus

Zeiler, J., Zarifoglu, F.: Psychische Störungen bei Migranten: Behandlung und Prävention. In: Zeitschrift für Sozialreform, 43, 1997: 300-33

Matthias David, Frank C. K. Chen, Theda Borde

Schweres Schwangerschaftserbrechen bei Migrantinnen – eine Folge psychischer Belastungen im Zuwanderungsprozess?[1]

Einleitung

Bei 70-85% aller Schwangeren treten im Verlauf der Frühschwangerschaft Übelkeit und Erbrechen auf. Die Hyperemesis gravidarum als schwerste Form des Schwangerschaftserbrechens stellt sozusagen das Skalenende des individuell verschieden ausgeprägten Spektrums von Übelkeit und Erbrechen dar. 0,5 bis 2% aller schwangeren Frauen sollen von diesem schweren Schwangerschaftserbrechen betroffen sein (ACOG Practice Bulletin 2004, Eliakim et al. 2000, Hod et al. 1994, Leeners et al. 2000), wobei die Häufigkeiten von den Kriterien abhängen, mit deren Hilfe man eine Hyperemesis gravidarum definiert. Meist werden folgende Faktoren herangezogen: unstillbares Erbrechen ohne andere Ursache, Unfähigkeit zur Nahrungsaufnahme, Entgleisung des Stoffwechsels, Gewichtsverlust, starke Beeinträchtigung des Allgemeinbefindens. Diese Symptome führen fast immer zu einer stationären Aufnahme, weil eine ambulante Behandlung der Patientin wegen des subjektiv und objektiv stark beeinträchtigten Ernährungs- und Allgemeinzustandes nicht mehr möglich ist. Damit ist die Hyperemesis neben Fehlgeburtsneigungen eine der häufigsten Gründe für eine Klinikbehandlung im ersten Drittel der Schwangerschaft.

Mögliche Ursachen

Die Hyperemesis gravidarum ist eine Ausschlussdiagnose, d.h. ehe bei einer

---

[1] überarbeiteter und ergänzter Artikel, der erstmals 2005 in „Die Hebamme" publiziert wurde; Abdruck mit freundlicher Genehmigung des Hippokrates-Verlag Stuttgart

Patientin diese Diagnose gestellt und sie entsprechend behandelt werden kann, müssen zahlreiche andere bedacht werden – z.B. Ursachen im Magen-Darm-Trakt, im urologischen Bereich, im Stoffwechsel oder neurologische Störungen. Als Risikofaktoren für das Auftreten eines schweren Schwangerschaftserbrechens gelten ein erhöhtes Gewicht der Nachgeburt (Plazenta) z.B. bei Zwillingsschwangerschaften, erbliche Faktoren (belastete Familienvorgeschichte), eine Hyperemesis in der vorangegangenen Schwangerschaft, Migräne und Reisekrankheit (ACOG Practice Bulletin 2004).

Zur Erklärung des schweren Schwangerschaftserbrechens sind verschiedene Hypothesen aufgestellt worden. Ursächlich angenommen werden schwangerschaftsbedingt erhöhte Hormonwerte, Leberfunktionsstörungen, eine Störung der Schilddrüsenfunktion, Veränderungen im Serotoninspiegel, Peristaltikstörungen im Magen-Darm-Trakt, eine krankhafte Besiedlung des Magens mit dem Helicobacter pylori, Dysfunktionen autonomer Nerven und/ oder Ernährungsmängel (Abell u. Riely 1992, Eliakim et al. 2000, Lub-Moss 1997). Vieles spricht dafür, dass es sich, wie so oft, um ein multifaktoriell bedingtes Krankheitsbild handelt, wobei auch psycho-soziale Faktoren eine wichtige Rolle spielen (Hod et al. 1994, Lub-Moss 1997, Mazotta et al. 2000).

Zur Frage, ob ein bestimmter Persönlichkeitstyp oder spezifische psychische Störungen für eine Hyperemesis gravidarum prädisponieren, gibt es zwei Hypothesen:
1. Die psychoanalytische Theorie beschreibt das schwere Schwangerschaftserbrechen als eine sog. Konversions- oder Somatisierungsstörung (= Umwandlung seelischer Konflikte in Organerkrankungen);
2. Ein anderer Erklärungsansatz stellt das Unvermögen bzw. die Unfähigkeit der Patientin, auf exzessiven Stress (adäquat) zu reagieren, in den Mittelpunkt (ACOG Practice Bulletin 2004, Wenderlein 1999). Diese psychologisch-psychosomatisch orientierten Konzepte können auch unter den Stichworten „gestörte Auseinandersetzung mit der Schwangerschaft", „ambivalente bzw. ablehnende Haltung gegenüber der Schwangerschaft", „soziale Probleme/ für die Schwangerschaft ungünstiges Umfeld" und „Probleme mit dem Partner" zusammengefaßt werden (Goodwin 1998, Lub-Moss 1997, Wenderlein 1999).

Eine ausgezeichnete Übersicht zu den intrapsychischen und interpersonellen (Risiko)Faktoren für das Entstehen einer Hyperemesis gravidarum geben Leeners u. Mitarb. (2000). Es ist unklar, ob auch ethnische Faktoren eine Rolle spielen (Fairweather 1968, Mazotta et al. 2000). Eliakim u. Mitarb. (2000) berichten jedoch in ihrer Übersichtsarbeit, die die englischsprachige Literatur der Jahre 1966-2000 berücksichtigt, über deutliche Unterschiede in der Inzidenz der Hyperemesis gravidarum bei Schwangeren auf den Pazifikinseln Neuseelands, bei indischen und pakistanischen Frauen, die in Großbritannien leben, und bei Afroamerikanerinnen gegenüber europäischen Frauen.

Hyperemesis gravidarum bei Migrantinnen

Problembeschreibung

Migration und Globalisierung sind die beiden Themen, die das 21. Jahrhundert entscheidend prägen werden. In der Bundesrepublik Deutschland hat man schon seit Anfang der 1960er Jahre Erfahrungen mit (gelenkter) Zuwanderung, nämlich der Anwerbung sog. Gastarbeiter/innen, sammeln können. Die Tatsache, das Deutschland seit zwei bis drei Jahrzehnten de facto ein Zuwanderungsland ist, wurde jedoch gemeinsam mit den sich daraus ergebenden Problemen verdrängt.

In Berlin wohnen derzeit ca. 15% Ausländer/-innen, hauptsächlich in den westlichen Bezirken, darunter etwa 130.000 Nichtdeutsche türkischer Herkunft (Statistisches Landesamt Berlin 2000). Dass sich dies auch in der Krankenversorgung, insbesondere in den Stadtbezirken mit einem hohen Migrantenanteil, widerspiegelt, ist jedem bewusst, der in einer Klinik oder Praxis vor Ort tätig ist. Wir meinen, dass aus dieser besonderen Versorgungssituation auch die Verpflichtung erwächst, sich zum einen mit den Besonderheiten bei der Beratung und medizinischen Behandlung von Migrantinnen auseinanderzusetzen und zum anderen, dieses Thema auch zum Gegenstand von Aktivitäten in der Versorgungsforschung zu machen.

Die tägliche Arbeit auf den Stationen einer Frauenklinik, in deren Nachbarschaft bzw. Einzugsgebiet Stadtbezirke mit einem „Ausländeranteil" von ca. 30% liegen, vermittelte uns den Eindruck, dass Migrantinnen unter den wegen einer Hyperemesis gravidarum stationär behandelten Schwangeren überproportional häufig sind. Dieser Eindruck sollte mit einer systematischen Auswertung des eigenen Patientinnenkollektivs und einer Literaturdurchsicht zum Thema „Hyperemesis gravidarum und Migration" objektiviert werden, da sich bei Bestätigung dieser Hypothese ja eventuell prophylaktische oder therapeutische Konsequenzen ergeben könnten.

Eigene Untersuchungsergebnisse

Wir werteten den Zeitraum April 1995 bis August 2006 (= 137 Monate) aus. In dieser Zeit wurden 576 schwangere Patientinnen wegen schweren Schwangerschaftserbrechens in unserer Klinik (Klinik für Frauenheilkunde der Berliner Charité/ Campus Virchow-Klinikum) behandelt. Sie alle wurden bei Vorhandensein ähnlicher Krankheitssymptome sowie Untersuchungskriterien aufgenommen und auch nach dem gleichen Therapieschema mit intravenösen Infusionen behandelt wurden.

Von den 576 wegen Hyperemesis stationär behandelten Schwangeren waren 404 Migrantinnen (71,3%) und 163 Patientinnen (28,7%) waren deutscher Herkunft. Damit war, und diese bestätigte unsere Vermutung, in der Untersuchungsperiode der Anteil von vor allem türkischstämmigen, aber auch libanesischen oder „ex-jugoslawischen" Migrantinnen unter den im Untersuchungszeitraum behandelten Patientinnen im Verhältnis zur altersstandardisierten Wohnbevölkerung der umliegenden Stadtbezirke überproportional hoch. Es gab im Übrigen keine wesentlichen Unterschiede beim Lebensalter, der Schwangerschaftswoche bei Aufnahme und der Dauer des stationären Aufenthalts zwischen diesen beiden Patientinnengruppen. Das Verhältnis von ca. ¼ Patientinnen deutscher und etwa ¾ Schwangere nicht deutscher Herkunft mit Hyperemesis-Beschwerden zieht sich relativ konstant durch den gesamten fast 11jährigen Untersuchungszeitraum.

Zur näheren Charakterisierung der Problemlage bei den wegen Hyperemesis behandelten Migrantinnen führten wir eine Befragung einer kleinen Subgruppe türkischstämmiger Patientinnen durch. Wir nehmen an, dass diese Patientinnen relativ repräsentativ auch für das Gesamtkollektiv sind. Es wurden 13 türkischstämmige Frauen während ihres stationären Aufenthalts im Verlaufe längerer standardisierter Interviews u.a. zu ihrer subjektiven Krankheitstheorie, zur psychischen Situation aber auch zum Problemkreis Migration/Akkulturation befragt. Es zeigte sich, dass etwas mehr als die Hälfte der befragten Frauen zur Gruppe der wenig akkulturierte Migrantinnen bzw. der sog. nachgezogenen Ehefrauen, die noch nicht lange in Deutschland leben, zählte. (Grundlage für die Abschätzung des Akkulturationsgrades waren die Variablen deutsche Sprachkenntnisse, Kontakte außerhalb der Familie, Kontakte zu Deutschen, nationale Identität, Kontakte zum Herkunftsland, Rückkehrorientierung, bevorzugte Wohngegend, in der Familie gesprochene Sprache, bevorzugte Massenmedien und Bewertung des Lebens in Deutschland.)

Als Ursache für das schwere Schwangerschaftserbrechen vermuteten die meisten befragten türkischstämmigen Patientinnen mit Hyperemesis gravidarum exogene schädigende Stoffe oder auch eine Veranlagung zum schweren Erbrechen in der Schwangerschaft. Mit Hilfe des Fragebogens SCL-90-R (Derogatis 1977) wurde die „psychische Symptombelastung" bei den Migrantinnen gemessen. Nur bei der Skala „Somatisierung (= Umwandlung seelischer Konflikte in Organerkrankungen)" boten die türkische Migrantinnen mit Hyperemesis signifikant höhere Werte als parallel befragte deutsche Patientinnen (David et al. 2002).

Interpretation der eigenen Ergebnisse im Kontext der internationalen Literatur

Publikationen zum Zusammenhang von Hyperemesis gravidarum und Migrationserfahrung sind kaum vorhanden. Wir fanden drei Arbeiten, die sich mit dem Thema auseinandergesetzt haben. Diese Autorengruppen haben in kleineren Untersuchungskollektiven in Norwegen und Kanada eine höhere Inzidenz des schweren Schwangerschaftserbrechens bei Migrantinnen im Vergleich zu einheimischen Schwangeren nachgewiesen (Jimenez et al. 2000, Vangen et al. 1999, Vilming et al. 2000). Tabelle 1 fasst die wesentlichen Ergebnisse dieser drei Publikationen zusammen.

Tabelle 1: Wesentliche Ergebnisse der Publikationen zum möglichen Zusammenhang von Hyperemesis gravidarum (H.g.) und Migration

Autoren, Jahr der Veröffentl.	*Untersuchungszeitraum*	*Untersuchungsdesign*	*Zusammengefasste Resultate*
Vangen et al. 1999	1991	71 norwegische vs. 66 in Oslo lebende pakistanische Schwangere	pakistanische Migrantinnen häufiger H.g. als norwegische Schwangere
Vilming u. Nesheim 2000	1993 - 1997	175 wegen H.g. hospitalisierte Schwangere, Kontrolle: 115 Frauen ohne H.g.	Risikofaktor für H.g. u.a. nicht-norwegische Ethnizität (v.a. pakistanische und afrikanische Frauen)
Jimenez u. Marleau 2000	1992 - 1997	kanadische Provinz Quebec, 254 Pat. mit H.g.; Kontrollgruppe: alle Schwangeren des Untersuchungszeitraums (n=19.839)	Stationäre Aufnahme wegen H.g.: in Quebec geborene Schwangere 7,9%, außerhalb Quebec aber in Kanada geborene 11,1%, außerhalb Kanadas geborene Frauen 16,7%

Diese Daten bestärken uns in der Vermutung, dass es einen direkten Zusammenhang zwischen Migrationserfahrung bzw. den Belastungen im Aufnahmeland und dem Auftreten einer Hyperemesis-Symptomtik gibt. Folgt man der bereits dargestellten ungünstigen Stressverarbeitungstheorie, so sind Faktoren während oder nach der Migration bzw. der Zuwanderungsprozess selbst als Ursache für eine Hyperemesis gravidarum zu diskutieren. Zuwanderung ist ein Prozess mit adaptivem Charakter. Von den Migrantinnen und Migranten wird eine große Anpassungsleistung gefordert. Letztlich besteht in jeder Phase des Migrationsprozesses die Gefahr, dass die jeweiligen adaptiven Herausforderungen nicht bewältigt werden und so psychische und/oder körperliche bzw. psychosomatisch bedingte Beeinträchtigungen entstehen.

Über auffällige Erlebnisreaktionen in Zusammenhang mit Migration, vor allem über die Entwicklung psychischer bzw. psychosomatischer Beschwerden oder psychiatrischer Störungen mit Krankheitswert bei Arbeitsmigranten wird in der Literatur berichtet (David 2001, Gunkel u. Priebe 1992).

Die 13 von uns interviewten türkischstämmigen Patientinnen haben als Ursache für die Hyperemesis gravidarum psycho-soziale Faktoren im weiteren Sinne kaum benannt. Vielleicht kann die Vorstellung, dass psychische/seelische Probleme ein Grund für den Krankenhausaufenthalt sein könnten, von den betroffenen Migrantinnen auch nicht zugelassen werden. Erfahrungen im Klinikalltag erwecken den Eindruck, dass insbesondere wenig akkulturierte Patientinnen durch die Schwangerschaft offenbar besonders belastet sind. Psychodynamisch gesehen verstärkt vermutlich die Unsicherheit in der gerade vollzogenen Migration oder eine stark von der Aufnahmegesellschaft separierte Lebensweise die – in Grenzen durchaus normale – Schwangerschaftsambivalenz, so dass sich hier zwei Ambivalenzkonflikte in der Frühschwangerschaft gegenseitig verstärken. Hinzu können z.B. Probleme in der Beziehung zum Ehemann kommen (insbesondere bei der Gruppe der nachgezogenen Ehefrauen muss man von einem hohen Anteil vermittelter Ehen ausgehen). Auch ein sekundärer Krankheitsgewinn (besonders mit Klinikaufnahme erhält die Schwangere mehr Aufmerksamkeit und Unterstützung durch Familie und Freunde; medizinisches Personal und Klinik fungieren als „gute Mutter") oder die Möglichkeit, sich im Krankenhaus von der ggf. belastenden oder überfordernden häuslichen Umgebung (beengte Wohnverhältnisse, sozialer Druck der Schwiegerfamilie) zu erholen (Leeners et al. 2000), kommen als tiefere (interpersonelle) Ursache eines schweren Schwangerschaftserbrechens in Frage.

Hertz und Molinski (1986) deuten die Hyperemesis gravidarum psychoanalytisch-intrapsychisch als Resultat eines „oralen Konflikts". Sie meinen, dass in Folge der Migration aus eher ländlichen, nichteuropäischen Regionen in moderne, zentraleuropäische, industrielle Ballungsräume die Konfrontation mit den größeren Möglichkeiten und Freiheiten dazu führt, dass das (werdende) Kind stärker die eigenen Befriedigungsmöglichkeiten der Frau beeinträchtigt, was die „orale Funktionsstörung Hyperemesis" nach sich zieht (Hertz u. Molinski 1986).

Schlussfolgerungen

- Die eigenen Untersuchungsergebnisse und die wenigen vorhandenen

Veröffentlichungen bestätigen uns in der Annahme, dass das schwere Schwangerschaftserbrechen bei Migrantinnen häufiger auftritt als bei einheimischen Schwangeren. Über die Gründe kann bisher jedoch nur spekuliert werden.

- Es ist zu betonen, dass für die betroffenen Migrantinnen die gleichen Aufnahmekriterien und Behandlungsstandards wie für die Patientinnen deutscher Herkunft gelten (müssen).
- Problematisch bleibt, dass die neben der standardisierten „somatischen" Therapie (Infusionen zum Ausgleich der Stoffwechselentgleisung, Gabe von Medikamenten gegen das Erbrechen, Vitaminverabreichung, mehrtägige Nahrungskarenz/ Schonkost) anzustrebende psychosomatisch orientierte Behandlung oft an Sprachbarrieren scheitert.
- Interessierte Ärztinnen, Ärzte und Hebammen sind aufgerufen, sich weiter wissenschaftlich mit der Hyperemesis gravidarum bei Migrantinnen zu befassen, da Schwangere nicht deutscher Herkunft offenbar besonders durch diese Schwangerschaftsstörung belastet sind.
- Schon jetzt sollten diese Problematik in der täglichen praktischen Arbeit mit besonderer Sensibilität beachtet werden.

Literatur

Abell, T.L., Riely, C.A.: Hyperemesis gravidarum. Gastroenterology clinics of North America, 4, 1992: 835-849

ACOG Practice Bulletin No 52. Clinical Management Guidlines for Obstetrician-Gynecologists. Nausea and Vomiting of Pregnancy. Obstet Gynecol, 103, 2004: 803-815

Brähler, E., Felder, H., Florin, I., Tuschen, B. (1993) Soziodemographischer Fragebogen SozioDat (West- und Ostversion). Unveröffentlichtes Arbeitspapier, Leipzig

Derogatis, L.R. (1977) SCL-90-R, administration, scoring & procedures manual-I for R(evised) Version. Johns Hopkins University School of Medicine

David, M. (2001) Aspekte der gynäkologischen Betreuung und Versorgung von türkischen Migrantinnen in Deutschland. Habilitationsschrift, Humboldt-Universität zu Berlin

David, M., Borde, T., Kentenich, H.: Ist die Hyperemesis gravidarum heute vor allem eine Erkrankung von Migrantinnen? Geburtsh Frauenheilk, 62, 2002: 327-332

Eliakim, R., Abulafia, O., Sherer, D.M.: Hyperemesis gravidarum: a current review. Am J Perinatol, 17, 2000: 207-218

Fairweather, D.V.I.: Nausea and vomiting in pregnancy. Am J Obstet Gynecol, 102, 1968: 135-173

Goodwin TM: Hyperemesis gravidarum. Clinical obstetrics and gynecology, 41, 1998: 597-605

Günay, E., Haag, A.: Krankheit in der Emigration – Eine Studie an türkischen Patientinnen in der Allgemeinpraxis aus psychosomatischer Sicht. PPMP Psychother Psychosom Med Psychol, 40, 1990: 417-422

Gunkel, St., Priebe, St.: Psychische Beschwerden nach Migration: Ein Vergleich verschiedener Gruppen von Zuwanderern in Berlin. PPMP Psychother Psychosom Med Psychol, 42, 1992: 414-423

Hertz, D.G., Molinski. H. (1986) Psychosomatik der Frau. Entwicklungsstufen der weiblichen Identität in Gesundheit und Krankheit. 3. Aufl. Berlin, Heidelberg, New York: Springer

Hessel, A., Geyer. M., Schumacher. J., Brähler, E.: Symptomcheckliste SCL-90-R: Normierung an einer bevölkerungsrepräsentativen Stichprobe. Diagnostica, 47, 2001 (*im Druck*)

Hod, M., Orvieto, R., Kaplan, B., Friedman, S., Ovadia, J.: Hyperemesis gravidarum. A review. J Reprod Med, 39, 1994: 605-612

Jimenez V, JD Marleau: Is hyperemesis gravidarum related to country of origin? Can Fam Physician, 46, 2000: 1607-1608

Leeners, B., Sauer, I., Rath, W.: Übelkeit und Erbrechen in der Frühschwangerschaft/ Hyperemesis gravidarum. Aktueller Stand zu psychosomatischen Faktoren. Z Geburtsh Neonatol, 204, 2000: 128-134

Lub-Moss, M.M.H., Eurelings-Bontekoe, E.M.H.: Clinical experience with patients suffering from hyperemesis gravidarum (severe nausea and vomiting during pregnancy): thoughts about subtyping of patients, treatment and counselling models. Patient Education and Councelling, 31, 1997: 65-75

Mazotta, P., Stewart, D., Atanackovic, G., Koren, G., Magee, L.A.: Psychosocial morbidity among women with nausea and vomiting of pregnancy: prevalence and association with anti-emetic therapy. J Psychosom Obstet Gynecol, 21, 2000: 129-136

Vangen, S., Stoltenberg, C., Stray-Pedersen, B.: Complaints and complications in pregnancy: a study of ethnic Norwegian and ethnic Pakistani women in Oslo. Ethnicity & Health, 4, 1999: 19-28

Vilming, B., Nesheim, B.J.: Hyperemesis gravidarum in a contemporary population in Oslo. Acta Obstet Gynecol Scand, 79, 2000: 640-643

Wenderlein, J.M. (1999) Symptome in der Schwangerschaft mit einer möglichen Psychogenese. In: Stauber, M, Kentenich, H., Richter, D. (Hrsg.) Psychosomatische Geburtshilfe und Gynäkologie. Berlin, Heidelberg: Springer

Imke Schwartau, Theda Borde, Matthias David

Psychische Belastung von Patientinnen und Patienten in gynäkologisch-internistischen Notfallambulanzen von drei Berliner Innenstadtkliniken

Migration bedeutet für die betroffenen Individuen zumeist Befreiung aus politischen, ökonomischen oder sozialen Notlagen. Sie ist sehr häufig mit besonderen Beanspruchungen, Belastungen und Risiken verbunden. Psychische und psychosomatische Folgen für die Migrantinnen und Migranten sind vielfach beschrieben worden. Im Migrationsprozess, der sich oft über mehrere Generationen hinzieht, werden von den Menschen auf lange Zeit einschneidende und subtile Anpassungsleistungen verlangt. Sprachliche, kognitive, emotionale, physische und kulturelle Kompetenzen und Normen sind ständig in Frage gestellt (Collatz 1999). Wegen der gegenüber der einheimischen Bevölkerung höheren „sozialen Vulnerabilität" wird Krankheit von Migrantinnen und Migranten offenbar häufiger als wesentlich ernster erlebt, als die gleichen Erkrankungen von Einheimischen. Einen Einfluss kann auch unterschiedliches Laienwissen haben, dessen wichtige Funktion u.a. darin liegt, Krankheiten zu erkennen und zu entscheiden, welche Form der Bewältigung „extern" gesucht wird oder ob die Behandlung im Laiensystem stattfinden soll (Berg 1998).

Obwohl die verfügbaren Daten zur gesundheitlichen Situation von Migrantinnen und Migranten in Deutschland nur spärlich sind, gibt es Hinweise auf spezielle Gesundheitsprobleme und Besonderheiten in den Krankheitsverläufen (Collatz 1998, Razum et al. 2004). Eine Vielzahl von Studien belegen ein erhöhtes Krankheitsrisiko im Säuglings- und Kindesalter. Migrantinnen und Migranten führen in erster Linie Rücken-, Magen- und Bauch- sowie Kopfschmerzen zum niedergelassenen Arzt (Ferber et al. 2003). Chronische Erkrankungen treten zum Teil wesentlich früher auf als bei der deutschen Vergleichspopulation, z.B. Herz-Kreislauf-Erkrankungen bei Türkeistämmigen. Die durchschnittliche Zahl von Arbeitsunfähigkeitstagen pro Jahr und die Frühberentungsquote ist bei deutschen niedriger als bei ausländischen Arbeitnehmerinnen und Arbeitnehmern (Herrmann 2000). Offenbar führen die gegenüber der deutschen Bevölkerung wesentlich höheren sozialen, psychischen und körperlichen Belastungen in stärkerem Ausmaß zur Somatisierung psychischer Befindlichkeitsstörungen. Besonders bei psychosozialen und psychiatrischen Versorgungsangeboten bestehen jedoch deutliche Zugangsbarrieren für Betroffene mit Migrationshintergrund (Abgeordnetenhaus Berlin 2005).

Diese Zusammenstellung zeigt zum einen, welche Bedeutung die Betreuung und Behandlung von Migrantinnen und Migranten für die gesundheitliche Regelversorgung und für die Gesetzliche Krankenversicherung hat, und zum anderen, dass sich Versorgungseinrichtungen, Ärzte und Pflegepersonal auch angesichts der derzeitigen und der prognostizierten demographischen Entwicklung mehr auf die spezifischen Versorgungsbedürfnisse von Bevölkerung mit Migrationshintergrund einstellen müssen. Es besteht bei Vernachlässigung anderer simultan wirkender Einflüsse jedoch die Gefahr einer Überbetonung ethnizitätsspezifischer Unterschiede, insbesondere muss eine „Ethnisierung des Sozialen" vermieden werden, bei der vermeintlich ethnisch bedingte Besonderheiten eigentlich auf soziale Unterschiede zurückzuführen sind (Borde und David 2003).

Soziokulturelle Distanz zwischen Arzt und Patient, sprachliche Kommunikationsbarrieren und Migrationserfahrungen können letztendlich vor dem Hintergrund eines kontinuierlichen Spektrums gesehen werden, das von Asylsuchenden und Flüchtlingen über Arbeitsmigranten bis zu Einheimischen unterschiedlicher sozialer Schichten reicht (Blöchliger et al. 1998). Das bedeutet, dass spezifische Probleme der Betreuung von nichtdeutschen Subpopulationen auch allgemeingültigere Aspekte enthalten, die in jeder Arzt-Patienten-Interaktion eine Rolle spielen.

Luiz (2002) und Mielck (2005) betonen die Bedeutung des sozialen Kontextes für die Notfallmedizin und leiten Schlussfolgerungen für die Versorgung und Ansätze für Interventionen ab. Sie zeigen auf, dass die notfallmedizinische Einrichtungen bei Versagen sozialer Ressourcen auch als „Auffangbecken" für Menschen in vielfältigen sozialen Notlagen fungieren können. Die Informationen, die Notfallmediziner über die möglichen sozialen Ursachen eines Notfalls erhalten, sind oftmals für die weitere Versorgung der Patientinnen und Patienten unerlässlich. Die Notfallmedizin kann sich zukünftig nicht darauf beschränken, nur individuelle ärztliche Hilfe zu leisten, sondern muss sich der Aufgabe einer kommunalen Akutmedizin stellen (Luiz et al. 2000, 2002).

Im Rahmen der nachfolgend dargestellten Studie sollte u.a. untersucht werden, ob die psychische Belastung verschiedener Patientengruppen in klinischen Notfallambulanzen sich unterscheidet, wobei besonders ein Migrationshintergrund bzw. die Ethnizität der Patientinnen und Patienten im Focus der Datenauswertung stand.

Studiendesign

Zur Erfassung der Nutzungs- und Versorgungssituation in klinischen Notfallambulanzen wurde eine vom deutschen Bundesministerium für Bildung und Forschung (Förderkennzeichen 01 GL0009) geförderte Querschnittstudie durchgeführt. Die Erhebung fand in internistischen und gynäkologischen Notfallambulanzen in drei großen Kliniken der westlichen Berliner Innenstadt zwischen November 2001 und April 2002 statt. Die Untersuchung stützte sich auf ein jeweils ca. 30minütige leitfadengestützte Interviews, die auf einem in mehreren Sprachen vorliegenden 72 Fragen umfassenden Fragebogen beruhten. Es wurden folgende Patientenangaben erhoben: soziodemographische Daten wie Alter, Geschlecht, Ethnizität, Bildungs- und Einkommensverhältnisse, Beschwerden, psychosoziale Situation, Migrationshintergrund der Befragten, bisherige medizinische Versorgung u.a.m. Die Interviews wurden von vier geschulten Interviewerinnen mit Fremdsprachenkompetenz durchgeführt. Es wurden nur ansprechbare, zeitlich und räumliche orientierte Patienten zwischen 15 und 65 Jahren befragt.

Die systematische Berücksichtigung des Migrationshintergrundes der Patientinnen und Patienten war – wie bereits betont – ein wichtiges Ziel der Studie. Die Datenauswertung erfolgte daher als Vergleich zwischen dem Kollektiv der deutschen Patienten mit dem Migrantenkollektiv. Die Gruppenzuordnung erfolgte anhand der von den Befragten angegebenen Muttersprache. Parallel wurden die behandelnden Ärztinnen und Ärzte anhand eines Kurzfragebogens zu ihrer Einschätzung der Dringlichkeit der Behandlung und Kommunikationsaspekten befragt. Hauptziel der Erhebung war die Beantwortung der Frage, welche patientenseitigen Faktoren (Alter, Geschlecht, Ethnizität, Bildungsgrad) die Angemessenheit einer Inanspruchnahme der Rettungsstellen beeinflussen. Es sollte aber auch untersucht werden, ob die psychische Belastung der Patientinnen und Patienten, die eine klinische Notfallambulanz aufsuchen, sich unterscheidet. Hypothetisch wurde angenommen, dass die Patientinnen und Patienten, die eine hohe psychische Belastung angeben, jünger sind, einen Migrationshintergrund aufweisen, weiblichen Geschlechts sind, in der Nähe der Klinik wohnen oder einen niedrigen sozioökonomischen Status haben, die Rettungsstellen häufiger „unangemessen" nutzen.

Die Variable zur Bestimmung des Grads der allgemeinen psychischen Belastung wurde durch Faktorenanalyse aus drei Fragenkomplexen des Interviews gebildet:
1. *aktueller Stress und Belastungen in der vergangenen Woche.*
Für fünf Lebensbereiche (Beruf/ Haushalt, Familie/ Ehe/ Partnerschaft, Alltag, Erkrankung, besondere Ereignisse) waren Skalen von null (gar keine Belastung) bis zehn (extreme Belastung) vorgegeben, auf denen der entsprechende Wert angekreuzt wurde.
2. *Alltagsbelastungen durch Schmerzen.*
Auf die Frage: „Wie häufig leiden Sie auch sonst unter folgenden Schmerzen?" waren für jede von sechs Schmerzarten (Rücken-, Kopf-, Magen-, Unterbauch-, Herz-, und Gliederschmerzen) jeweils die Antwortmöglichkeiten „nie", „selten", „manchmal" und „häufig" vorgegeben.
3. *Angaben zur Zufriedenheit.*
Erhoben wurden die Zufriedenheit mit verschiedenen Lebensbereichen (Wohnsituation, Einkommen, berufliche Situation, familiäre Situation, Gesundheit) und die Zufriedenheit mit dem Leben insgesamt. Vorgegeben waren Skalen von null (ganz und gar unzufrieden) bis zehn (ganz und gar zufrieden), auf denen der entsprechende Wert angekreuzt wurde.

Für die jeweiligen Fragenkomplexe wurden Punktsummen gebildet, und die Befragten in drei Gruppen mit niedrigen, mittleren, und hohen Werten eingeteilt. Durch Faktorenanalyse wurde aus den drei genannten Variablen ein Hauptfaktor gebildet, der als „allgemeine psychische Belastung" interpretiert wird.

Studienergebnisse

Angemessenheit der Inanspruchnahme

Als Prädiktoren für eine angemessene Inanspruchnahme zeigten sich in dieser Studie Alter über 30 Jahre, Vorliegen chronischer Erkrankung und Vorstellung innerhalb der Praxissprechzeiten. Alle anderen Variablen (Geschlecht, Ethnizität, Bildungsgrad, Erwerbstätigkeit, Wohnortnähe zur Klinik, Vorhandensein eines Hausarztes, Nutzungsfrequenz der Rettungsstelle, Grad der psychischen Belastung) hatten keinen entscheidenden Einfluss auf die Angemessenheit der Inanspruchnahme (Schwartau 2005).

Die Ergebnisse der Analyse zur Angemessenheit weisen darauf hin, dass Migrantinnen und Migranten seitens der behandelnden Ärztinnen und Ärzte als weniger behandlungsbedürftig eingeschätzt werden, während das Laienwissen, Beschwerdewahrnehmung und -interpretation jedoch eine höhere Rate angemessener Inanspruchnahmen nach den beschriebenen Kriterien bewirkt. Bei der Bildung des Index zur angemessenen Inanspruchnahme hoben sich diese Besonderheiten gegenseitig auf. Somit zeigten sich in der Gesamtbeurteilung zur Angemessenheit der Inanspruchnahme der Rettungsstellen zumindest keine ethnizitätsspezifischen Unterschiede.

„Allgemeine psychische Belastung"

Aus den drei Variablen Schmerz im Alltag, aktueller Stress und Belastung und Lebenszufriedenheit war, wie bereits erläutert, ein Hauptfaktor gebildet worden, der als „Allgemeine psychische Belastung" definiert und interpretiert wird. Durch Terzentilenteilung wurde für je ein Drittel der Befragten der Wert für „niedrige", „mittlere" und „hohe allgemeine psychische Belastetheit" angenommen.

Bei Betrachtung nach Altersgruppen zeigen sich keine Unterschiede bei der „allg. psychischen Belastung" in der Studienpopulation. In der Gruppe der befragten Frauen weisen 37% gegenüber 28% der befragten Männer eine hohe psychische Belastung auf. Der Unterschied zwischen den Geschlechtern beim Grad der „allgemeinen psychischen Belastung" war jedoch statistisch nicht signifikant. Es zeigte sich aber ein deutlicher Zusammenhang in Bezug auf die Ethnizität: 46% der türkischstämmigen, 34% der anderen nicht-deutschen und nur 26% der deutschen Befragten wiesen nach diesen Kriterien eine hohe „allgemeinen psychische Belastung" auf (Abb. 1).

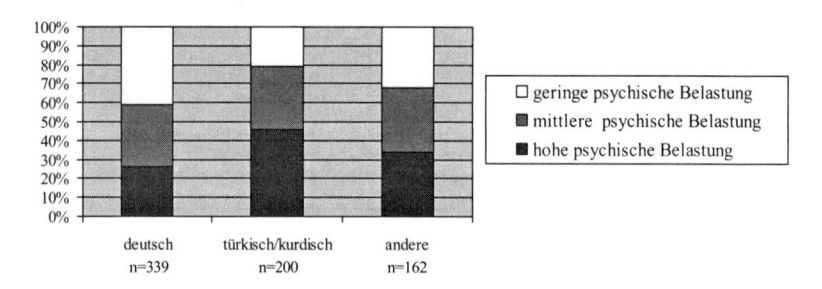

Abbildung 1: „Allgemeine psychische Belastung" nach Ethnizität
(n=701, Angaben in %; p= 0.00)

Der Bildungsgrad erwies sich als ähnlich wirksamer Einflussfaktor: 48% der Befragten mit geringer, 32% derer mit mittlerer und nur 21% der Befragten mit hoher schulischer Bildung wiesen nach diesen Kriterien eine „allgemeine hohe psychische Belastung" auf (Abb. 2).

Abbildung 2: „Allgemeine psychische Belastung" nach Bildungsgrad
(n=686, Angaben in %, p=0.000)

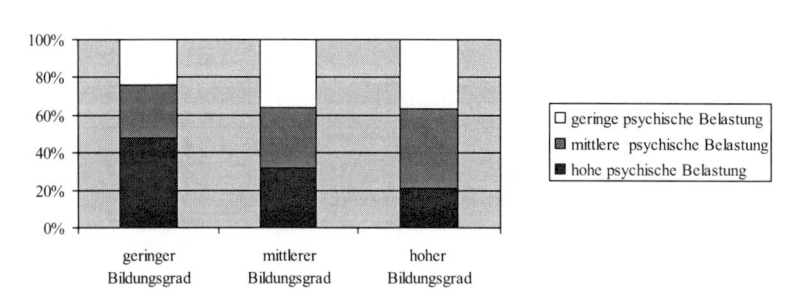

[Balkendiagramm: geringer / mittlerer / hoher Bildungsgrad; Legende: geringe psychische Belastung, mittlere psychische Belastung, hohe psychische Belastung]

Bei alleiniger Betrachtung der türkischstämmigen Befragten zeigt sich, dass die „allg. psychische Belastung" mit höherem Bildungsgrad zwar abnimmt. Dennoch ist auch bei den türkischstämmigen Befragten mit hohem Bildungsgrad der Anteil derer, die eine hohe „allg. psychische Belastung" aufweisen (39%), relativ groß (Abb. 3).

Abbildung 3: „Allgemeine psychische Belastung" nach Bildungsgrad bei den türkischstämmigen Befragten (n=198, Angaben in %)

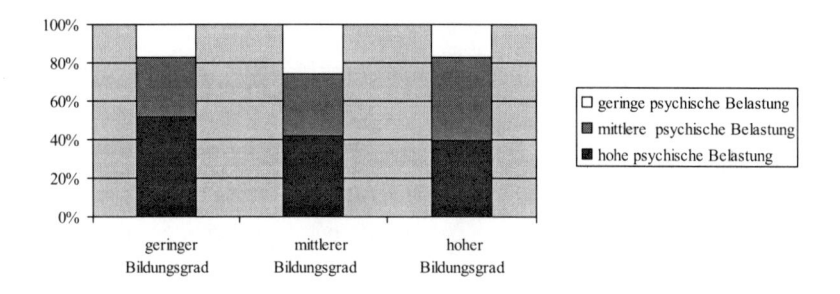

[Balkendiagramm: geringer / mittlerer / hoher Bildungsgrad; Legende: geringe psychische Belastung, mittlere psychische Belastung, hohe psychische Belastung]

Die deutschen Befragten mit hoher Schulbildung wiesen demgegenüber deutlich seltener eine hohe „allgemeine psychische Belastung" auf (16%) (Abb. 4).

Abbildung 4: „Allgemeine psychische Belastung" nach Bildungsgrad bei den deutschen Befragten (n=330, Angaben in %)

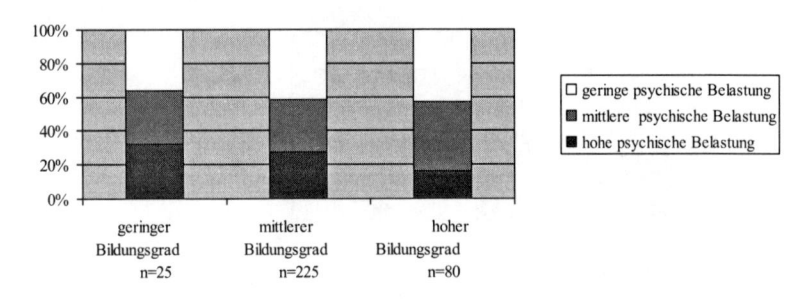

Betrachtet man den Grad der psychischen Belastung nach Ethnizität und Geschlecht zeigt sich, dass fast die Hälfte (48%) der türkischstämmigen Frauen gegenüber 36% der Frauen anderer und 29% der Frauen deutscher Ethnizität hohe Belastungswerte aufweisen. Dies betrifft auch 40% der türkischen gegenüber 30% der anderen und 21% der deutschen männlichen Patienten (Tab. 1).

Tabelle 1: Grad der „allgemeinen psychischen Belastung" nach Geschlecht und Ethnizität (n=701, Angaben in %)

„Allgemeine psychische Belastung"(Basis Faktorwerte)	deutsche Ethnizität	türkische Ethnizität	sonstige Ethnizit.	gesamt n=701
Frauen	N=207	n=137	n=105	n=449
	%	%	%	%
niedrige Belastung	39	23	30	32
mittlere Belastung	32	29	34	32
hohe Belastung	29	48	36	36
Gesamt	100	100	100	100
Männer	n=132	n=63	n=57	n=252
	%	%	%	%
niedrige Belastung	45	18	37	36
mittlere Belastung	34	43	33	36
hohe Belastung	21	40	30	28
Gesamt	100	100	100	100

Chi-Quadrat nach Pearson für Frauen: p=0,003, Chi-Quadrat nach Pearson für Männer: p=0,004

Diskussion der Studienergebnisse

Die befragten Migrantinnen und Migranten gaben signifikant häufiger starke aktuelle Schmerzen an als deutsche Befragte. Eine erhöhte Belastung durch Schmerzen im Alltag und eine größere Anzahl von selbst angegebenen Schmerzregionen stellten David et al. (2004) bei der Analyse weiterer Daten des vorgestellten Forschungsprojektes bereits fest. Worauf sich dieser ethnizitätsspezifische Unterschied zurückführen lässt, ist unklar. Berg (1998) verweist darauf, dass beispielsweise bei türkischen Patientinnen und Patienten Beschwerden körpernäher beschrieben werden, da dem Konzept der Trennung von Leib und Seele von Türkischstämmigen im Gegensatz zu Deutschen weniger Bedeutung beigemessen wird.

Soziokulturelle Aspekte und die Lebenslage der Patientinnen und Patienten sollten aufgrund der vieldimensionalen Aspekte, die Beschwerdewahrnehmung und -interpretation einerseits und die Beschwerdeäußerung andererseits beeinflussen, nicht vernachlässigt werden. Hierbei sind schichtspezifische und bildungsabhängige Faktoren ebenso zu berücksichtigen wie kommunikative Kompetenzen und Vorerfahrungen. Unterschiede der Schmerzdeutung und des Schmerzausdrucks sind soziokulturell bedingt. Das eigene ethnozentristische Schmerzverständnis ist zu hinterfragen und vor einer voreiligen Reduktion möglicher Unterschiede auf „Kultur" ist zu warnen (Ernst 2000).

Die Faktorenanalyse von „Schmerz im Alltag", „Belastung und Stress in der vorangegangenen Woche" und „Zufriedenheit" zeigte eine starke Korrelation dieser Variablen untereinander, was andere Untersuchungen ebenfalls demonstrieren konnten: Eine Untersuchung des Robert-Koch-Institutes wies anhand der Analyse von Daten des Bundesgesundheitssurveys von 1998 einen deutlichen Zusammenhang von Schmerzen und geringerer Lebenszufriedenheit nach. Schmerz im Alltag wird daher als ein Indikator für die allgemeine subjektive Befindlichkeit betrachtet (Ellert u. Kurth 2001).

In der vorliegenden Untersuchung hatten 28% der Männer und 37% der Frauen eine hohe „allgemeine psychische Belastung" nach dieser Definition. Wenngleich dieser Unterschied statistisch nicht signifikant war, so wurden in verschiedenen Untersuchungen entsprechende Unterschiede zwischen Männern und Frauen festgestellt. Frauen geben häufiger psychische Störungen und Schmerzen an als Männer (Jacobi et al. 2004, Ellert u. Kurth 2001). Allerdings wurden *Gender*aspekte in diesem Forschungsgebiet bislang wenig beachtet (Krah 2002) und es muss auf die hohe Komplexität der Faktoren hingewiesen werden, die auf die Erfassung und die Angaben zu Schmerzen und psychischer Befindlichkeit einwirken.

Beispielsweise wurden in der vorliegenden Untersuchung vornehmlich Angaben erhoben, die eher mit Angst- und depressiven Störungen assoziiert sind. Diese Störungen haben nach Jacobi et al. (2004) eine höhere Prävalenz unter Frauen als andere psychische Störungen. Kommunikationsaspekte, biologisch-genetische und psychosoziale Faktoren wie Arbeitsbedingungen, Einkommen, gesellschaftliche Anerkennung, soziale Unterstützung und Bildungsgrad sind weitere Aspekte, die bei der Betrachtung von geschlechtsspezifischen Besonderheiten berücksichtigt werden müssen (Fillingim 2000).

Dies gilt natürlich auch für ethnizitätsspezifische Besonderheiten. Die vorliegende Untersuchung zeigt signifikant häufiger eine subjektive starke „allgemeine psychische Belastung" bei nicht-deutschen als bei deutschen Befragten (26%), und zwar vornehmlich bei türkischstämmigen Patientinnen und Patienten (46%). Diese Beobachtungen stimmen mit Untersuchungsergebnissen anderer nationaler und internationaler Studien überein, die eine deutlich erhöhte psychosoziale Belastung der Bevölkerung mit Migrationshintergrund im Vergleich mit der einheimischen feststellte (Wittig et al. 2004, Collatz 1999, Razum et al. 2004, Wimmer-Puchinger u. Baldaszti 2001, Elkeles und Seifert 1996). Ob jedoch die Migrationserfahrung per se als Ursache für eine höhere psychische Belastung herangezogen werden kann, bleibt fraglich. Einerseits sind zahlreiche Gründe für eine erhöhte psychische Belastung im Rahmen von Migrationsprozessen beschrieben worden. Andererseits kann Migration für das Individuum auch ein „Akt der Befreiung" aus einer repressiven oder ausweglosen Lebenssituation sein, im Zuge der Migration können Bewältigungsstrategien für den Umgang mit Stresssituationen gewonnen werden (Razum et al. 2004, Kürsat-Ahlers 2000).

Aspekte der schicht- und ethnizitätsspezifischen Kommunikation sollten bei dem Versuch einer Identifikation möglicher Gründe für eine hohe „allgemeine psychische Belastung" ebenso Berücksichtigung finden wie die spezifische sozioökonomische Lebenssituation. In der vorliegenden Studie zeigt sich ein ausgesprochen deutlicher Zusammenhang zwischen dem Bildungsgrad und dem Grad der „allgemeinen psychischen Belastung". Auch Schumacher et al. (1995) beschreiben in ihrer Untersuchung eine Beziehung von größerer Lebenszufriedenheit und höherem Qualifikationsniveau. Bei Betrachtung der türkischstämmigen Befragten zeigt sich in der vorliegenden Untersuchung der Zusammenhang zwischen Bildung und Grad der „allgemeinen psychischen Belastung" deutlich schwächer. Die Vergleichbarkeit der Kollektive nach Ethnizität ist jedoch eingeschränkt: Es muss berücksichtigt werden, dass die Gruppe der türkischstämmigen mit hohem Bildungsgrad im Studienkollektiv sehr klein ist und andere Aspekte der Lebenslage wie Erwerbstätigkeit nicht in die Analyse einfließen.

Der starke Zusammenhang von geringer Lebenszufriedenheit und niedrigem Haushaltseinkommen bzw. finanziellen Sorgen, die vor allem türkische und ostdeutsche Frauen betreffen, wurde in einer Studie des DIW bestätigt (Pressemitteilung des DIW Berlin, Januar 2005). Die Ergebnisse verweisen auf die Schlüsselfunktion, die Bildung und Erwerbsstatus für weitreichende gesundheitliche Belange wie Lebenszufriedenheit, Stress und Belastung bis hin zu Schmerzen im Alltag einnehmen.

Der Grad der psychischen Belastung hat sich in unserer Untersuchung weder bei den patientenseitigen noch bei den Kriterien seitens der Institution als relevant für die (Nicht-)Angemessenheit der Inanspruchnahme der Rettungsstelle erwiesen. Es ist zwar davon auszugehen, dass psychosoziale Aspekte gerade in städtischen Ballungsgebieten bei der Notfallbehandlung einen wichtigen Stellenwert einnehmen (Pajonk et al. 2000, Luiz et al. 2002, Poloczek 2002, Mielck 2005). Padgett und Brodsky (1992) betonen die Bedeutung von psychosozialen Aspekten bei der Inanspruchnahme von Rettungsstellen. Sie gehen davon aus, dass sozial benachteiligte Personen unter höherem psychosozialem Stress leiden und deshalb häufiger Rettungsstellen aufsuchen. Mielck (2005) und Pajonk et al. (2000) verweisen darauf, dass das Vorliegen psychosozialer Probleme bei bis zu 70% der Patientinnen und Patienten der innerstädtischen Notfallambulanzen gleichzeitig oder ausschließlich bedeutsam ist für die Inanspruchnahme der notfallmedizinischen Einrichtungen. Sie sehen Hinweise dafür, dass gerade in den unteren sozialen Statusgruppen erhebliche Lücken in der ambulanten medizinischen und psychosozialen Versorgung bestehen, die durch die notfallmedizinischen Leistungen so gut wie möglich ausgefüllt werden müssen.

Bei dem in unserer Untersuchung gewählten Vorgehen zur Beurteilung zur Angemessenheit der Inanspruchnahme der Rettungsstellen zeigt sich zwischen dem Grad der psychischen Belastung und der Angemessenheit der Rettungsstellenbehandlung kein Zusammenhang. Möglicherweise ist dies auf unser methodisches Vorgehen zurückzuführen. Der Grad der „allgemeinen psychischen Belastung" wurde hier anhand der Variablen „Schmerz im Alltag", „Belastung und „Stress in der vergangenen Woche" und „Lebenszufriedenheit" beurteilt. Andere soziale Aspekte fließen bei dieser Betrachtung nicht ein. Inwieweit die aktuelle psychosoziale Situation der Befragten bei diesem Vorgehen abgebildet wird und inwiefern diese Einfluss nimmt auf die hier verwendeten Kriterien, bleibt unbeantwortet. Psychosoziale Belastungen und psychosomatische Beschwerdebilder werden in der somatisch orientierten Notfallmedizin kaum berücksichtigt, und eine Erfassung dieser komplexen Zusammenhänge ist naturgemäß schwierig. Beispielsweise unterscheidet sich die Beschwerdepräsentation von psychosomatisch bedingten Erkrankungen mitunter nicht von Erkrankungen anderer Ursache und führt in der Notfallsituation sicher sowohl seitens der Patienten und Patientinnen als auch seitens des medizinischen Personals zur identischen Kaskade an Reaktionen. Wie schon beschrieben, kann die vorliegende Untersuchung nur vergleichende Aussagen zwischen den Inanspruchnehmenden der Rettungsstellen machen. Die Angemessenheit der Behandlung in einer Rettungsstelle im Vergleich zur Versorgung in anderen Einrichtungen der Versorgungslandschaft kann hier nicht beurteilt werden.

Im Nutzerprofil der Rettungsstellen zeigten sich ethnizitätsspezifische Besonderheiten. Diese ließen sich deutlich bei der relativ homogenen Gruppe der Türkeistämmigen feststellen. Die Patientinnen und Patienten türkischer/kurdischer Ethnizität befanden sich verglichen mit den deutschen Befragten häufig in stark benachteiligter Lebenslage. Sie hatten oft eine geringe schulische Bildung, waren häufiger von Erwerbslosigkeit betroffen und berichteten gehäuft über einen hohen Grad an psychischer Belastung in Form von Schmerzen im Alltag, Stress und geringer Lebenszufriedenheit.

Literatur

Abgeordnetenhaus Berlin (2005) Gesundheitliche Versorgung von Migrantinnen und Migranten, Drucksache 15/12 081, Berlin: Kulturbuch-Verlag GmbH

Berg, G. (1998) Subjektive Krankheitskonzepte – eine kommunikative Voraussetzung für die Arzt-Patientin-Interaktion. In: David, M., Borde, T. et al (Hrsg.) Migration und Gesundheit. Zustandsbeschreibung und Zukunftsmodelle. Frankfurt a.M.: Mabuse-Verlag, 81-94

Blöchliger, C., Osterwalder, J. et al.: Asylsuchende und Flüchtlinge in der Notfallstation. Sozial- und Präventivmedizin, 43, 1998: 39-48

Borde, T., David, M. (Hrsg.) (2003) Gut versorgt? Migrantinnen und Migranten im Gesundheits- und Sozialwesen. Frankfurt a.M.: Mabuse-Verlag

Collatz, J. (1999) Kernprobleme des Krankseins in der Migration – Versorgungsstruktur und ethnozentristische Fixiertheit im Gesundheitswesen. In: David, M., Borde, T. et al (Hrsg.) Migration und Gesundheit. Zustandsbeschreibung und Zukunftsmodelle. Frankfurt a. M.: Mabuse-Verlag, 33-58

Collatz, J. (1998) Krankheit, Kranksein und häufige Erkrankungsverläufe. In: Fischer, B. (Hrsg.) Erkrankungen bei Immigranten. Diagnostik, Therapie, Begutachtung. Stuttgart: Fischer-Verlag, 33-58

David, M., Braun, T., Borde, T.: Schmerz und Ethnizität – Ergebnisse einer Befragung an drei internitisch/ gynäkologischen Rettungsstellen in Berlin. Zentralblatt für Gynäkologie, 126, 2004: 81-86

Elkeles, T., Seifert, W.: Immigrants and Health: Unemployment and Health-Risks of Labour Migrants in the Federal Republic of Germany, 1984-1992. Social Science and Medicine, 43(7), 1996: 1035-1047

Ellert, U., Kurth, B.-M.: Schmerz und seine Auswirkungen auf die Lebensqualität. Berliner Ärzte, 8, 2001: 16-18

Ernst, G. (2000) Mythos Mittelmeersyndrom: Über akuten und chronischen Schmerz. In: Borde, T., David, M. et al (Hrsg.) Migration – Frauen – Gesundheit: Perspektiven im europäischen Kontext. Frankfurt a. M.: Mabuse Verlag, 57-66

Ferber, L.v., Köster, I. et al.: Türkische und deutsche Hausarztpatienten – Erkrankungen, Arzneimittelerwartungen und Verordnungen. Gesundheitswesen, 64, 2003: 304-311

Fillingim, R.: Sex, Gender and Pain. Progress in Pain Research and Management, Seattle: IASP Press. Vol.17, 2000

Herrmann, M. (2000) Kulturspezifische Krankheitskonzepte. In: Beauftragte der Bundesregierung für Ausländerfragen, Bundesweiter Arbeitskreis Migration und öffentliche Gesundheit (Hrsg) Handbuch zum interkulturellen Arbeiten im Gesundheitsamt. Berlin, Bonn

Jacobi, F., Klose, M. et al.: Psychische Störungen in der deutschen Allgemeinbevölkerung: Inanspruchnahme von Gesundheitsleistungen und Ausfalltage. Bundesgesundheitsblatt Gesundheitsforschung Gesundheitsschutz, 47, 2004: 736-744

Krah, K.: Boys don't cry. Geschlechtsspezifische Unterschiede in der Wahrnehmung v. Alltagsschmerzen. Dr. Med. Mabuse, 135, 2002: 46-49

Kürsat-Ahlers, E. (2000) Migration als psychischer Prozeß. In: David, M., Borde, T., Kentenich, H. (Hrsg.) Migration – Frauen – Gesundheit. Perspektiven im europäischen Kontext. Frankfurt a.M.: Mabuse Verlag

Luiz, T., Huber, T. et al.: Einsatzrealität eines städtischen Notarztdienstes: Medizinisches Spektrum und lokale Einsatzverteilung. Anästhesiologie & Intensivmedizin, 41, 2000: 765-773

Luiz, T., Schmitt, T., Madler, C.: Der Notarzt als Manager sozialer Krisen. Notfall & Rettungsmedizin, 5, 2002: 505-511

Mielck, A. (2005) Arbeitslosigkeit und Armut: Soziale Bedingungen der notfallmedizinischen Versorgung. In: Madler, C., Jauch, K.-W. et al. (Hrsg.) Akutmedizin – die ersten 24 Stunden. Urban u. Fischer Verlag

Padgett, D., Brodsky, B.: Psychosocial factors influencing non-urgent use of the emergency room: A review of the literature and recommendations for research and improved service delivery. Social Science and Medicine, 35, 1992: 1189-1197

Pajonk, F., Poloczek, S. et al.: Der psychiatrische Notfall. Notfall & Rettungsmedizin, 3, 2000: 363-370

Poloczek, S. (2002) Zusammenhang zwischen Sozialstruktur und Inanspruchnahme der Notfallrettung in Berlin. Postgradualer Studiengang Gesundheitswissenschaften/ Public Health, TU Berlin

Razum, O., Geiger, I. et al.: Gesundheitsversorgung von Migranten. Deutsches Ärzteblatt, 101(43), 2004: A 2882-2887

Schumacher, J., Laubach, W., Brähler, E.: Wie zufrieden sind wir mit unserem Leben? Soziodemografische und psychologische Prädikatoren der allgemeinen und bereichsspezifischen Lebenszufriedenheit. Zeitschrift für Medizinische Psychologie, 4, 1995: 17-26

Schwartau, I. (2006) Klinische Notfallambulanzen in der Berliner Innenstadt – Nutzerprofil, Dringlichkeit und Angemessenheit der Inanspruchnahme. Inauguraldissertation. Medizinische Fakultät der Charité –Universitätsmedizin Berlin

Wimmer-Puchinger, B., Baldaszti, E.: Migrantinnen im Gesundheitssystem: Inanspruchnahme, Zugangsbarrieren und Strategien zur Gesundheitsförderung. Wiener Klinische Wochenschrift, 113 (14/15), 2001: 516-526

Wittig, U., Merbach, M. et al.: Beschwerden und Inanspruchnahme des Gesundheitswesens von Spätaussiedlern bei Einreise nach Deutschland. Gesundheitswesen, 66, 2004: 85-92

Ernestine Wohlfart, Ulrike Kluge, Tülay Özbek

Mögliche psychische Folgen von Wanderung und Migration bei Kindern und jungen Erwachsenen

Im Folgenden werden psychologische Konzeptionen von Migration vorgestellt, um die besonderen Anforderungen an die Individuen, Erwachsene wie Kinder, zu verstehen. Im Besonderen gehen wir anhand von praxisnahen Erfahrungen aus der ethnopsychiatrischen Ambulanz am ZIPP[1] und deren theoretischer Aufarbeitung der Tatsache nach, dass Kinder im Gegensatz zu Erwachsenen migriert werden, das heißt, dass Kinder sich in der Regel nicht auf die Migration einstellen können und es nicht ihre Entscheidung ist. Dies birgt Anforderungen an Kinder und Jugendliche, die angemessener Erklärungsmodelle bedürfen. Eine Kenntnis dieser spezifischen Belastungsfaktoren für die kindliche Entwicklung ist sicherlich vonnöten, um präventiv tätig werden zu können, im Rahmen psychosozialer und pädagogischer Institutionen der Aufnahmegesellschaft.

Exkurs

In der ethnopsychiatrischen Ambulanz werden wir den Anforderungen, die der Prozess der Migration an einen Menschen stellt und einem eventuellen Misslingen gewahr. Die dreiteilige Struktur des Zentrums besteht aus einer
I. interdisziplinären, institutionsübergreifenden, interkulturellen Forschungsgruppe
II. der ethnopsychiatrischen Ambulanz
III. aus bedarfsangemessenen Weiterbildungsangeboten und interkultureller Supervision.
Diese Struktur ermöglicht eine Verzahnung zwischen Theorie und Praxis

---

[1] ZIPP: Zentrum für Interkulturelle Psychiatrie, Psychotherapie und Supervision an der Klinik für Psychiatrie und Psychotherapie der Universitätsmedizin Berlin, Charité Campus Mitte.

und ein Pendeln zwischen dem Eigenen und dem Fremden. Diese Konzeption ist die Arbeitsgrundlage unseres kulturreflektierenden, interkulturellen Behandlungsansatzes und einem damit verbundenen transkulturellem Denken und Handeln.

Psychologische Konzepte der Migration

In der Migrationsforschung wurde eine Reihe von Modellen entwickelt, die die Integration von Zuwanderern beschreiben und erklären sollen, verbunden damit sind auch spezifische Theorien über den Integrationsverlauf. Migration wird in den meisten dieser Konzeptionen als ein Akt mit einem Anfang und einem Ende verstanden. Ein Akt, der im Sinne der Mehrheitsgesellschaft zu verlaufen hat und der eine Asymmetrie impliziert. Die Mehrheitsgesellschaft positioniert sich dabei nicht zum Thema Zuwanderung.

Von gesellschaftlicher- politischer Seite aus wird in der Regel die Forderung gestellt, dass der Akt der Migration in der zweiten Generation nahezu abgeschlossen zu sein hat. Aus sozialwissenschaftlicher Perspektive sind Theorien zu Migration und Integration nach wie vor mit dem Begriff der Assimilation verbunden, dem Assimilationsmodell des deutschen Soziologen Hartmut Esser (2001). Im Bereich der psychologischen Migrationsforschung gibt es Modelle, die zwar hilfreich sind in einer ersten Annäherung an das Thema Migration und ihre psychischen Anforderungen. Diese lassen jedoch eine Betrachtung der migrierenden Menschen als Subjekte in ihren jeweiligen sozialen, historischen und kollektiven Kontexten und Bedeutungszusammenhängen nicht zu. In diesen Konzepten wird Migration nicht als lebenslanger und generationsübergreifender Prozess verstanden.

Sluzki (2001) fasst in seinem Kurvenmodell der funktionellen Anpassung, Migration erstmals als einen generationsübergreifenden Prozess auf und entwickelte folgendes Phasenmodell: Vorbereitungsphase, Migrationsakt, Phase der Überkompensation, Phase der Dekompensation und die Phase des generationsübergreifenden Anpassungsprozess (vgl. Schouler-Ocak in diesem Band). Betrachten wir dieses Modell auf die These bezogen, dass Kinder migriert werden, können wir feststellen, dass die Vorbereitungsphase für Kinder und Jugendliche entfällt.

Welche Bedeutung dies für den Verlauf der Migration bei Kindern hat, werden wir an späterer Stelle noch diskutieren. Idealtypische Kategorisierungen können nicht die erlebte Wirklichkeit der Subjekte abbilden. Wir benötigen Zugänge zum Thema Migration, die die kulturellen Kontexte, die Bewegung der Individuen und Kollektive als wechselseitig ablaufende Prozesse beschreiben lassen und die das Thema globalisierte Welten mit einschließen. Zumal die Bewegungen heute nicht mehr nur einseitige sind. Gerade von Menschen aus den Industrienationen wird im beruflichen Zusammenhang ein hoher Grad an Flexibilität und die Kompetenz, sich in wechselnden Bezugssystemen immer wieder neu zu verorten, gefordert. Die Diversität der daraus resultierenden Lebensbezüge schafft eine kulturelle Komplexität und transkulturelle Welten. Deren Bewältigung stellt vielfältige, neue psychische Anforderungen an alle Individuen und Gruppen einer Gesellschaft, nicht nur an die Zuwanderer.

Ein Konzept zum Verlauf von Migration, welches Migration als einen psychischen Langzeit- und generationsübergreifenden Prozess (vgl. Grinberg u. Grinberg 1990) versteht, wollen wir zum Verständnis psychischer Anforderungen genauer vorstellen, bevor wir ein spezifisches Augenmerk auf Kinder und Jugendliche richten. Nach Leon und Rebecca Grinberg kann Migration, wenn man sie als traumatische Erfahrung versteht, den so genannten „akkumulativen" und „Spannungs"-Traumata zugeordnet werden. Mit dieser Einordnung zeigt sich, dass keine isolierte traumatische Erfahrung gemeint ist, die zeitlich im Moment der Trennung oder der Ankunft des Individuums liegt, sondern ein psychischer Langzeitprozess, der sich je nach zugrunde liegender Persönlichkeit und in Abhängigkeit vieler anderer Faktoren, klinisch sowohl zu Beginn des Migrationsprozesses als auch nach einer variablen Latenzperiode manifestieren kann – oder auch nicht.

Die *erste Phase* ist gekennzeichnet durch die Gefühle des Schmerzes um das Verlorene, der Angst vor dem Unbekannten (paranoide, konfuse, depressive Ängste), die zu Momenten wahrhafter Desorientierung führen können. Die Angstmanifestationen fallen je nach Trennungsart inhaltlich unterschiedlich aus. Bei freiwilligem Verlassen des Heimatlandes dominieren häufig depressive Ängste und Schuldgefühle gegenüber den Hinterlassenen und dem verlorenen Land. Ist Verfolgung und Flucht die Ursache für die

Migration, so herrschen Gefühle des Misstrauens, paranoide Ängste und Phantasien der Alltagsverfolgung sowie Erfahrungen der Einsamkeit, der Entbehrung und der Schutzlosigkeit vor. Hierbei ist wichtig zwischen einer pathologischen Verarbeitung der Migration, die sich durch eine ungelöste Identitätskrise, Depressivität und chronische soziale Entfremdung auszeichnet und einer gesunden Verarbeitung der Identitätskrisen, die vom kulturellen Schock herrührt, zu unterscheiden.

In der *zweiten Phase* kommt die Erinnerung abgespaltener und verleugneter Gefühle hoch; der Schmerz kann erduldet werden, wodurch die Interaktion zwischen der inneren und der äußeren Welt fließender wird. In dieser Phase, die auch die Phase des Übergangs genannt wird, kommen oft Patienten in die trankskulturelle Sprechstunde. Häufig handelt es sich hierbei um Konflikte (Wertekonflikte, Suche nach Identität und Verortung), die im Spannungsfeld der Kulturen entstanden sind und ihren Niederschlag im intrapsychischen Erleben finden. Dies erzeugt eine erhebliche Spannung im Subjekt, welche in der Symptombildung unbewusst eine Verminderung erfährt. Es geht um den Aufbau einer Lebenssphäre zwischen dem Eigenen (Ich) und dem Fremden (Nicht-Ich), zwischen der Gruppe, der man angehört (»drinnen«) und der Gesellschaft, in die man eingewandert bzw. geflüchtet ist (»draußen«), um darüber eine Kontinuität zwischen der Vergangenheit und der Zukunft zu sichern. Dieser Übergang ist entscheidend für eine weitere ungestörte Ich- Entwicklung.

In der *dritten Phase* schließlich kehrt die Lust am Denken, am Wünschen und die Fähigkeit zu planen zurück, die Vergangenheit und das Zurückgelassene werden nicht mehr idealisiert, so dass der gegenwärtige Raum betreten und besetzt werden kann. Ist diese dritte Phase erreicht, so kann davon ausgegangen werden, dass die Trauer, so weit wie überhaupt möglich, verarbeitet ist. Dies erleichtert die Integration der Herkunfts- in die neue Kultur, was eine Bereicherung des Ichs darstellt.

Identitätsentwicklung in transkulturellen Welten

Identität meint hierbei eine Mittelstellung des Subjektes zwischen innerer und äußerer Welt. Identitätsentwicklung ist ein lebenslanger Prozess, in welchem das Verhältnis zwischen dem Inneren und dem Äußeren austariert werden muss. Es findet über viele Generationen hinweg eine ständige Pendelbewegung beim Kollektiv und im Individuum statt. Dieser Prozess vollzieht sich für das Subjekt zwischen dem Kern der Persönlichkeit mit seinen psychischen Strukturen und den äußeren Verhaltensnormen, kulturellen Werten und Normvorstellungen, sowie der Übernahme und Ausgestaltung neuer Rollen in der sozialen Umgebung. So beschreibt Özbek (2006) anhand der Fallgeschichte einer türkischen jungen Frau einen „Zwischenweg" während der Identitätsbildung.

> In ihrem Selbstverständnis ist sie zunächst Türkisch, was ihrer ethnischen Identität entspricht. Zu dem „Türkischsein" gesellen sich Vorstellungen und Übernahme vom „Deutschsein" und bilden die Grundlage für ihre (transkulturelle) Identität. (ebd.)

Eine transkulturelle/kulturelle Identitätsentwicklung kann im Rahmen entwicklungspsychologischer Konzeptionen auch als weiterer Individuationsschritt, nach der Adoleszenz auch für die Erwachsenen angesehen werden. Über diese Konzeption wird es möglich, die Migration als Anforderung zu begreifen, die mit einer Reifung einhergeht, welche unterstützt werden kann, ähnlich wie Jugendliche und Kinder in ihren Reifungsschritten von der Gruppe und den Bezugspersonen unterstützt und bestätigt werden können. Machleidt und Heinz (2007) fassen die Migration als dritten großen Individuationsschritt nach der Geburt und der Adoleszenz. Sie sprechen von einer „interkulturellen Geburt" und „kulturellen Adoleszenz".

Psychologische Aspekte zur Migration bei Kindern und Jugendlichen

Vor dem Hintergrund, die Bewältigung der Migration im Rahmen einer dritten Individuationsphase nach der Adoleszenz anzusehen (Machleidt und Heinz 2007), wäre zu konstatieren, dass die Vulnerabilität von Kindern und jungen Erwachsenen während des Migrationsprozesses, im Gegensatz zu Erwachsenen erhöht ist, da sie die Individuationsphase der Adoleszenz noch nicht abgeschlossen haben und ihre Persönlichkeit im vertrauten kulturellen Kontext noch nicht stabil und gefestigt war. Alle Individuationsphasen sind als Übergangssituationen zu verstehen, in denen die psychische Entwicklung des Individuums sich in einer schrittweisen Entfernung von seinen ursprünglichen Primärobjekten vollzieht, um eine zunehmende Selbstständigkeit zu erlangen. Eine gelungene Ablösung entlang westlicher Entwicklungstheorien scheint u.a. erschwert, da sich die Eltern aufgrund der Migration oft in einem einschneidenden seelischen Umbruch befinden und so eine stabile Beziehung zwischen Eltern und Kindern kaum herzustellen ist.

> Während und nach der Migration erleben die Kinder ihre Eltern auch als Menschen in einem tiefen persönlichen Umbruch. (Kohte-Meyer 2006)

Welchen besonderen Anforderungen sind Kinder und Jugendliche im Prozess der Migration ausgesetzt und wie stellen sich die Erwachsenen, die primäre und die sekundäre Bezugsgruppe darauf ein? An dieser Stelle erscheint es nochmals notwendig sich zu vergegenwärtigen, dass die primäre Bezugsgruppe (Eltern, Verwandte, Geschwister, Nachbarn) sich meist in wesentlichen Punkten von der sekundären Bezugsgruppe (Erzieher, Lehrer, Freunde) unterscheidet (Wohlfart, Hodzic, Özbek 2006, Güç 2006). Die Erziehungsziele, die Wertvorstellungen und die Bedeutungszusammenhänge können erheblich differieren. Eine neue Sprache muss erlernt werden. Durch den Wechsel von Sprache und Kultur, wie es im Rahmen von Migration geschieht, kann eine

> transkulturell bedingte Form von Unbewusstheit entstehen, eine innere Stummheit für emotionale und affektive Vorgänge. Im Sprach und Kulturwechsel können Interaktionsformen und mögliche Triebbefriedigung, die in Sprache überführbar waren, wieder aus dem Bewusstsein ausgeschlossen werden. (Kohte-Meyer 1999)

Die Muttersprache, die als Grundlage für kommunizierbares Denken und Fühlen entwickelt wurde, gerät in Konkurrenz mit der neuen fremden Sprache (Weiss 1999). Wesentlich für die Migration von Kindern und Jugendlichen ist, wie bereits angesprochen, dass sie sich nicht für den Akt der Migration entscheiden können, sondern *migriert werden*. Sie können so keine Voreinstellungen zum fremden Land vornehmen und in aktives Handeln wie z.B. als grundlegendes Mittel der Aneignung von Fremdem, in Spracherwerb überführen. Sie sind ohne Vorbereitung plötzlich damit konfrontiert, dass die vertraute Umgebung, die Beziehungen weg sind, so dass sie

- Fremde in der Schule, im öffentlichen Raum sind,
- eine Fremdheitserfahrung machen, ohne dass die Eltern ihnen Kompetenzen vermitteln konnten, wie sie diese bewältigen können,
- einen Verlust, einen Abbruch von wichtigen Beziehungen erleben, der meist aufgrund der Schwierigkeiten der Eltern, dem eigenen Schmerz um das Verlorene nicht thematisiert wird.

Zum Bild vom Fremden formulieren Machleidt und Heinz (2007) in Anlehnung an Erdheim das Konzept der „Fremden- Repräsentanz" beim Kind:

> Symbolisch sind in dem Bild vom Fremden die Begegnungen mit allen Fremden, denen es [das Kind] begegnet ist, nicht etwa konkret- aber ggf. durch konkrete Erinnerung-, sondern in seiner emotionalen Bewertung als Erfahrung enthalten. Die Summe dieser Erfahrungen prägt das Bild vom Fremden, die „Fremden-Repräsentanz".Diese hat deshalb mindestens zwei wichtige normal-psychologische Funktionen für das Kind, nämlich zum einen bietet sie die Chance der Erweiterung seiner Eigenwelten um alle als gut erlebten Fremdwelten und zum anderen die des Schutzes seiner seelischen und körperlichen Integrität durch präventorische Abwehr des antizipatorisch als destruktiv wahrgenommenen Fremden. (ebd.)

Die Frage, die sich hier stellt, wie begegnen die Eltern dem Verlust des Vertrauten, welche Fremdrepräsentanzen haben die Eltern ausgebildet? Wir beziehen uns im folgenden auf Erkenntnisse aus der psychologischen Migrationsforschung im Hinblick auf türkische Familien (vgl. Özbek. 2006, Güç. 2006). In Abhängigkeit vom sozialen Status und dem Bildungsstand wurde anhand von Studien deutlich, dass in eher bildungsfernen Familien aus ländlichen Gebieten (vgl. Güç. 2006), die Identität der Elterngeneration, der ersten Generation, eng verknüpft bleibt mit den Werten und Normvorstellungen des Herkunftslandes. Eltern, die konservativ am Vertrauten festhalten müssen, sind bestrebt den Kindern in der Fremde eine Form von nationalem Bewusstsein im Hinblick auf die Türkei zu vermitteln, welches die fremde Gesellschaft, die Mehrheitsgesellschaft als Möglichkeit für eine neue Heimat nahezu ausschließt. Das Fremde wird assoziiert als nicht kontrollierbar, den eigenen Regeln diametral entgegengesetzt. Die Kinder sollen davor geschützt werden, indem sie sich an die vertrauten Regeln halten. Zitat einer jungen türkischen Frau:

> Meine Mutter versuchte mich immer von dem Draußen abzuhalten, indem sie mir erklärte, was eine ehrbare Frau alles nicht machen soll. Ich sollte nicht alleine in Bibliotheken gehen, mir keine eigenen Gedanken machen, lieber mit türkischen Kindern spielen, deutsche Kinder durfte ich nie nach Hause bringen. Ich habe mich immer schon sehr einsam gefühlt. Ich wollte gerne am Leben draußen teilnehmen und hatte das Gefühl wenn ich aus dem Fenster gesehen habe, draußen ist die Freiheit.

Die Mutter vermied in diesem Beispiel eine Wahrnehmung und eine Bewältigung des Fremden. Dem Beispiel unterliegt von Seiten der Mutter eine andere Einstellung zur Autonomieentwicklung und Ausbildung ihrer Tochter als die der Mehrheitsgesellschaft implizite. Die Autonomie- und Bildungswünsche, die die Tochter zeigt, entsprechen jedoch der Mehrheitsgesellschaft. Welche Bedeutung hat dieser Konflikt zwischen Mutter und Tochter für ihre Identitätsentwicklung als Frau, für das Münden ihrer kulturellen Adoleszenz in eine kulturelle Identität, welche die ge- und erlebte Zugehörigkeit zu einer Kultur beinhaltet.

> Diese aufzubauen, zu erwerben ist Aufgabe der kindlichen und adoleszenten Entwicklung. (Kohte- Meyer 2006)

> Das Aufwachsen in und zwischen verschiedenen Kulturen und Sprachen hinterlässt tiefe Spuren in der gesamten, sich entfaltenden Innenwelt des Kindes [...] In diesem transkulturellen Spannungsfeld stehen Verhaltensmuster und Rollenmodelle für das kindliche/adoleszente Ich permanent in Frage. (ebd.)

Sich in den verschiedenen kulturellen Normen zu bewegen bietet die Möglichkeit neuer Freiheitsgrade, gleichzeitig ist damit eine hohe psychische Anforderung und mögliche instabile Ich-Identität verbunden. Die Kinder sehen sich mit den Werten und Normen der beiden verschiedenen Gruppen konfrontiert. Dies kann dazu führen, dass die Kinder zwischen den Anforderungen der Primärgruppe und denen der Mehrheitsgesellschaft zerrieben werden. Machleidt und Heinz (2007) konstatieren ebenso, dass

> die Lösung aus alten familiären Bindungen, die Neuordnung der familiären Beziehungsmuster [...] größere Freiheitsgrade insbesondere für Söhne und Töchter [schafft], während hingegen häufig die Väter Einbußen bei ihrer im Heimatland unangefochtenen Funktion als Familienoberhaupt hinnehmen müssen. (ebd.)

Das aktive Umsetzen dieser potentiellen Freiheitsgrade ist unseres Erachtens jedoch maßgeblich davon abhängig, wie die Primärgruppe darauf reagiert, ob sie die Veränderungen in der Kindergeneration in Bezug auf Autonomie und Bildung gelassen hinnehmen kann, als Chance begreift oder ob diese Bestrebungen durch Sanktionen unterbunden werden. So ist es z.B. in türkischen Familien üblich, wenn die Gefahr besteht, dass sie vermeintlich ihre Töchter nicht vor Versuchungen im pubertären Alter schützen können, nicht ausreichend Vertrauen zu ihren Töchtern besteht, das diese zurück geschickt werden oder verlobt werden (Wohlfart, Özbek 2006). Wie überhaupt der Usus, sich über das Heimatland zu orientieren, im Falle von Problemen mit den Kindern nach wie vor nicht selten vorkommt. So werden nach Penka u.a. (2004) insbesondere drogenabhängige Jugendliche eher zurückgeschickt, statt dass deutsche Hilfssystem zu nutzen.

Die Erfahrungen in der therapeutischen Arbeit weisen daraufhin, dass das bereits angesprochene Thema des Verlustes von vertrauten Beziehungen und insbesondere plötzliche Beziehungsabbrüche, Trennungen durch ein vorzeitiges Weggehen der Eltern aus dem Heimatland eine erhöhte Vulnerabilität mit sich bringt, die alleine vom Kind und dem Jugendlichen nicht kompensiert werden kann. Diese wird in den meisten Fällen, als leidvolle Erfahrung abgekapselt und macht es zuweilen unmöglich sich selbst als wertvoll und selbstbewusst zu erleben. Manchmal muss diese Erfahrung auch auf die Aufnahmegesellschaft projiziert werden. Dies kann zu Konflikten in der Sekundärgruppe führen, da sie nicht in der Primärgruppe bewältigt werden können.

Diese Konstellierung führt im schulischen Rahmen häufig zu Missverständnissen, zu *cultural bias*. Die Lehrer können sich nicht als Autorität und Vorbild für den Jugendlichen zur Verfügung stellen, sondern fühlen sich in der Gegenübertragung ähnlich abgewertet, wie der Jugendliche. Es kommt zu gegenseitigen Ohnmachtsgefühlen, eine tragende Beziehung wird nahezu unmöglich (Haas 2006).

Fallbeispiel

Wie gerade in Bezug zur Bewältigung von Migration bei Kindern und Jugendlichen Eltern und Lehrer (die Sekundär- und Primärgruppe) voneinander lernen könnten, um die Anforderungen an die Kinder zu erleichtern, versuchen wir abschließend anhand eines Beispiels zu diskutieren:

> Ein Mann mittleren Alters, der Versagens- und Existenzängste hat, migrierte als 10-jähriger Junge nach Deutschland. Die Eltern hatten ihn als 8-Jährigen und seine vier jüngeren Geschwister bei Verwandten in der Türkei zurückgelassen und gingen zunächst alleine nach Deutschland. Trotz dieser Trennungssituation, die für ihn, ähnlich wie für seine jüngeren Geschwister wenig vorhersehbar war, wurde er ein guter Schüler. Er zählte in der Türkei zu den Klassenbesten und erhielt für seine Leistungen Auszeichnungen. Er sah sich mit der Aufgabe des Familienoberhauptes gegenüber seinen Geschwistern betraut und versuchte diese verantwortlich auszuführen.

Wie er selbst angab, fühlte er sich zuweilen mit seinen jüngeren Geschwistern, die den Weggang insbesondere der Mutter nicht verstehen konnten, überfordert. Seine eigene Enttäuschung, dass die Eltern plötzlich aufgebrochen waren, habe er damit kompensiert, indem er versuchte den Eltern in ihrer Abwesenheit keine Probleme zu bereiten. Er habe von diesen bei ihrer Rückkehr, von der er immer ausgegangen sei, Lob erwartet. Allerdings erinnert er sich an heftige Aggressionen gegenüber seiner um zwei Jahre jüngeren Schwester, die jede Nacht getobt und nach der Mutter gerufen habe. Deren Züchtigung habe er jedoch dem Onkel überlassen. Es bereite ihm noch heute ein schlechtes Gewissen, wenn er daran denke, dass er sich fast erleichtert fühlte, wenn der Onkel die widerspenstige Schwester verprügelte. Als die Eltern nach zwei Jahren zurückkehrten, allerdings nicht um dazubleiben, sondern um ihn und seine Geschwister abzuholen, sei für ihn zunächst eine Welt zusammengebrochen. Allerdings habe er sich dann doch relativ schnell mit dem Gedanken angefreundet wegzugehen und nicht mehr nur für die Geschwister alleine verantwortlich zu sein. Auch, dass seine Eltern ihm die Aussicht vermittelten durch die Arbeit in Deutschland mehr Geld zu haben nährte die Hoffnung auf bessere Wohnverhältnisse. Denn bei den Verwandten lebte er mit seinem Geschwistern und den Kindern des Onkels in einem Zimmer. Sein jüngster Bruder, der in Deutschland geboren worden war, blieb als einjähriges Kind bei den Verwandten zurück, nur die älteren Kinder kehrten mit den Eltern zurück nach Deutschland.

Wie geht die Geschichte des nunmehr 10-jährigen Jungen in Deutschland weiter? Wie entwickeln sich seine schulischen Leitungen? Schafft er die Anpassung an die neue Umgebung und die damit verbundenen Anforderungen? Welchen Auftrag erhält er von seinen Eltern?

Mögliche psychische Folgen von Wanderung und Migration

Im neuen Land angekommen, habe er nur noch gelitten. In der Schule sei er der älteste in seiner Klasse gewesen, da er ohne große sprachliche Vorbereitung sofort eingeschult worden sei. Seine Leistungen seien erheblich zurückgegangen, aber er habe sich ohnmächtig gefühlt, etwas dagegen zu tun. Die Eltern seien wie Fremde gewesen – für ihn und zueinander. Der Vater habe abends nur zu Hause gesessen. Er schlief mit allen Geschwistern in einem Zimmer. Die Mutter sei kaum anwesend gewesen, da sie im Schichtdienst gearbeitet habe. Kontakt habe er nur zu entfernten türkischen Verwandten gehabt, die in der Nachbarschaft wohnten. Die deutschen Jungs in der Schule, die in seiner Klasse in der Mehrzahl waren, hätten keinen Kontakt zu ihm gesucht, sich nicht für ihn interessiert. Allerdings schränkt er in seinem Bericht dazu ein, dass er selbst auch keinen Kontakt gesucht habe, da er sich unsicher fühlte und wie jeder Rolle enthoben, in der er sich bisher sicher fühlte.

Zu Hause forderten die Eltern von ihm, dem ältestem Sohn, dass er deren arbeitsbedingte Abwesenheit kompensiere und er weiter Erziehungsfunktion für seine jüngeren Geschwister übernehmen solle. In Deutschland fiel ihm allerdings auch die Funktion zu, dass er seine jüngeren Geschwister auch mit Gewalt sanktionieren sollte. Was er in der Türkei immer dem Onkel überlassen konnte. So habe er wie in zwei Welten gelebt, in der Welt draußen sei er der unterlegene, der schlechte Schüler gewesen und zu Hause der mächtige große Bruder, den seine Geschwister fürchteten bzw. an dem sie sich austobten. Er erinnert sich schmerzlich an ein nie versiegendes Gefühl der totalen Einsamkeit. Er habe das Gefühl gehabt, dass sich niemand weder Lehrer, Eltern noch Schüler für ihn interessieren. Die Mutter habe ihm schlechte Geschichten über den Vater erzählt und ihn für die Durchsetzung ihrer Interessen benutzt.

Letztendlich schafft er einen Hauptschulabschluss, bleibt im Gegensatz zu seinen jüngeren Geschwistern in seiner Berufstätigkeit weit unter seinem intellektuellem Niveau, bleibt der Außenseiter unter den Geschwistern und hat das Gefühl, dass diese etwas gut zu machen hätten, was diese wiederum überhaupt nicht verstehen. Er wird für sie, „die jüngere Horde", zur leidenden, jammernden Mutter und sie nehmen ihn nicht ernst.

Diese anonymisierte Geschichte steht für viele mehr oder weniger ähnlich verlaufende Geschichten von Trennung, Verlust, Ungleichheit und Fremdheitserleben, die Kinder durch eine unvorbereitete Migration erfahren können. Sie erhebt nicht den Anspruch eine allumfassende Wahrheit darzustellen. Sie ist keine Empirie, nur ein Narrativ eines Erwachsenen, der sich retrospektiv an sich als Kind erinnert, welches migriert wurde. Vielleicht kann sie etwas mehr an Verstehen von den Innenansichten eines Kindes bewirken. Sie zeigt, dass die Rollenerwartungen der beiden verschiedenen Gruppen – hier der türkischen und der deutschen – die Kinder in transkulturelle Konflikte bringen können. Sie zeigt, dass Kinder abhängig sind – egal in welchem kulturellen Kontext – von einer emotional tragenden und sie bestätigenden Beziehung zu den Primärpersonen. Sie zeigt auch, dass die erwachsenen Eltern wie Lehrer zu häufig nicht sensibel umgehen mit den Ressourcen, die Kindern und ihrer Kreativität eigen sind, um den Anforderungen der Migration begegnen zu können.

Gibt es kaum tragfähige Beziehungen und Identifikationsobjekte, können sie sich zu Versagensängsten und Gefühlen von Ohnmacht entwickeln. Meist resultieren daraus Handlungsunfähigkeit, sozialer Rückzug und symbiotischer Rückzug in die Familie. Die Handlungsunfähigkeit resultiert aus der Tatsache, dass Handlungen sowohl einer äußeren wie einer inneren Kontrolle folgen. Aufgrund von großen Differenzen zwischen innerer und äußerer Kontrolle entsteht ein Spannungsfeld, welches dazu führt, dass die Person unfähig wird zu handeln. Was bedeutet es für ein Individuum auf der emotionalen Ebene, wenn das Repertoire zum Schutz des »Ich« in der Fremde, nicht ausreichend ist, wenn es zu einem Identitätsverlust, zur Handlungsunfähigkeit kommt und die geforderte Bewegung in einen Stillstand gerät, die kulturelle Individuationsphase zu keinem befriedigendem Abschluss kommt?

Ohnmächtige, aggressive Gefühle, Schuld, Scham und Angst entstehen. Eine tiefe Verunsicherung mit den meist unbewussten Fragen, wie darf ich sein, wie soll ich sein, wie kann ich sein, wie will ich sein, ergreifen das Subjekt. Es kommt zu transkulturellen Konflikten – zwischen den Anforderungen der Primärgruppe und denen der Mehrheitsgesellschaft zerrieben, ist das Individuum nicht mehr in der Lage, Entscheidungen zu treffen. Der psychische Apparat versagt und je nach Persönlichkeitsstruktur und kulturellem Kontext kommt es zu spezifischen psychischen Erkrankungen, zu Anpassungsstörungen (Wohlfart, Hodzic, Özbek 2006).

Fazit

Hilfestrukturen benötigen mehr intelligente Hilfe, die nicht verallgemeinert, sondern die immer von Fall zu Fall Unterschiedliches bereitstellt. Eine Zusammenarbeit zwischen Jugendhilfe, Psychologen, Schule und Eltern über einen systemischen, interkulturellen und reflektierenden Ansatz zwischen dem jeweils Eigenem und Fremden (Wohlfart, Hodzic, Özbek 2006; Erdheim 1992) wäre eine solche Möglichkeit (Haas 2006)

Literatur

Erdheim, M.: Das Eigene und das Fremde. Über ethnische Identität. Psyche – Z Psychoanal, 8, 1992: 730-742

Esser, H.: Integration und ethnische Schichtung. Mannheimer Zeitung für Europäische Sozialforschung. Arbeitspapiere – Mannheimer Zentrum für europäische Sozialforschung, 40, 2001

Grinberg, L., Grinberg, R. (1990) Psychoanalyse der Migration und des Exils. Wien: Verlag internationale Psychoanalyse

Güç, F. (2006) Transkulturelle Psychoanalyse: Ein Psychotherapieansatz für Migranten. In: Wohlfart, E., Zaumseil, M.: Transkulturelle Psychiatrie – Interkulturelle Psychotherapie. Interdisziplinäre Theorie und Praxis. Heidelberg: Springer Medizin Verlag

Haas, R.: Die Unfähigkeit, mit (inter-)kulturellen Konflikten umzugehen. Psyche-Z Psychoanal, 60, 2006: 97-117

Kohte-Meyer, I. (1999) Spannungsfeld Migration: Ich-Funktionen und Ich-Identität im Wechsel von Sprache und kulturellem Raum. In: Pedrina, F. et al (Hrsg) Kultur Migration Psychoanalyse. Tübingen: Edition Discord, 71–97

Kohte-Meyer, I. (2006) Kindheit und Adoleszenz zwischen verschiedenen Kulturen und Sprachen. In: Wohlfart E., Zaumseil, M. (Hrsg.) Transkulturelle Psychiatrie – Interkulturelle Psychotherapie. Interdisziplinäre Theorie und Praxis. Heidelberg: Springer Medizin Verlag

Machleidt, W., Heinz, A. (2007) Psychotherapie mit Migranten. Unveröffentlichtes Manuskript

Özbek, T. (2006) Autonomieentwicklung und Identität im transkulturellen Alltag. In: Wohlfart, E., Zaumseil, M. (Hrsg) Transkulturelle Psychiatrie – Interkulturelle Psychotherapie. Interdisziplinäre Theorie und Praxis. Heidelberg: Springer Medizin Verlag

Özbek, T., Wohlfart, E. (2006) Der transkulturelle Übergangsraum – ein Theorem und seine Funktion in der transkulturellen Psychotherapie am ZIPP. In: Wohlfart, E., Zaumseil, M. (Hrsg) Transkulturelle Psychiatrie – Interkulturelle Psychotherapie. Interdisziplinäre Theorie und Praxis. Heidelberg: Springer Medizin Verlag

Penka, S., Krieg, S., Wohlfart, E., Heinz, A.: Suchtprobleme bei Migranten – Gemeinsamkeiten und Unterschiede. Psychoneuro, 7, 2004: 401-404

Sluzki, C. (2001) Psychologische Phasen der Migration und ihrer Auswirkungen. In: Hegemann, Th., Salman, R. (Hrsg) Transkulturelle Psychiatrie. Konzepte für die Arbeit mit Menschen aus anderen Kulturen. Bonn: Psychiatrie- Verlag

Weiss, R. (1999) Fremd- und Muttersprache im psychoanalytischen Prozess. In: Pedrina, F., Saller, V., Weiss, R., Würgler, M.: Kultur, Migration, Psychoanalyse: Therapeutische Konsequenzen, theoretische Konzepte. Tübingen: edition diskord

Wohlfart, E., Hodzic, S., Özbek, T. (2006) Transkulturelles Denken und transkulturelle Praxis in der Psychiatrie und Psychotherapie. In: Wohlfart, E., Zaumseil, M. (Hrsg) Transkulturelle Psychiatrie – Interkulturelle Psychotherapie. Interdisziplinäre Theorie und Praxis.Heidelberg: Springer Medizin Verlag

Wohlfart, E., Özbek, T.: Eine ethnpsychoanalytische Kasuistik über das Phänomen der Besessenheit. Psyche-Z Psychoanal, 60, 2006: 118-130

Wohlfart, E., Özbek, T., Englisch, M. (2006) Weiterbildungsinhalte einer transkulturellen Psychiatrie/Psychotherapie. Ein ethnopsychiatrischer Ansatz (it./dt.) In: Marchioro, F. (Hrsg) Etnoterapia e Culture. Ricerche Imago Forschung (www.imagoricerche.it) [20.12.2006]

Wohlfart, E., Özbek, T. (2005) Von kultureller Antizipation zu transkulturellem Verstehen. In: Assion, J. (Hrsg) Migration und seelische Gesundheit. Heidelberg: Springer, 157-164

Wohlfart, E., Kassim, N., Heinz, A. (2003) Ein interkultureller Praxis- und Theorieansatz: ZIPP – Zentrum für Interkulturelle Psychiatrie, Psychotherapie und Supervision. In: Integration von Migranten in die psychiatrisch-psychotherapeutische Versorgung: Leitlinien, Modelle, Strategien. Berlin: VWB

Ali Kemal Gün

Sprachliche und kulturelle Missverständnisse in der Psychotherapie[1]

Eine Analyse der bikulturellen Interaktion zwischen Therapeut und Patient, die im Rahmen einer qualitativen Studie vorgenommen wurde, zeigt, dass sprachliche, kulturelle, ethnische und religiöse Differenz den Therapieprozess beeinflussen. Die bewusste Wahrnehmung und Auseinandersetzung mit dieser Besonderheit fördern nicht nur ein Vertrauensverhältnis zwischen dem Therapeuten und dem Patienten, sondern begünstigen den Therapieerfolg. Die inhaltsanalytische Auswertung von narrativen Interviews mit einheimischen Therapeuten und türkeistämmigen Patienten verdeutlicht, dass in Bezug auf psychotherapeutische Behandlungen jeweils unterschiedliche Vorstellungen und Erwartungen vorliegen. Beide Seiten neigen dazu, die sprachlichen, kulturellen, ethnischen und religiösen Differenzen über- bzw. unterzubewerten. Umso wichtiger scheint der Aufbau einer vertrauensfördernden, tragfähigen Therapeut-Patient-Beziehung, damit die therapeutische Begegnung für alle Beteiligten hilfreich, nützlich und zufrieden stellend erlebt wird. Deutlich wird hierbei die Bedeutung „interkultureller therapeutischer Kompetenzen". Es gibt unterschiedliche Vorstellungen darüber, was damit gemeint ist. Anhand eine qualitativen Studie wurde der Versuch unternommen, u.a. darauf eine Antwort zu finden.

Zu Methodik, Durchführung und Auswertung der Studie

Zur Untersuchung der oben erwähnten Themen wurden qualitative, an einem Leitfaden orientierte, teilstandardisierte narrative Interviews durchgeführt. Das narrative Interview ist ein von F. Schütze (1977) im Rahmen ei-

---

[1] Die Gesamtergebnisse der Untersuchung wurden im Lambertus-Verlag unter dem Titel „Interkulturelle Missverständnisse in der Psychotherapie" veröffentlicht.

ner Studie über kommunale Machtstrukturen entwickeltes, sozialwissenschaftliches Erhebungsverfahren. Die Grundelemente des narrativen Interviews sind durch den Interviewer mittels Eingangsfragen und sog. „erzählgenerierenden Fragen" angeregte Stegreiferzählungen, die die Befragten frei entwickeln. Narrationen enthalten so drei wesentliche Darstellungsformen: Erzählen, Beschreiben und Argumentieren. Bei der vorliegenden Untersuchung wurde eine etwas abgewandelte Form des narrativen Interviews angewandt. Es wurde den Befragten nicht die Freiheit eines ungestörten Erzählens gelassen, sondern sie wurde durch Nachfragen und Beschreibenlassen zur Reflektion und Vertiefung der Themen angeregt. Bei der Untersuchung wurden vier deutsche Therapeuten (zwei Psychologinnen und zwei Psychiater) und vier aus der Türkei stammende Patienten (zwei Frauen und zwei Männer) interviewt. Bei der Auswahl der Patienten wurde vorausgesetzt, dass sie bei den einheimischen und muttersprachlichen Therapeuten in Behandlung waren.

Die durch die Interviews gewonnenen Daten wurden nach der tiefenhermeneutischen Textinterpretation ausgewertet. Das von Leithäuser und Volmerg (1979) entwickelte Verfahren der tiefenhermeneutischen Textinterpretation ist eine psychoanalytisch orientierte Methode und geht auf die Tradition von Alfred Lorenzer zurück. Nach diesem Verfahren konzentriert sich der Interpret auf den Widerspruch zwischen dem manifesten und latenten intentionalen Gehalt des Textes. Das Verfahren des hermeneutischen Sprachspiels schreibt vor, zu explizieren, zu problematisieren und zu interpretieren. „Es herrscht gewissermaßen die Nötigung zur Interpretation, nichts darf als unproblematisch und nichts als selbstverständlich gelten." (Leithäuser u. Volmerg 1979). „Hermeneutische Verfahren sind immer auch abhängig von den Gegenständen, die sie interpretieren, und von den Personen, die interpretieren. Solche Abhängigkeiten sind nicht auflösbar" (Leithäuser u. Volmerg 1979).

Zu den jeweiligen Textstellen werden etwa folgende Sinnerschließungsfragen gestellt:
- Worüber wird im Text überhaupt gesprochen?
- An welchen Stellen wird im Text etwas abgewehrt?
- Was wird abgewehrt?

- Was will er verdecken, was darf nicht angesprochen werden?
- Was wird anstelle dessen gesagt?
- An welchen Stellen im Text sind Projektionen und Übertragungen erkennbar?

Bei der Auswertung wird zwischen *vertikaler Hermeneutik* und *horizontaler Hermeneutik* unterschieden. Bei der vertikalen Hermeneutik handelt es sich um die detaillierte Interpretation eines Textes, während bei der horizontalen Hermeneutik aus dem gesamten Forschungsmaterial ausgewählte Themenbereiche interpretiert werden. Dabei werden beide in ein sich wechselseitig kommentierendes Verhältnis gesetzt.

Die Ergebnisse meiner Untersuchung zu sprachlichen und kulturellen Missverständnissen in der Psychotherapie sollen nun anhand von vier Thesen zusammengefasst werden:

These 1: Im interkulturellen Setting haben Therapeuten und Patienten unterschiedliche Wahrnehmungen, Vorstellungen und Erwartungen an und über die psychotherapeutische Behandlung. Dies beeinflusst die Beziehung zwischen Behandlern und Patienten und dementsprechend auch den Therapieerfolg.

Diese These soll anhand von zwei Beispielen (Gleichbehandlungsmaxime und kulturelle Verständigung) erläutert werden:

Die Gleichbehandlungsmaxime

Einer der zentralen Konflikte, der durch die Ergebnisse der vorliegenden Untersuchung deutlich wird, ist die Vorstellung, es gäbe so etwas wie eine Gleichbehandlung von Patienten. Die befragten Therapeuten bedienen sich einer Gleichbehandlungsmaxime als therapeutisches Ideal und kommen zu dem Schluss, alle ihre Patienten gleich zu behandeln. Ausschlaggebend für die Planung und Durchführung einer Behandlung sei für sie die gestellte Diagnose, nicht aber die kulturellen, religiösen, ethnischen und sprachlichen

Hintergründe der zu behandelnden Patienten. Wie die Gleichbehandlungsmaxime aus der Sicht von Therapeuten und Patienten verstanden wird, verdeutlichen die folgenden zentralen Aussagen.

Therapeuten:

> Ich denke schon, dass ich unabhängig von der Herkunft aufgrund einer gestellten Diagnose dieselben Behandlungsstrategien verfolge, es ist völlig egal, ob das jetzt ein deutscher Patient ist oder ein ausländischer Patient ist (I, 8).[2]

> Ne, da gibt´s eigentlich keinen Unterschied ... das ist ganz unabhängig vom Kulturkreis, aus dem jemand kommt. (...) Gleich, ob der Patient Migrant ist oder einheimisch, das spielt überhaupt keine Rolle (IV, 1).

Die Gesamtbetrachtung der Interviews zeigt, dass die befragten Therapeuten die Gleichbehandlungsmaxime als eine Art von Gerechtigkeitsdenken favorisieren. In ihren Aussagen scheint die implizite Annahme zu stecken: Wir machen keinen Unterschied zwischen unseren Patienten, es ist egal, aus welchem Kulturkreis, welcher Religion oder Ethnie jemand stammt; wir behandeln gerecht, indem wir alle Patienten gleich behandeln. Die Gleichbehandlungsmaxime wird im Sinne von vorurteilsfreier, unvoreingenommener objektiver und daher „gerechter Behandlung" verstanden. Im Kontext der Therapeut-Patient-Beziehung erleben die interviewten türkeistämmigen Patienten die von den Therapeuten hochgehaltene Gleichbehandlungsmaxime als ungleiche Behandlung. Sie nehmen das, was ihnen als Gleichbehandlung (i. S. von Gerechtigkeitsdenken) von den Therapeuten präsentiert wird, als Ungerechtigkeit wahr. Ihrer Auffassung nach wird hierbei den herkunftskulturbedingten Unterschieden nicht die notwendige Bedeutung beigemessen.

Patienten:

> Ja, ich denke, also bei mir spielt die Sprache weniger ein Problem, also Sprachprobleme habe ich grundsätzlich nicht, aber ich denke, bei mir war das Problem halt die kulturelle und diese Herkunft (...), also meine Vorgeschichte hatte eine

---

[2] Die Ziffern in Klammern verweisen auf die Interviewnummer.

große Rolle gespielt, dass ich mich da teilweise nicht verstanden gefühlt hab' (II, 15).

(...), unser Benehmen und unsere Ethik ist eine andere. Aber nach meiner Ansicht bemühten sie sich, Lösungen zu finden, die zu der deutschen Gesellschaft passen. Aber das entsprach nicht meinen Bedürfnissen (III, 16).

Meiner Ansicht nach sind die Gründe dafür die Sitten und Gebräuche. Weil wir aus verschiedenen Kulturen kommen. Das passiert, weil sie unsere Kultur nicht kennen (III, 10).

Die türkischen Therapeuten schlugen mir keine Scheidung vor, um die Probleme zu lösen, und das beruhigte mich. ... In unserer Gesellschaft, in unseren Strukturen kommt eine Scheidung erst an zweiter oder dritter Stelle, aber nicht zuerst (I-II, 12).

Türkeistämmige Patienten fühlen sich nicht verstanden, wenn sie sozusagen „gleich" behandelt werden. Hierdurch kommt es zur Ignoranz ihrer jeweiligen Andersartigkeiten, Besonderheiten und Unterschiedlichkeiten. Dies führt zu einer, von ihnen so empfundenen, Ungerechtigkeit in der Therapeut-Patient-Beziehung. Wirkliche Gleichbehandlung setzt bei allen Patienten voraus, dass die Ungleichheit von jedem Individuum zur Kenntnis genommen wird, unabhängig, welcher Nationalität er entstammt; andernfalls kann nur von einer Gleichmachung gesprochen werden. Bei der Gleichbehandlungsmaxime besteht die Gefahr, in der Gleichheit die Unterschiede aus den Augen zu verlieren bzw. in den Unterschieden die Gleichheit nicht wahrzunehmen. Die Lösung des Konflikts scheint darin zu liegen, bei der Ungleichheit eine höhere Form der Gleichheit zu finden. Indem man die Ungleichheit wahrnimmt und entsprechend behandelt, behandelt man die Patienten gleich.

Tiefenhermeneutisch betrachtet, scheint im Festhalten an der Gleichheitsmaxime zum Ausdruck zu kommen, dass die Therapeuten dem befürchteten „Vorwurf", sie könnten Migranten schlecht behandeln, vorbeugen möchten. Dies ist mit dem Druck verbunden, beweisen zu müssen, dass sie die Migranten nicht anders behandeln als ihre deutschen Patienten. Im Festhalten der Patienten, in deren Betonung der kulturellen, ethnischen und religiösen Besonderheiten kann ebenfalls eine Abwehr- oder Vermeidungsstrategie erkannt werden, sich nämlich nicht mit ihren „eigentlichen Problemen" auseinander setzen zu wollen. Unbewusst wirksame Widerstände, die mit Verdrängungsmechanismen einhergehen, können zu einer Konfliktverlagerung und letztlich zum Agieren der Konflikte in der Beziehungsebene führen.

Kulturelle Verständigung

Bei der Auswertung der Interviews fällt auf, dass kulturelle Verständigung bzw. kulturelle Missverständnisse wiederholt als charakteristische Aspekte bei der Behandlung von Migranten angegeben werden, und zwar, je nach Perspektive, als Bereicherung, Erleichterung und Vorteil oder auch als Erschwerung, Einengung und Benachteiligung.
Therapeuten:

> Je nachdem, aus welchem Kulturkreis jemand kommt und wie fit jemand sprachlich ist, ist die Arbeit mühseliger, die Zeit für 'ne Verständigungsbasis zu finden (V, 1).

> Es gibt immer wieder ... kulturspezifische Aussagen von Patienten, die für uns z.B. auch psychotisch anmuten, weil sie, wenn man sie so als Deutscher betrachtet, schon eine psychotische Botschaft vermitteln, die aber aus der Landessituation heraus so gar nicht gemeint sind und auch wirklich keine psychotische Symptomatik beschreiben (I, 15).

> Ich bin – wie ich mich selber erlebe – manchmal etwas unsicher, ob ich dem unterschiedlichen kulturellen Stellenwert einzelner Gesten gerecht werde, d. h., ob ich da nicht falsch verstanden werde (I, 6).

Patienten:

> Die deutschen Therapeuten sind auch als Menschen sehr gut. Ich habe ihnen gegenüber keine Vorurteile. Aber ich finde die türkischen Therapeuten mir sehr viel näher, weil sie meine Kultur kennen (III, 18).

> (...) ich denke, dass deutsche und türkische oder kurdische [Gebräuche, Verf.] ganz anders sind, also die Erziehung ist ganz anders, eh – die Erwartungen sind ganz anders, ja, die Kultur ist ganz einfach anders (II, 10).

> Bei einigen Therapeuten war das schon so, dass sie mit der Sache einfach nicht zurechtkamen, weil sie Kulturunterschiede nicht sahen (II, 9).

> Meiner Ansicht nach sind die Gründe dafür die Sitten und Gebräuche. Weil wir aus verschiedenen Kulturen kommen. Das passiert, weil sie unsere Kultur nicht kennen (III, 10).

Seine Hypothese verdeutlicht der Patient anhand eines Beispiels:

> Die türkischen Therapeuten schlugen mir keine Scheidung vor, um die Probleme zu lösen, und das beruhigte mich. (...) In unserer Gesellschaft, in unseren Strukturen kommt eine Scheidung erst an zweiter oder dritter Stelle, aber nicht zuerst (III, 12).

Hieraus folgt ein gegenseitiges Unverständnis gegenüber kulturellen Zusammenhängen. Beide Seiten nehmen die jeweiligen Gegenseiten aus einer bestimmten Perspektive wahr und vertreten jeweils dieselbe Ansicht, dass kulturelle Differenzen als Hindernis in der Therapeut-Patient-Interaktion anzusehen sind. Sowohl die Therapeuten als auch die Patienten sind der Ansicht, dass sie miteinander nicht über dieselben Themen sprechen.

> Ich habe manchmal das Gefühl, dass wir nicht über gleiche Dinge sprechen (V, 1).

> Ich weiß es nicht, wie die Lösungsmöglichkeit in ihrer Kultur aussieht. Ich bin einfach fassungslos. Ich weiß es nicht, was richtig, was falsch, was normal, was nicht normal ist (VI, 4).

> Wenn es um solche Situationen ging, bat ich sie, diese in ihrem Familien- bzw. Freundeskreis zu besprechen, oder ich schickte sie halt zu einem Therapeuten, der aus derselben Kultur stammt, damit sie eben diese Punkte mit ihm bespricht. Es ging immer so hin und her (VI, 8).

> Aber was mich auch einfach ärgert, ist, wenn auch Patienten hier, die schon seit vielen Jahren in diesem Land leben und (...) der deutschen Sprache nicht mächtig sind, das macht mich sauer, stinkig, (...) ich kann es nicht verstehen, wie jemand seit Jahren in diesem Land lebt, ohne sich darum zu bemühen, die Sprache zu erlernen. Das geht mir gegen den Strich, ich verstehe es nicht (V, 2).

Integriertheit als Auswahlkriterium

Auch bei bestehender therapeutischer Indikation und Therapiebereitschaft seitens der Patienten gilt für einige Therapeuten Integriertheit in die deutsche Gesellschaft als Auswahlkriterium. Für sie muss ein Patient *„in vielerlei Hinsicht schon sehr weit eigentlich integriert sein"* (VI, 2).

Abwehrphänomene bei den Patienten

Bei den Patienten dient das Zurückgreifen auf die Herkunftskultur der Abwehr, sich auf die hiesige Gesellschaft einzulassen. Von der Ebene der Persönlichkeitsstruktur her betrachtet, kann man hierin einen Widerstand erkennen, sich mit anstehenden Konflikten zu befassen. Alles, was in Richtung Veränderung geht, wird von ihnen mit der Begründung, dass es kulturell, traditionell, ethnisch, religiös und geschlechtsspezifisch sei, als unpassend verworfen. Das, was ihr System unterstützt, wird als angenehm erlebt und angenommen. Starres Festhalten an Normen und Wertvorstellungen der Herkunftskultur geht mit der Entstehung und Entwicklung der Krankheit einher und verhärtet das gesamte System. Idealisierung der Herkunftskultur ist hier nur als ein Teil der Abwehr zu verstehen. Die Ablehnung der deutschen Therapeuten mit der Begründung „sie verstehen mich nicht" ist u.a. auch ein Hinweis auf unbewusste Widerstände, die besonders während der Problemkonfrontation auftreten. Dass es so ist, zeigt sich in der Beziehung zu muttersprachlichen Therapeuten. Auch da werden Gründe für einen Therapeutenwechsel gefunden, wenn es zur Konfrontation kommt.

Die oben dargestellten Aspekte (Gleichbehandlungsmaxime und kulturelle Verständigung) sind nur zwei von vielen anderen Bereichen, in denen Missverständnisse oder Schwierigkeiten unterschiedlicher Art auftauchen und die therapeutische Beziehung und damit den Therapieerfolg negativ beeinflussen. Diese sind: Kulturelle, sprachliche, religiöse und ethnische Missverständnisse, Interaktions- und Kommunikationsschwierigkeiten, Probleme bei der Diagnose und Weiterbehandlung (Behandlerwechsel) sowie Verstehen von Chiffren, Organchiffren, körperbezogenen Signalen und Metaphern. Die Folgen davon sind:

Die Therapeuten
- schicken ihre Patienten zu anderen Behandlern, zurück in die Familien oder in Freundeskreise,
- stellen falsche Diagnosen und behandeln entsprechend.

Die Patienten
- nehmen die Angebote nicht oder zu spät in Anspruch,
- versuchen ihre Probleme zunächst in der Familie, im Bekanntenkreis bzw. auf traditionell-religiösem Wege zu lösen,
- drücken die Konfliktverarbeitung somatoform aus,
- brechen die Therapie ab und suchen nach muttersprachlichen Therapeuten.

These 2: Die Therapeuten, die im interkulturellen Setting arbeiten, neigen dazu, kulturelle Differenzen über- bzw. unterzubewerten.

Überbetonung oder Verleugnung

Eines der Ergebnisse der vorliegenden Untersuchung ist, dass vorschnell etwas als kulturell angesehen und überbewertet wird, was nicht kulturell begründet ist, oder es werden kulturelle Determiniertheiten einfach übersehen bzw. hierüber wird hinweggegangen. Ein gut funktionierender Verdrängungsmechanismus namens „kultureller Unterschied" führt wohl dazu, dass die Therapeuten wie auch die Patienten nicht die Aspekte ihrer Verschiedenheit und Gemeinsamkeit sehen, die sie bemerken könnten, und da scheinbar unüberwindbare Diskrepanzen ausmachen, wo sie nicht vorhanden sind.

Überbetonung der Unterschiede

(...) wenn wirklich jeder, der hier solche Hilfe braucht, die(se) von jemandem bekommen könnte, der aus seiner Kultur komm, (...) der dieselben Bedeutungen kennt, der den gleichen Hintergrund hat (VI, 3).

[Ich bin] oft sehr hilflos (...). Da kriegt man einfach keinen Fuß rein (V, 4).

Wenn es um solche Situationen ging, bat ich sie, diese in ihrem Familien- bzw. Freundeskreis zu besprechen, oder ich schickte sie halt zu einem Therapeuten, der aus derselben Kultur stammt, damit sie eben diese Punkte mit ihm bespricht. Es ging immer so hin und her (VI, 8).

Verneinung der Unterschiede

Menschen sind unterschiedlich (IV, 5).

Auch viele Deutsche haben manchmal merkwürdige subjektive Anatomievorstellungen. Das ist also nicht jetzt 'ne Besonderheit von Migranten (IV, 6).

Ein deutscher Hypochonder denkt genauso magisch wie ein anatolischer Bauer, er spricht aber besser Deutsch. ... (IV, 21).

Das, was vom Bewusstsein eines jeden als Fremdes, Unbekanntes und nicht Verständliches abgelehnt wird, ist das, was in der psychoanalytischen Theorie als das sog. Unbewusste, das Fremde, die Heimstatt des Verdrängten, ein „inneres Ausland" konzeptualisiert ist. In Übertragungs- und Gegenübertragungsphänomenen findet dies wiederum Ausdruck. Die von inneren Konflikten herrührenden nicht ertragenen Ambivalenzen führen zu Spaltungen: „Das Gute bleibt dann im Subjekt, und das Böse wird nach Außen projiziert" (Erdheim 1994). Dabei wird übersehen, dass die Übertragung dem Patienten die Möglichkeit bietet, einen „Tummelplatz" zu finden, „auf dem ihm gestattet wird, sich in fast völliger Freiheit zu entfalten" (Freud 1975) und die Reflektion der Gegenübertragung für den Therapeuten ein Erkenntnismittel bedeutet (Heimann 1964 zit. in Quindeau 1996). In dem Zusammenhang wäre auch in der Therapie eine fortgesetzte Integration der Patienten denkbar. Das heißt, Psychotherapie bei einem einheimischen Therapeuten kann den sehr positiven Effekt aufweisen, elterliche Anerkennung durch Migranten-Patienten zu erfahren und das Gefühl der Beheimatung in der neuen Umgebung bzw. Wahlheimat im Entstehensprozess mitzuerleben.

Im interethnischen therapeutischen Kontext muss die Zugehörigkeit von Therapeuten und Patienten zu unterschiedlichen Kulturen und Ethnien keine Einschränkung bedeuten, sondern kann vielmehr eine Bereicherung sein.

Ein interethnisches Therapiesetting könnte sogar auf den therapeutischen Prozess beschleunigend wirken. So können Fragen, die aus diesem Zusammenhang entstehen, Übertragungen und Gegenübertragungen sowie damit einhergehende Abwehrmechanismen herausgearbeitet, angesprochen, thematisiert und bearbeitet werden.

These 3: Interkulturelle Therapeutische Kompetenz scheint die ideale Voraussetzung dafür sein, die sprachlichen, kulturellen, ethnischen und religiösen Missverständnisse in der therapeutischen Behandlung zu minimieren und das gegenseitige Verstehen zwischen einheimischen Therapeuten und türkeistämmigen Patienten zu optimieren.

Unter interkultureller Kompetenz wird hier die Fähigkeit und Bereitschaft zur Selbstreflexion, Empathie, Flexibilität, Anerkennung von Vielfalt sowie Integration fremder Kulturstandards in das eigene Wahrnehmungs-, Denk-, Bewertungs- und Handlungsmuster verstanden. Interkulturelle therapeutische Kompetenz sollte kognitive (i. S. der Kenntnisse über die fremdkulturellen Aspekte der jeweiligen Kultur), affektive (i. S. der Fähigkeit zur emotionalen Selbstreflexion und Selbstkontrolle) und verhaltens- bzw. handlungsbezogene (i. S. der Anpassung des eigenen Verhaltens und Haltungen an die Verhaltensmuster und Haltung der jeweiligen Kultur) Dimensionen umfassen und in integrierter Form erlebbar machen (vgl. Bolten 1999, 2000).

Wichtig für „Interkulturelle Therapeutische Kompetenz"

Allgemeine Haltung / Grundhaltung
- Bereitschaft des Therapeuten, sich auf ein interkulturelles Therapiesetting einzulassen und Neugier auf das Fremde, Unbekannte
- Relativierung der eigenen kulturellen Regeln, Norm- und Wertvorstellungen als Maßstab für Bewertungen, Zuordnungen und Orientierungen

Interethnisches Therapiesetting
- Berücksichtigung kulturspezifischer Besonderheiten
- Ressourcenorientiertes Vorgehen unter Berücksichtigung kohäsiver Strukturen.

Reflexionsfähigkeit
- Selbstreflexion und Selbsterfahrung des Therapeuten
- bewusste Auseinandersetzung mit der eigenen Fremdheit

Kommunikation / Interaktion
- Interkulturelle Kommunikations- und Interaktionsfähigkeit
- Konfliktfähigkeit
- Empathie und Einfühlungsvermögen seinen Gesprächspartnern gegenüber

Aus-, Fort- und Weiterbildung
- kultursensitive Ausbildung
- Bereitschaft zur Erweiterung der eigenen kognitiven Landkarten

These 4: Es besteht ein Zusammenhang zwischen psychischen Störungen und migrationsbedingten Lebens- und Arbeitsbedingungen. Ohne Berücksichtigung der historischen Entwicklung, psychosozialen und gesundheitlichen Versorgungssituation, familiären Strukturen und Krankheits- und Heilvorstellungen der Patienten kann kein Verständnis aufgebaut werden.

Für Menschen, die aus einer eher kollektivistischen Kultur kommen, die sich stärker an familiären, sozialen und gesellschaftlich strukturierten Werten orientieren, ist es nicht leicht, sich an eine eher individualistische Kultur, bei der die Person selbst und die individuellen Werte im Vordergrund stehen, anzupassen. Die Anforderungen der Migrationsgesellschaft stellen für Migranten eine psychische Belastung dar und führen zu Konflikten. Bei fehlenden oder mangelhaften individuellen Ressourcen an Verarbeitungs-, Kompensations- und Bewältigungsmöglichkeiten können diese Belastungen und Konflikte zu psychischen und psychosomatischen Störungen führen.

Zusammenfassend dargestellt können folgende psychosoziale Faktoren bei Migranten als krankheitsfördernd bzw. -begünstigend betrachtet werden:
- Trennungs- und Entwurzelungserlebnis
- Enttäuschungsgefühle in Bezug auf nicht erfüllte Wunschvorstellungen
- Druck durch die Erwartungshaltung der Familien in der Heimat
- Zerfall familiärer und sozialer Lebenszusammenhänge
- Anpassungsleistung an die Aufnahmegesellschaft
- Verlust der haltgebenden kulturellen, ethnischen und religiösen Werte und Sinnorientierung
- narzisstische Kränkung

Bei fehlenden oder mangelhaften Kompensations- und Bewältigungsmechanismen wirken diese Stressfaktoren krankheitsfördernd und lassen die „Flucht in die Krankheit" als eine psychosomatische Antwort erscheinen.

Wenn das Individuum keine andere Möglichkeit hat, seine Schwierigkeiten mit der Gesundheit, bzw. mit den Gruppen, mit welchen es zusammenlebt, auszudrücken und auszutragen, dann wird der Körper zum sozialen Ort, wo diese Konflikte inszeniert werden. (Erdheim 1989 zit. in Bürgin 1993).

Ausgehend von ihren Untersuchungen und Analysen von Arbeits- und Lebensbedingungen von Arbeitern betrachtet Volmerg (1984) somatische Symptome bzw. Somatisierung als „eine institutionalisierte Praxis der Konfliktabwehr" im gesellschaftlichen Kontext (zit. in Leyer 1991). Danach sind Arbeiter einem hohen Ausmaß an sozialer Kontrolle, Normierung und Unterdrückung ausgesetzt und neigen dazu, ihre persönlichen Erfahrungen, Affekte, Gefühle und Wünsche gegen sich selber zu richten. Diese Form von Verarbeitung begünstigt somatoforme Störungen. Die hier zusammengefassten Ergebnisse sind Teil einer umfangreichen Arbeit, in der weitere Themen wie Geschichte der Arbeitsmigration, Migration und Krankheit, Psychosoziale und gesundheitliche Versorgungssituation, Familienstruktur sowie traditionell-magisch-religiöse Krankheits- und Heilvorstellungen der türkeistämmigen Migranten behandelt werden (Gün 2007).

Literatur

Bürgin, D. (1993) Psychosomatik im Kindes- und Jugendalter. Stuttgart: Urban & Fischer

Bolten, J. (1999) Internationales Personalmanagement als interkulturelles Prozeßmanagement: Perspektiven für die Personalentwicklung internationaler Unternehmungen. In: Schmeisser, W. (Hrsg.). Personalführung und Organisation. München/Wien: Verlag Franz Vahlen

Bolten, J. (2000) Interkultureller Trainingsbedarf aus der Perspektive der Problemerfahrungen entsandter Führungskräfte. In: Götz, K. (Hrsg.) Interkulturelles Lernen/ Interkulturelles Training. 3. verbesserte Auflage. Managementkonzepte Band 8. München, Mering: Rainer Hampp Verlag

Erdheim, M.: Körper und Kultur. Suva Rehabilitation,4, 1989: 26 ff.

Erdheim, M.: Das fremde Böse. Praxis der Kinderpsychologie und Kinderpsychiatrie, 43, 1994: 242–247

Freud, S. (1975/ 1914) Erinnern, Wiederholen, Durcharbeiten. Studienausgabe, Ergänzungsband. Frankfurt

Gün, A. K. (2007) Interkulturelle Missverständnisse in der Psychotherapie. Gegenseitiges Verstehen zwischen einheimischen Therapeuten und türkeistämmigen Klienten. Freiburg i.B.: Lambertus

Heimann, P.: Bemerkungen zur Gegenübertragung. Psyche, 19, 1964

Leithäuser, T., Volmerg, B. (1979) Anleitung zur empirischen Hermeneutik.

Leyer, E. M. (1991) Migration, Kulturkonflikt und Krankheit: Zur Praxis der trankskulturellen Psychiatrie. Opladen: Verlag Leske u. Budrich

Quindeau, I. (1996) Fremdheit und Übertragung. Probleme im interkulturellen therapeutischen Prozeß. In: Kiesel, D., Kriechhammer-Yagmur, S., Lüpke, H.v. (Hrsg.) Gestörte Übertragung. Ethno-kulturelle Dimensionen im psychotherapeutischen Prozeß. Arnoldshainer Texte – Band 92. Frankfurt a.M.: Haag + Herchen Verlag

Schütze, F. (1977) Die Technik des narrativen Interviews in Interaktionsfeldstudien, dargestellt an einem Projekt zur Erforschung von kommunalen Machtstrukturen. Manuskript der Universität Bielefeld. Fakultät für Soziologie.

Volmerg, B.: Zur Sozialisation psychosomatischer Symptome in der Arbeitssituation von Bandarbeiterinnen. Psychosozial, 23, 1984: 91-119

Dagmar Schultz

Ressourcen- und resilienzorientierte Arbeit mit migrierten Patientinnen und Patienten[1]

Die Behandlung von migrierten Patienten/-innen stellt in psychiatrischen Einrichtungen eine besondere Herausforderung dar. Sie erfordert spezifische Kenntnisse und Sensibilitäten seitens des Personals, die unter dem Begriff „interkulturelle" oder „transkulturelle Kompetenzen" gefasst werden. Interkulturelle Kompetenz kann definiert werden als die Fähigkeit, angemessen und erfolgreich mit Menschen zu kommunizieren und zu handeln, die
- eine andere Muttersprache als die Landessprache haben und/oder
- mit einer anderen Kultur aufgewachsen sind und/oder
- sich in dieser Gesellschaft auf Grund von Diskriminierung anders bewegen als Angehörige der Mehrheitsgesellschaft und
- als Patienten/-innen, Klienten/-innen oder als untergeordnete Kollegen-/innen in einem Abhängigkeitsverhältnis zu mir stehen.

Eine angemessene und erfolgreiche Kommunikation und Handlungsweise beinhaltet auch
- eine die/den Andere/n in ihrer/seiner Art zu sein annehmende und respektierende Haltung,
- die Patientin/den Patienten vor dem Hintergrund der Gruppenzugehörigkeit immer als Individuum zu sehen,
- Empathie, Wertschätzung der/des Anderen[2] und

---

[1] Ich danke Darja Zavirsek für wertvolle Hinweise zu diesem Aufsatz.
[2] Sibel Koray vom Jugendpsychiatrischen Institut der Stadt Essen schreibt (2000:23): „Dabei gilt es zu beachten, daß interkulturelle Kompetenz nicht nur mit Hintergrundwissen über Kultur, Religion und sonstige Besonderheiten der Migrantenfamilien zu tun hat und es auch nicht genügt zusätzlich die Sprache des Anderen zu beherrschen. Ein sehr wesentlicher – kulturunspezifischer – Faktor ist die Haltung, die man dem Anderen gegenüber einnimmt ... eine den anderen in seiner Art zu sein annehmende und respektierende Haltung, die weder einer herablassenden, abwertenden Behandlung Raum gibt, noch eine Art Bittstellertum zulässt und das Gegenüber auch nicht als Exot behandelt. Interkulturelle Kompetenz ist nichts anderes als eine graduelle Steigerung sozialer Interaktionsfähigkeit."

- die Fähigkeit, sich selbst in Frage zu stellen im Hinblick auf eigene Vorurteile,
- die Grenzen des eigenen Wissens anerkennen,
- sich die mögliche Auswirkung der eigenen sozio-kulturellen Identität auf die Interaktion mit der Patientin/dem Patienten bewusst machen, (APA 1995)

In diesem Beitrag geht es um eine Erweiterung des inter- oder transkulturellen Ansatzes durch die Betonung der ressourcenorientierten Arbeit, die der Tendenz entgegen wirkt, Personen, die einer (häufig diskriminierten) Minderheit zugerechnet werden, als Opfer anzusehen (was implizit der eigenen Aufwertung zuträglich ist). In den Worten einer in unserer Untersuchung interviewten türkischen Krankenschwester:

> Meine Stationsarbeit hat mir aufgezeigt, also wenn ich noch mal rückblickend auf diese vergangenen 21 Jahre schaue, dass der Fremde immer sehr hilfsbedürftig angesehen wird, ... obwohl dieser Mensch ganz viele Fähigkeiten hat...

Somit gilt es, eine differenzierende Sichtweise und Haltung einzunehmen, die es ermöglicht, Ressourcen und Resilienz von Personen zu erkunden und zu aktivieren, ohne sich von angeeigneten Vorurteilen und Vorstellungen leiten zu lassen. Ressourcen sind als übergreifendes Konzept zu verstehen, das physische, kognitive, psychische, Arbeits- und Leistungsressourcen sowie materielle und umfeld- /familienbezogene Ressourcen beinhaltet. Eine Ressourcenexploration bewirkt in der Regel auch eine *„selbstwertdienliche Aufwertung und Stärkung"* (Klemenz 2003 in Sobczyk 2006). Die vermittelte Wertschätzung und Betonung der Stärken kann beziehungsfördernd wirken, Widerstände senken und die Bereitschaft zur weiteren Problemverarbeitung erhöhen (Sobczyk 2006).

Resilienz ist ein interaktiver Prozess zwischen Individuum und Umwelt, der das ganze Leben hindurch andauert. Der Begriff bezieht sich spezifisch auf die Fähigkeit von Menschen, aktiv mit widrigen Umständen umzugehen, Lebenskrisen unter Rückgriff auf persönliche und sozial vermittelnde Ressourcen zu meistern und als Anlass für Entwicklung zu nutzen, so z.B. schwere Krankheiten, lange Arbeitslosigkeit, Verlust von nahe stehenden Menschen etc. (vgl. Hermann 2005). Migrierte Personen haben zusätzlich mit dem Verlust von Heimat, Sprache, häufig Beruf, kultureller Identität sowie zugeschriebenem „Anderssein" zu tun. Sowohl schwarze Deutsche wie Migranten/-innen können potentiell ein starkes Durchhaltevermögen entwickeln und lernen, Situationen und Personen schnell einzuschätzen, um überleben zu können in einer Gesellschaft, die ihnen in vieler Hinsicht feindselig gegenüber steht. Bei Migranten/-innen kommt häufig eine mehr oder weniger freiwillig angeeignete Risikobereitschaft hinzu und die Fähigkeit, sich mit neuen Herausforderungen und Widrigkeiten auseinander zu setzen.

Dass eine Person sich in einer psychiatrischen Einrichtung befindet, sollte nicht Anlass zu der Annahme sein, dass sie nicht über diese Fähigkeiten und Stärken verfügt. Im folgenden Beitrag wird die Wahrnehmung von und Einstellung zur Bedeutung persönlicher Stärken von migrierten Patienten/-innen seitens des Personals in psychiatrischen Institutionen dargestellt und erörtert, welche Faktoren zu einer ressourcen- und resilienzorientierten Behandlung beitragen können. Der Aufsatz beruht auf einer qualitativen Untersuchung, die zum Ziel hat, Probleme und Vorgehensweisen in der psychiatrischen Versorgung von Migranten/-innen und schwarzen Deutschen in Berliner Einrichtungen aufzuzeigen.

Zur Methodik der Untersuchung

Ich habe im Jahr 2002 an fünf großen Berliner Stadtteilkrankenhäusern und an der Tagesklinik eines der Krankenhäuser 28 Interviews geführt, um diesen Fragen nach zu gehen. An den Kliniken sprach ich mit Ärztinnen und Ärzten, Krankenschwestern und Pflegern, einem Psychologen, einer Sozialarbeiterin und einer Krankengymnastin. An vierzehn außerklinischen Einrichtungen (Wohnheimen, Übergangswohnheimen, Beratungs- und Therapieeinrichtungen) führten Studenten/-innen der Freien Universität Berlin und der Alice Salomon Fachhochschule für Sozialarbeit und Sozialpädagogik Interviews mit Leitern/-innen, Betreuern/-innen und Psychologen/-innen sowie mit zwei migrierten Klienten durch. In die Auswertung wurden zehn dieser Einrichtungen mit jeweils einem Interview sowie die Gespräche mit den beiden Klienten einbezogen.

Die Interviews wurden mit einem strukturierten Leitfaden geführt. Alle Fragen ermöglichten offene Antworten. Die Auswertung beruht auf einer qualitativen Analyse anhand von Kategorienbildung. Mittels eines Database Programms wurden die einzelnen Berufsgruppen nach Merkmalen wie weiblich/männlich, migriert/deutsch/afrodeutsch geordnet, um die Relevanz bzw. Irrelevanz dieser Merkmale für die Inhalte der Aussagen untersuchen zu können. Der Code in Klammern nach den Zitaten gliedert sich folgendermaßen auf: Der erste Buchstabe (A-E) steht für die jeweilige Klinik, F für die Tagesklinik. Es folgen der Personencode und schließlich die Seitenzahl. Bei den außerklinischen Einrichtungen beginnt der Code mit einer Zahl.

Kliniken und Tagesklinik:

7 deutsche Ärzte (MDA), 2 migrierte Ärzte (MMA), 2 afrodeutsche Ärzte (MafA), 3 migrierte Ärztinnen (FMA), 1 deutscher Pfleger (MDP), 3 deutsche Krankenschwestern (FDP) , 7 migrierte Krankenschwestern (FMP), 1 deutsche Sozialarbeiterin (FMS), 1 migrierte Krankengymnastin (FMK), 1 migrierter Psychologe (MMPs).

Außerklinische Einrichtungen:

4 deutsche Sozialarbeiter (MDS), 2 deutsche Sozialarbeiterinnen (FDS), 2 migrierte Sozialarbeiter (MMS), 1 migrierter Psychologe (MMPs), 1 migrierte Psychologin (FMPs), 2 migrierte Klienten (MMKl).

Diskriminierung und Alltagsrassismus als krankmachende Faktoren

Zarifoglu und Zeiler (1994, 1995, 1997) haben ausführlich dokumentiert, dass Migrationsschicksale und ethnische Diskriminierung im Aufnahmeland – erfahren als formelle, strukturelle Einschränkungen und als informelle alltägliche Abwertung sowie als Zuschreibung unerwünschter oder als Verweigerung erwünschter sozialer Identität – die Persönlichkeitsentwicklung deformieren und zu krankheitswertigen psychischen Verfassungen führen können (Zeiler u. Zarifoglu 1994). Solche Erfahrungen werden, wie Zarifoglu und Zeiler schreiben,

> ... vor dem (deutschen) Arzt gewöhnlich geheimgehalten – aus Scham, Stolz und Höflichkeit oder aus dem Bedürfnis, die Konformität mit den sozialen Normen des Gastlandes zu betonen. (Zarifoglu u. Zeiler 1995)

Die Autoren schreiben unter Bezug auf anglo-amerikanische Literatur und eigene Fallbeispiele, dass neuere Forschung im anglo-amerikanischen Raum ebenfalls auf den Zusammenhang zwischen ethnischer Diskriminierung und psychischen Erkrankungen hinweisen (z.b. Karlsen u. Nazroo 2002, Williams, Neighbors u. Jackson 2003, Carter 2007). Obwohl weiterhin Langzeit- und Längsschnittstudien fehlen, die einen kausalen Zusammenhang wissenschaftlich nachweisen, wird weitgehend sowohl von Wissenschaftler/-innen wie von Politiker/-innen davon ausgegangen, dass Diskriminierung und rassistische Erfahrung physische und psychische Gesundheit in erhöhtem Maß gefährden.

> Der kulturell ‚naive' Arzt betrachtet ethnisch-kulturelle Zugehörigkeit als irrelevant und versäumt es, bedeutsame Daten der sozialen Vorgeschichte zu eruieren, die sich auf Ethnizität und Migration des Kranken sowie die Auswirkungen des Lebens im Einwanderungsland beziehen ... Diffizile psychotherapeutische Probleme ergeben sich, wenn objektive Benachteiligung (gegen welche der Patient anrennt) und neurotisches Erleben ineinandergreifen. Hier steht das ausdrückliche Anerkenntnis der tatsächlichen sozialen Problemlage durch den Therapeuten am Anfang aller psychotherapeutischen Bemühungen. (Zeiler u. Zarifoglu 1997:308, 313)

Resilienz als mögliche Ressource

In diesem Zusammenhang ist die Forschung zu Resilienz von Bedeutung (s. u. a. Walsh 1998, Masten u. Powell 2003, Welter-Enderlin u. Hildenbrand 2006). Die Resilienzforschung konzentrierte sich zunächst auf Kinder, so in der Langzeitstudie der Entwicklungspsychologin Emmy E. Werner und ihrer Kollegin Ruth Smith, die über 40 Jahre hinweg rund 700 im Jahre 1955 auf der Insel Kauai (Hawaii) geborene Kinder aus schwierigen sozialen Verhältnissen begleitete (Werner u. Smith 1989, Werner 1999). Inzwischen wurden weitere Studien mit Kindern in Deutschland vorgenommen (u.a. Lösel 1994, Grünke 2003, Wustmann 2004) und Resilienz ist zu einem Begriff geworden, der auch in der Psychotherapie und der Traumaforschung beim Verstehen von Krankheitsbewältigung (coping) und der Aktivierung von Selbstheilungskräften (Salutogenese) Bedeutung gewonnen hat und den gesamten Lebenszyklus erfasst (Hermann 2005).

Ergebnisse der Resilienzforschung zeigen Persönlichkeitsmerkmale auf, die als Schutzfaktoren dienen, wie z.b. Eigenverantwortlichkeit, Akzeptieren von Krisen, Lösungssuche, Findigkeit, Ausdauer, Flexibilität, Fähigkeit zur Perspektivübernahme, Kontaktfreudigkeit. Hinzu kommen Faktoren, die mit dem Umfeld zu tun haben. In den Studien mit Kindern hat sich erwiesen, dass die dauerhafte Beziehung zu mindestens einer Bezugsperson sowie einem Vorbild, verlässliche Personen im Erwachsenenalter und ein soziales Netzwerk eine entscheidende Rolle für die Entwicklung von Resilienz sind (vgl. o. a. Quellen). Gerade diese Faktoren dürften für migrierte Patienten /-innen und deren Behandlung und Nachbehandlung äußerst wichtig sein.

Bei Migranten/-innen stellt sich darüber hinaus die Frage: Zu welchem Grad haben Individuen ein Stigmamanagement[3] (Selbstpositionierung bezüglich der Kategorien „normal" und „anders"), d.h. Bewältigungsstrategien im Umgang mit Diskriminierung und Stigmatisierung entwickelt, die sie für einen Heilungsprozess aktivieren können? Das Institute of Psychiatry des King's College London (2004) schreibt in seiner Ankündigung von Forschung über Migranten/-innen und Minderheiten:

---

[3] Die „Situation der stigmatisierten Person und ihre Reaktion auf die Lage, in der sie sich befindet" (S.156) steht, und dies ist eine der Hauptthesen der Stigma-Theorie, im Zusammenhang mit der Reaktion der Normalen in der Interaktion mit Stigmatisierten. Stigmamanagement ist ein allgemeiner Bestandteil von Gesellschaft, der auftritt, wo immer es Identitätsnormen gibt (S.160): „Stigma umfaßt nicht so sehr eine Reihe konkreter Individuen, die in zwei Haufen geteilt sind, sondern vielmehr einen durchgehenden Zwei-Rollen-Prozeß, in dem jedes Individuum an beiden Rollen partizipiert, zumindest in einigen Zusammenhängen und einigen Lebensphase. Der Normale und der Stigmatisierte sind nicht Personen, sondern eher Perspektiven. Diese werden erzeugt in sozialen Situationen während gemischter Kontakte kraft der unrealisierten Normen, die auf das Zusammentreffen einwirken dürften." (S.170) (Cyrus 1997).

...understanding the relationship of mental illness to migration is necessary as migration is and can be a very stress-inducing phenomenon. Yet not all migrants go through the same process. The clinician needs to be aware of coping strategies as well as resilience among migrants.

Unsere *erste These* ist, dass mögliche Stärken und Fähigkeiten von migrierten und schwarzen deutschen Patienten/-innen häufig von dem medizinischen und pflegerischen Personal nicht (ausreichend) gefördert und betont werden und, wenn das Bewusstsein darüber ansatzweise vorhanden ist, es in der Behandlungspraxis nicht unbedingt umgesetzt wird.

Die *zweite These* legt fest, dass eine positive Einstellung und Erwartenshaltung gegenüber solchen möglicherweise vorhandenen Stärken und Fähigkeiten einer wirkungsvollen therapeutischen Arbeit zuträglich ist. Den Blick auf die möglichen Stärken zu richten ist aus mehreren Gründen wichtig: Eine ressourcenorientierte Vorgehensweise sowohl in der psychiatrischen Behandlung wie in der klinischen Sozialarbeit kann

- das Selbstvertrauen und die Heilungsmotivation der Patientin/ des Patienten fördern,
- die Einstellung des Personals zu den Patienten/-innen positiv beeinflussen,
- die Selbstreflexion eigener Vorurteile und stereotyper Sichtweisen des Personals fördern.

Im Folgenden werden die Aussagen der Interviewten über mögliche Ressourcen und Potentiale von Resilienz in Patienten/-innen dargestellt.

Worin sieht das Personal besondere Stärken von migrierten Patientinnen und Patienten?

Die Mehrzahl der Interviewten bestätigen vorhandene Stärken, nur wenige hatten eine negative oder eine eher neutrale bzw. nichts sagende Einschätzung. Jedoch reagieren viele zunächst mit Unverständnis auf die Frage und fast alle bejahen nur auf Nachfrage den Nutzen solcher Stärken für eine ressourcenorientierte therapeutische Arbeit.

Zähigkeit und Durchhaltevermögen stehen im Vordergrund

Eine aus Kroatien migrierte Ärztin hebt die *Zähigkeit* hervor:

> Das ist nicht unbedingt die Stärke, sondern die Zähigkeit. Dabei geht es ums Überleben, es geht um's gute Überleben und es geht darum, dass die Kinder gut überleben ... Schlechte psychosoziale Bedingungen im Ursprungsland entwickeln die Zähigkeit, denn sonst zerbricht man, man findet nicht die Stärke zum Wandern, ... (E,2FMA,8)

Die Frage, ob dies von Nutzen im Behandlungsprozess sei, bejaht die Ärztin. Ein indischer Psychologe betont das *Aushaltevermögen*:

> ... das ist unheimlich stark bei denen. Manchmal muss man einfach denken, mein Gott, wie konnte dieser Mensch alle diese Dinge aushalten. ... Auch dieser Lebenswillen, irgendwo hinzugehen, sich der neuen Situation anzupassen und auch weiter leben zu wollen, das ist unheimlich stark. Diese Stärke muss man wirklich von ihnen mitnehmen oder lernen. (F,9MMPs,6)

Ständigen oft *existentiellen Druck aushalten* zu müssen/ können, sieht eine spanische Krankengymnastin als besondere Herausforderung, die in der Psychiatrie nicht ausreichend berücksichtigt wird:

> Ja, man muss ja doppelt soviel Aufwand betreiben. Die müssen erst mal um ihren Aufenthalt kämpfen, dann die sprachlichen Sachen. Die müssen was erreichen, die haben diesen Druck und das ist das Schlimme besonders in der Psychiatrie. Nicht immer wird das berücksichtigt. Wenn ich z.B. unsere Patienten aus Ex-Jugoslawien sehe oder auch türkische Patienten, die diesen Druck nicht ausgehalten haben, und das ist doppelt soviel Druck wie die anderen Menschen – ich sage jetzt nicht Deutsche, sondern auch die hier geboren sind und einfach diese Gesellschaft und diesen Stress gewöhnt sind – die haben ja alles, die müssen ja nicht kämpfen für einen Aufenthalt, eine Wohnung suchen, eine Arbeitserlaubnis. Das ist dieser Druck, entweder wenn man diesen Druck ausgehalten hat, dann kommt man hoch, wie Öl schwimmt man auf dem Wasser oder geht man unter. (F,7FMK,6-7)

Ein weißer deutscher Arzt erkennt eine Haltung, *mit Dingen klar zu kommen, die oft unüberwindlich scheinen:*

> Da kann man sicherlich noch mehr drüber nachdenken, das stimmt. Es gibt Leute

in so einer Migrantensituation, die haben eigentlich Sachen durchgemacht, wo man denken würde, da müsste man doch darunter zerbrochen sein, aber die haben das geschafft oder die Zukunft ist so ungewiss, dass man die Hände über dem Kopf zusammenschlägt und sie halten das aus oder haben eine Haltung entwickelt dazu, dass sie damit klarkommen auf die eine oder andere Art und Weise. (F,8MDA,6)

Flexibilität und Geduld hebt ein afrodeutscher Arzt hervor:

... die Lebenseinstellung, das Improvisieren können mit vielen unterschiedlichen Situationen zurechtzukommen, nicht so anspruchsvoll sein zu müssen, Geduld. (A,24MAfA,7-8)

Mut, Risikobereitschaft und Sensibilität werden als weiteres Charakteristikum angegeben. Ein weißer deutscher Arzt:

Viele Migranten, denen ich begegnete – habe ich jedenfalls den Eindruck – sind ja bestimmte Charaktere, die sich auf den Weg machen in die Fremde. Sie sind häufig unternehmungslustige oder relativ mutige Menschen, die dann an den Schwierigkeiten auch wachsen können. Natürlich kann auch Sensibilität umkippen in so etwas wie Übersensibilität oder eine paranoide Haltung oder Rückzug und Misstrauen. Aber als Ressource kann das, glaube ich, im Einzelfall auch immer dienen. (A,26MDA,7)

Der *Familienzusammenhalt* wird von mehreren als eine wichtige Ressource erwähnt: *„Speziell gibt es häufig einen größeren familiären Zusammenhalt, ... ein reichhaltigeres Netzwerk ... "* betont ein weißer deutscher Arzt.

Das ist häufig eine enorme Ressource ... Auch eine große familiäre Bereitschaft, wenn jemand krank ist, ihn in der Familie zu behalten. Bei Deutschen gibt es häufig eher die Überlegung, dass es vielleicht besser ist, in eine therapeutische Wohngemeinschaft zu gehen oder für Ältere ins Heim. Da ist die Versorgung besser, so wird gedacht und argumentiert. (A,26MDA,5)

Eine tschechische Psychotherapeutin in einer außerklinischen Einrichtung unterstreicht die Fähigkeit von Familien, *„mit ganz wenig auszukommen"*. In der Solidarität von Familien sieht auch eine weiße deutsche Krankenschwester die Stärke:

... es ist oft ein großer Familienzusammenhalt da, [die Familie] ist für jeden da, wenn irgendwas ist, das ist die Stärke, die ich bisher erfahren habe bei den Leuten. (D,10FDP,4)

Fähigkeiten, die nicht erkannt oder anerkannt werden, betont eine erfahrene türkische Schwester und fordert mehr Kommunikation und Reflexion seitens des Personals:

> Natürlich, ich bin auch der Meinung, dass – wie krank auch immer – diese Verbindung zu diesen Ressourcen immer wieder hergestellt werden muss... Meine Stationsarbeit hat mir aufgezeigt – also wenn ich noch mal rückblickend auf diese vergangenen 21 Jahre schaue – dass der Fremde immer sehr hilfsbedürftig angesehen wird, ... obwohl dieser Mensch ganz viele Fähigkeiten hat. ... Das kommt einfach daher, weil man nicht genügend kommuniziert miteinander. ... Wobei die [zweite] Generation jetzt viel kommunikativer ist, also die kennt sich auch mit der Sprache sehr gut aus, die wissen z.B. auch auf welche Behörden gegangen werden muss. ... Aber dieses Vorurteil von früher wird auch der neuen Generation angelastet, aufgelegt; z.B. wenn jetzt eine Patientin kommt – sagen wir mal in ihrer traditionellen Kleidung – dass man sagt: ‚Ach, Sie können aber sehr gut Deutsch sprechen.' Wenn ich auf dem Papier sehe, dass sie hier geboren ist, warum sollte sie denn nicht so gut Deutsch sprechen. Also das muss nicht schlimm sein, aber es kann mich oder auch die Patienten verletzen. Jede Aussage beinhaltet ja auch einen bestimmten Appell oder ein Signal und ich merke einfach, wenn ich vom therapeutischen Team ausgehe, dass nicht genug nachgedacht wird. (F,6FMP,14-16)

Ein weißer deutscher Sozialarbeiter einer außerklinischen Einrichtung sieht die Stärken im *Wissen um die Rechtssituation* und in der *Fähigkeit, sich durchzusetzen:*

> Ja, an Stärken auf jeden Fall zu wissen, was welche Rechtssituation ist, was man beanspruchen kann, was nicht. Ich finde die meisten gut aufgeklärt, was das Rechtliche betrifft, also das Sozialrecht, und dass das oft auf Erfahrungswerten basiert, die auch die professionellen Sozialarbeiter nicht haben. Auch bestimmte Verhaltensweisen, ... Klienten, die's gut gelernt haben, sich klar mitzuteilen, weil das in bestimmten Lebenssituationen lebenswichtig war. (4MDS,4)

Eine mexikanische Ärztin definiert *Fähigkeiten des sozialen Umgangs*:

> Und dann sind natürlich Leute, die mit unterschiedlichen Kulturen aufwachsen, auch offener. Wenn sie gut angenommen werden, haben sie auch gute soziale Strategien, sie sind dann auch beliebt in den Gruppen." (D,11FMA,11)

Ein weiterer Aspekt, der zur Sprache kommt, ist die Fähigkeit *aus der (vermeintlichen) Schwäche eine Stärke zu machen*. Ein weißer deutscher Arzt:

> Als Schizophrener kann man sich zurückziehen, aber kann ja z.b. durch Beteiligung an einer Selbsthilfegruppe als Stimmenhörer plötzlich eine neue Identität gewinnen und sagen, also ich bin nicht schizophren, sondern ich bin ein Stimmenhörer und ich bekenne mich dazu. ... Die machen ja aus einer Schwäche eine Stärke, indem sie sich dazu bekennen, dass sie ein bestimmtes Problem haben. Das spielt ja auch beim Umgang mit Ethnizität eine Rolle, ob man das nun verleugnet oder ob man sich positiv dazu bekennt. (E,5MDA,6-7)

Unter Bezugnahme auf persönliche Erfahrungen kommt ein afrodeutscher Arzt zu dem Schluss:

> Ja. Es ist ja immer so, wenn man jetzt eine Schwäche hat, da muss man halt mehr kämpfen, um sich durchzusetzen, ... diese Schwäche eben in eine Stärke umzusetzen. ... Es könnte ein Vorteil sein. (B,23MAfA,13-14)

Stigmamanagement durch Betonung der Andersartigkeit (Zeiler u. Zarifoglu 1994) kommt im folgenden Fall zum Ausdruck. Die mexikanische Ärztin weist auf die Nutzung des „Ethnofaktors" hin:

> ... es gibt Leute, die auch kokett sind mit dem Hintergrund, wo es dann auch Vorzüge gibt, z.B. diese nigerianische Patientin, die extrem gut aussieht, ... sie hat sozusagen ihren ... Ethnofaktor ausgenutzt ... Diese verführerische Art gibt es schon. (D,11FMA,11)

Bei diesem Beispiel fragt man sich zwar, ob das wirklich der „Ethnofaktor" ist oder ob nicht auch „einheimische Schönheiten" ein solches Verhalten zeigen können. Interessant ist allerdings die Außenwahrnehmung, d.h. die Exotisierung der Person.

Der *Mangel an einer interkulturellen Perspektive*, die universalistische und partikularistische Interessen vereint, kommt in folgenden Aussagen von Interviewten zum Ausdruck, die mit der Idee besonderer Stärken von Migranten/-innen und Angehörigen von Minderheiten nichts anfangen können oder den Gedanken gänzlich ablehnen. So bestreitet der weiße deutsche

Leiter einer außerklinischen Einrichtung die Bedeutung der ethnischen Differenz und führt aus:

> Also, die ganze Diskussion so, also die Dunkelhäutigen haben die und die Charaktereigenschaften, die und die Merkmale, oder die Gelben haben die und die. ... so weit würd' ich nicht gehen. Der Mensch an sich in seiner Eigenheit, in seiner eigenen Komplexität is' er schon eigentlich sehr zerrüttet, ... Das dann noch an so was festmachen, nee... (9MDL,7-8)

Ein weißer deutscher Pflegedienstleiter reduziert die Ressourcen von Migranten/-innen auf die Sprachmittlung:

> Da würde mir konkret jetzt dazu nichts einfallen. Wenn wir Ressourcen nutzen, dann nutzen wir in erster Linie sprachliche Ressourcen – Mitpatienten um Hilfe bitten, um sich verständlich zu machen... (B,20MDP,8-9)

Eine solche Einstellung verhindert nicht nur die Wahrnehmung von Stärken, sondern auch, dass bestimmte Verhaltensweisen von Patienten/-innen als Stigmamanagement identifiziert und verstanden werden können.

Wie wird der Nutzen der Stärken als Ressourcen in der Behandlung gesehen?

Die Frage, ob er Durchhalte- und Anpassungsvermögen im Therapieprozess aufgreift, bestätigt der indische Psychologe:

> Das sind positive Ressourcen. Wenn ich mit Patienten mit solchen Erfahrungen arbeite, dann unterstreiche ich das auch als Ressourcen, das sind innere Kräfte, womit die sich auch aufbauen können. (F,9MMPs,6)

Ein türkischer Arzt sieht es als wichtig an, etwas über die Bewältigungsstrategien der Patienten/-innen zu erfahren:

> Die Coping-Strategien, die sie entwickelt haben in einer solchen schwierigen Situation, doch, danach fragen wir auf jeden Fall ... welche negativen Erfahrungen derjenige hier gesammelt hat, wie er dann mit diesen Erfahrungen umgegangen ist, wie er versucht hat, diese zu bewältigen. (E,4MMA,13-14)

Eine aus Syrien migrierte Ärztin bezweifelt jedoch die Fähigkeiten der Ärzte/Ärztinnen und die Qualität des Behandlungssystems beim Erkennen dieser Ressourcen:

> Das setzt voraus, dass der Doktor erkennen muss, dass der Patient diese Fähigkeiten bekommen hat. D.h. der Patient, der eigentlich schon weiter ist, als der normale Deutsche, der behütet aufgewachsen ist – der ist ja schon weiter, d.h. der Behandelnde muss noch weiter sein. Das setzt ja ein perfektes Behandlungssystem voraus, ... das würde voraussetzen, dass der Arzt wirklich das sehen kann und spüren kann und fühlen kann. Glauben Sie daran, dass das so ist? (C,15FMA,5-8)

Die Qualität der Behandlung stellt ein weißer deutscher Arzt ebenfalls in Frage, allerdings aus der Perspektive einer kritischen (Selbst)Reflexion hinsichtlich kultureller Zuschreibungen:

> Sie können sich als Psychiater nicht 'raussubtrahieren und sind natürlich, wenn Sie hier im Gespräch sind, in der Begegnung sind, konfrontiert vor allen Dingen mit Ihren eigenen Projektionen, mit den eigenen – meistens von Medien geprägten – Vorstellungen in Bezug auf eine andere kulturelle Zugehörigkeit und zu einem Schluss zu kommen, ist schwierig. Diese Hypothese, dass man den Patienten in eine andere kulturelle Zugehörigkeit schiebt, ist fragwürdig, weil Sie dafür wenige Maßstäbe haben. ... Ich habe es erlebt, dass man Patienten durchaus vor den Kopf stoßen kann, wenn Sie ihn 'rausrechnen, indem Sie ihn in eine Schublade schieben, ... ein türkischer Migrant oder was auch immer. Man etikettiert denjenigen dann auch. Vielleicht will er ja dazugehören, vielleicht sieht er sich ja nicht so, dass er eigentlich nicht dazugehört. Ein Mensch ... [es] ist ein Politikum und wenn Sie Menschen aus der Gemeinschaft drängen, wird es unter Umständen gar nicht als positiv empfunden. (D,12MDA,2,3-4)[4]

---

[4] Nach Ansicht dieses Arztes geht es nicht einmal um eine adäquate Behandlung, sondern um Nichtbehandlung: „...wenn kein Dolmetscher da ist, sondern nur die Putzfrau und der Arzt hat keine Zeit und er kann sich jetzt nicht noch mit einen kulturellen Kontext auseinander setzen usw. Das ist eine Nichtbehandlung. Die Frage ist dann, wie können wir...es schaffen, dass ein Großteil dieser Patienten überhaupt behandelt wird. ... Wenn Sie auf die heutige Personalsituation in peripheren Kliniken schauen, haben Sie dafür keine Zeit. Sie haben für eine psychiatrische Versorgung heute in manchen peripheren Krankenhäusern keine Zeit, die Patienten zu versorgen." (D,12MDA,34,12)

Mit dieser Aussage lehnt der Arzt, der an anderer Stelle von *„Angehörigen angenommener anderer Kulturen"* spricht, einen stereotypisierenden Kulturbegriffs ab und vertritt einen individualistischen Kulturbegriff, der eher sozio-kulturelle Kompetenzen betont, d.h. potentiell Fähigkeiten, Erfahrungen aus unterschiedlichen kulturellen und sozialen Zusammenhängen zu integrieren (Griese 2005). Im Folgenden führt er die Unsicherheit des Therapeuten und das Bedürfnis nach Distanz aus, Haltungen, die gegenseitiges Vertrautwerden und genuines Interesse am Aktivieren von Ressourcen begrenzen:

> Viele Therapeuten wollen mit dem Patienten nicht in die große Nähe kommen. ... Die Krankheit ist auch abstoßend. Die tiefe Angst sich irgendwo zu kontaminieren, ... die Nähe des Patienten, sein Schicksal, die Übertragung, das Mitleiden, das nicht Mitleiden wollen, Aggressionen, die Unsicherheit. Alles das strömt bei jedem Patienten in größerem Maße auf einen ein. Wenn das noch mit anderem kulturellen Kontext verbunden ist, vielleicht erhöht sich dadurch die Unsicherheit. ... Die mangelnde Kommunikationsfähigkeit a.) über die Sprache, b.) über den kulturellen Kontext – kann auch sein, dass das mir größere Distanz verschafft und ich empfinde das auch als angenehm. (D,12MDA,31)

Damit bestätigt er den theoretischen Standpunkt, dass (ethnozentrische) Vorurteile psychiatrischer Professioneller der kognitiven Strukturierung dienen und – scheinbar – Sicherheit im psychiatrischen Handeln verschaffen, der folgendermaßen beschrieben wird: *„Gegenüber dem Kranken mit fremder kultureller Identität erfüllen sie eine Distanzierungsfunktion* (Zeiler u. Zarifoglu 1994).

Worin liegen also potentielle Ressourcen, die in der Behandlung wirksam werden könnten? Die Befragten nennen folgende Stärken und Fähigkeiten:

- Zähigkeit und Durchhaltevermögen
- Aushaltevermögen
- Fähigkeit mit Dingen klar zu kommen, die oft unüberwindlich scheinen
- Flexibilität und Geduld
- Mut und Risikobereitschaft
- Sensibilität
- Familienzusammenhalt

- Wissen um die Rechtssituation
- Durchsetzungsfähigkeit
- Fähigkeiten des sozialen Umgangs
- Fähigkeit aus der (vermeintlichen) Schwäche eine Stärke zu machen

Hier können wir durchaus Korrelationen zu Merkmalen finden, die in der Resilienzforschung genannt werden, so z.b. Eigenständigkeit, Beherrschung, Findigkeit, Ausdauer, Anpassungsbereitschaft, Fähigkeit zur Perspektivübernahme, Aktivität statt Opferrolle. Dass diese Merkmale bei Patienten/-innen nicht offensichtlich sind, spricht nicht dagegen, dass sie dennoch vorhanden sind. So schreiben Masten und Powell (2003), dass in keinem Fall erwartet werden kann, dass es einer Person ständig und in jeder Situation gut geht. Resilienz ist kein Charakterzug, auch wenn Personen resiliente Fähigkeiten in ihrem Verhalten zeigen.

Wenn Resilienz definiert wird als psychische Widerstandskraft und als *„Fähigkeit, mit Belastungen geschickt umgehen zu können, ohne sich dabei selbst zu schädigen"* (Eichenberg 2006) oder als Fähigkeit *„aus widrigsten Lebensumständen gestärkt und mit größeren Ressourcen ausgestattet als zuvor herauszukommen..."* (Walsh 1998 zit. in Eichenberg 2006), würde man dies zunächst nicht bei einem Patienten/einer Patientin erwarten, der/die sich in einer psychiatrischen Institution befindet. Ein psychischer Zusammenbruch kann jedoch nicht als Aussage dafür gelten, dass eine Person nicht in der Vergangenheit Situationen mit den genannten Fähigkeiten gemeistert hat und dass diese sogar im Verhalten in der gegenwärtigen Krisensituation bei genauem Hinsehen zum Ausdruck kommen. Wie wäre es sonst zu interpretieren, dass ein Migrant/eine Migrantin, konfrontiert mit einer Umgebung, in der die professionellen Helfer/-innen und die Mitpatienten/-innen weder die Sprache sprechen, noch mit der Lebensrealität und dem kulturellen Hintergrund vertraut sind, eine Psychose oder Depression überwinden? Fernerhin kann ein Zusammenbruch, der gegebenenfalls einen Krankenhausaufenthalt nach sich zieht, durchaus auch ein Schritt im Überlebenskampf sein, das heißt eine Art von Bewältigungsstrategie.

Im folgenden Teil soll auf inhaltliche und strukturelle Aspekte eingegangen werden, die eine ressourcenorientierte Arbeit und die Resilienz von Klienten/-innen fördern und unterstützen können.

Was kann zu einer ressourcenorientierten Behandlung von Migrantinnen und Migranten und schwarzen Deutschen beitragen?

Zunächst werden eine Reihe von Faktoren genannt, die die Befragten in anderen Zusammenhängen erwähnten, dann wird auf einige der Punkte näher eingegangen.

1. Reflexion der eigenen Einstellung und Erwartungen
2. Reflexion von Rassismus/Diskriminierung als mögliche Krankheitsursache
3. Offenheit für andere Formen der Krankheitswahrnehmung und -bewältigung
4. Offenheit für kulturspezifische Behandlungsmethoden
5. Anerkennung von Religion als gegebenenfalls wichtigem Faktor im Krankheits- und Gesundungsverlauf
6. Adäquate sprachliche Verständigung
7. Interkulturelle Teams
8. Inhaltlicher Austausch miteinander im interkulturellen Team
9. Nutzung der Ressourcen von Patienten/-innen im Sinne von Empowerment
10. Angehörigenarbeit/ Arbeit mit Bezugspersonen
11. Spezielle therapeutische Gruppen für Migrantinnen und Migranten
12. Spezielle außerklinische Zentren für Migranten/-innen
13. Zusammenarbeit mit außerklinischen Community-Gruppen
14. Zusammenarbeit mit außerklinischen migrierten Psychologen/-innen

Zu 1: Reflexion der eigenen Einstellung und Erwartungen

Offensichtlich ist die Reflexion der eigenen kulturell geprägten Einstellungen von Bedeutung. Für die Behandelnden kann dies ein schwieriger Prozess sein. Sie müssen sich die eigenen Einstellungen und Bilder verdeutlichen. Dazu kann die Bereitschaft zur Auseinandersetzung mit Migranten /-innen und schwarzen Personen im persönlichen und beruflichen Umfeld sehr hilfreich sein. Gleichzeitig gilt es, Sensibilität für die Selbstidentifikation und die Empfindlichkeit von Patienten/-innen zu entwickeln. Wie einer der Befragten feststellte: *„Nicht alle Migrantinnen wollen als solche identifiziert werden"* (s.o. D,12MDA, 3-4). Dies bestätigt eine türkische Krankenschwester:

> ...es gibt Patienten, die das Bedürfnis haben, dass man drauf eingeht, es gibt aber auch Patienten, die das absolut nicht wollen, dass man es immer zur Schau stellt, dass sie Schwarze sind oder dass sie eine dunkelhäutige, schwarzhaarige oder wie auch immer sind, genauso gibt es ganz viele Jugendliche, die in der Identitätskrise stecken und einfach verweigern, dass sie einen ausländischen Pass haben und sagen: ich spreche keine andere Fremdsprache, sondern meine Muttersprache ist deutsch und ich möchte, dass deutsch mit mir umgegangen wird. Und somit müssen wir natürlich dann in Deutsch umgehen, also deutsch miteinander sprechen. Genauso ist es mit Schwarzen. Es ist manchmal nicht gut, dass diese Hautfarbe so eine wichtige Rolle einnimmt. Jedem der das braucht. Und dieses Mittelmaß ist an uns zu finden, dies zu sehen und zu respektieren... (E,1FMK,10)

Ein türkischer Arzt beschreibt hingegen Erfahrungen mit Patienten/-innen, denen viel an der Behandlung durch einen migrierten Arzt liegt:

> Natürlich geht es in erster Linie bei solchen Ärzten, die hier in Deutschland aufgewachsen sind um Therapie der Krankheit wie bei den anderen. Aber gerade sehe ich die Gefahr, wenn sie sich nicht mit diesem Kulturellen befassen, dass sich diese Patienten langsam vom Krankenhaus abwenden und dann entweder im Religiösen oder Übernatürlichen landen. ... Die Sprache ist erforderlich, komischerweise auch, wenn die Patienten fließend Deutsch sprechen. Es gibt immer diese Vorstellung, wenn einer mit uns in der Muttersprache spricht, dann versteht der uns auch anders, so dass eine gewisse Erleichterung für sie da ist, dass man Sprache auch immer mit Mentalität verbindet, dass sie einem mehr vertrauen. Das ist sehr oft der Fall. ... Komischerweise neigen solche Patienten, die andere Sprachen sprechen, die wir nicht verstehen, auch dazu, von einem ausländischen Arzt behandelt zu werden mit der Begründung, seine Mentalität ist uns näher als die deutsche Mentalität. Wir reden manchmal mit Händen und Füßen, aber die Kommunikation ist auch leichter, als wenn der Patient mit deutschem Personal sich unterhält. (B,21MMA,12-13)

Zu 2: Reflexion von Rassismus/Diskriminierung als mögliche Krankheitsursache

Auf diesen Punkt wurde oben bereits eingegangen.

Zu 3 und 4: Offenheit für andere Formen der Krankheitswahrnehmung und -bewältigung sowie für kulturspezifische Behandlungsmethoden

Diese beiden Aspekte erfordern eine eigenständige Behandlung, die im Rahmen dieses Beitrags nicht möglich ist. Jedoch ist festzustellen, dass eine Reihe der Interviewten sich für eine sensible Einschätzung der kulturell unterschiedlichen Krankheitswahrnehmung und für eine flexible Handhabung kulturspezifischer Behandlungsmethoden aussprechen, was jedoch nicht bedeutet, dass das Personal hierfür qualifiziert ist bzw. sich als qualifiziert ansieht.

Zu 5: Anerkennung von Religion als gegebenenfalls wichtigem Faktor im Krankheits- und Gesundheitsverlauf

Respekt gegenüber religiösen Überzeugungen und Praktiken ist sicherlich ein wichtiger Bestandteil einer ressourcenorientierten Arbeit. So kann eine göttliche oder spirituelle Instanz die Rolle einer Bezugsperson einnehmen. Die Befragten sprechen sich weitgehend für die Anerkennung spiritueller Bindungen aus. Jedoch wird dies weder auf therapeutischer noch auf rein praktischer struktureller Ebene kaum umgesetzt (z.B. verfügt keine der Institutionen über Gebetsvorrichtungen für Muslime).

Unterschiedliche Meinungen bestehen bezüglich der Tolerierung/ Akzeptanz von alternativen Heilmethoden, die Patienten/-innen selber einsetzen wollen, so dem Kontakt mit Heilern, die sich mit schwarzer Magie befassen oder mit Hodjas. Einige der Befragten sprechen sich entschieden gegen *„Parallel- oder Doppelbehandlungen"* aus, andere verhalten sich neutral. Die Tendenz ist, die Wünsche der Patienten/-innen zu tolerieren bzw. zu akzeptieren, ohne jedoch Religion oder Spiritualität als heilende und resilienzstiftende Kraft zu deklarieren.[5] Diese Haltung kommt in folgenden Zitaten zum Ausdruck:

> Wenn der Patient an seiner Magie festhält und sagt, das ist etwas für mich, warum wollen sie dann seine Entscheidung ändern. (D,12MDA,11)

> Wenn der Mensch ein Gläubiger ist und die feste Überzeugung hat, dass er auch einen seelischen Beistand braucht durch einen Priester oder einen Hodja, ich denke, das können wir nicht verwehren. Ich kann z.B. auch einen Deutschen nicht sagen, sie haben hier bei der Krankenhausseelsorge nichts zu suchen. (E,4MMA, 9)

> Also jeder braucht eine Stütze, ob das die Bibel oder der Koran ist, das ist egal. (E,1FMP,5)

> ...was Hodjas angeht, da gibt es auch sozusagen Qualitätsunterschiede, aber ich würde es auf jeden Fall versuchen. Nur wenn ich jetzt bei wiederholten Besuchen das Gefühl hätte, dass das jemandem abträglich ist, dann würde ich vielleicht sagen, ob das so günstig ist. Ich habe für mich das Gefühl, ich habe gar kein Recht, das zu verbieten. (F,MDA,4)

Zu 6, 7 und 8: Adäquate sprachliche Verständigung; interkulturelle Teams; inhaltlicher Austausch miteinander im interkulturellen Team

Diese Bereiche, die ausschlaggebend sind für professionelle transkulturelle Arbeit, können hier nicht weiter erörtert werden [siehe diesbezügliche Auswertung der Interviews (Schultz 2007)]. Anzumerken ist, dass die muttersprachliche Verständigung für Personen, die nicht gut Deutsch sprechen, äußerst wichtig ist, um die oben genannten Persönlichkeitsmerkmale zu entfalten, die Resilienz mit ausmachen. Teammitglieder, die nicht der Mehrheitskultur angehören, wirken vertrauensstiftend und stützend, auch wenn sie nicht aus derselben Kultur kommen oder dieselbe Sprache sprechen. Der inhaltliche Austausch im interkulturellen Team hat eine Fortbildungsfunktion und ist wichtig für den alltäglichen und therapeutischen Umgang mit Patienten/-innen.

---

[5] Zur Bedeutung einer spirituellen Dimension in Psychotherapie siehe Journal of Multicultural Counseling and Development, Special Issue Spiritual and Religious Issues in Counseling Racial and Ethnic Minority Populations, 27, 4 (October 1999)

Zu 9: Nutzung der Ressourcen von Patienten/-innen im Sinne von Empowerment

Richard Sagor (2003) spricht von „CBUPO-Menschen", was für competence, belonging, usefulness, potency, optimism steht. Die Anerkennung und der Einsatz bestimmter Kompetenzen von migrierten Patienten/-innen fördert deren Selbstwertgefühl, Aktivität statt Opferrolle und Integrationsbereitschaft. Diese Art von Empowerment kann dadurch vermittelt werden, dass bestimmte Aufgaben erteilt werden, die Verantwortlichkeit beinhalten. Hilfe bei der sprachlichen Verständigung kann für ganz alltägliche Dinge in diesem Sinn genutzt werden, obwohl Übersetzertätigkeiten von Patienten /-innen für jegliche therapeutische Gespräche nicht angebracht sind.

Zu 10: Angehörigenarbeit/Arbeit mit Bezugspersonen

Angehörigenarbeit wird mit unterschiedlicher Intensität geleistet. Wie wir gesehen haben, sieht das Personal den Familienzusammenhalt als wichtige Ressource für Patienten/-innen. Die Ergebnisse der Resilienzforschung können diesen Aspekt des Gesundungsprozesses bestärken und insofern erweitern, als Bezugspersonen, die nicht zur Familie gehören, in den therapeutischen Plan und Prozess mit einbezogen werden sollten. Nach unserer Untersuchung zu urteilen, ist dies gegenwärtig nur sehr bedingt der Fall.

Zu 11 und 12: Spezielle therapeutische Gruppen und spezielle außerklinische Zentren für Migranten/-innen

Gesprächsgruppen für migrierte Patienten/-innen existieren nur vereinzelt in den untersuchten Einrichtungen. Ein Grund hierfür ist der Mangel an muttersprachlichem Personal. So werden die wenigen Gruppen, die es gibt, von türkischsprachigen Psychologen auf Honorarbasis geleitet und es gibt m.W. keine Gruppen für andere Sprachen. Auch gibt es keine „Psychoseminare" für Migranten/-innen und keine türkischen oder anderssprachigen Angehörigengruppen. Tageskliniken sind vornehmlich für Migranten/-innen mit guten Deutschkenntnissen zugänglich, die an den deutschsprachigen Therapiegruppen teilnehmen können. Außerklinische Zentren, in denen sich Ex-

Patienten/-innen und andere Bedürftige treffen können, werden von Migranten/-innen kaum oder gar nicht aufgesucht, weil „*sie sich dort nicht wohl fühlen*", was einige der türkischen Krankenschwestern und migrierten Psychologen zu der Feststellung bewegt, dass dringend eine Anlaufstelle außerhalb der Klinik für Migranten/-innen benötigt werde. (F,6FMP,7; B,18FMP,11; 1MMPs,22)

Bezüglich spezieller Angebote für Migrantinnen und Migranten tritt wiederum die dualistische Sichtweise von Universalismus vs. Partikularismus auf, die z.b. in den USA nicht in der Form vertreten wird (vgl. Schultz 2003, 2004). Die Mehrzahl der Ärztinnen und Ärzte argumentieren, dass spezielle Angebote für migrierte Patienten/-innen Separatismus statt Integration fördern würden. So z.B. ein Chefarzt einer Klinik mit einem hohen Anteil türkischer Patienten/-innen:

> Mein Ansatz ist Integration. Ich biete Therapie soweit möglich in deutscher Sprache an. Für türkische Patienten, die nicht gut Deutsch sprechen, gibt es die von einem türkischen Psychologen geleitete Gruppe. Ich steuere dagegen, dass sich eine Konzentration von Türken in einer Station ergibt. Das gibt Spannungen, die therapeutisch ungünstig sind. Dies bleibt eine deutschsprachige Einrichtung. Ergotherapie etc. wird alles in Deutsch angeboten. Wenn mehr als ein Drittel türkische Patienten sind, ist die Erwartung, dass es ein türkisches Krankenhaus wird. Insofern bieten wir keine subgruppenspezifische Therapie an. (A,25MDA,2)

Diese Meinung wird in milderer Form auch von anderen Interviewpartner/-innen vertreten. Sie steht einem kulturreflektierenden, potentiell resilienzfördernden Ansatz, der die Bedeutung von Bezugspersonen und sozialen Netzwerken berücksichtigt, entgegen. Hier stellt sich auch die Frage, wie von psychisch kranken Patienten/-innen eine Integrationsleistung erwartet werden kann, die in der Mehrheitsgesellschaft nicht erbracht wird. [Eine Ausnahme bildet das Zentrum für Interkulturelle Psychiatrie, Psychotherapie und Supervision (ZIPP) am Fachbereich Transkulturelle Psychiatrie und Psychotherapie der Charité Berlin und andere in diesem Buch vorgestellte Ansätze (siehe Beiträge von Wohlfart, Ozankan u. Atik sowie Gün in diesem Band)].

Zu 13 und 14: Zusammenarbeit mit außerklinischen Community-Gruppen und außerklinischen migrierten Psychologen/-innen

Eine solche Zusammenarbeit würde den Aufbau von Bezugspersonen und Vorbildern und die Stabilisierung nach Verlassen der Klinik fördern.

Schlussfolgerung

Den viel versprechenden Möglichkeiten einer ressourcen- und resilienzorientierten Behandlung gerecht zu werden erfordert einerseits die, teilweise vorhandene, Bereitschaft des professionellen Personals. Andererseits sind die damit verbundenen institutionellen Veränderungen sowie die Erweiterung von Fortbildung und Ausbildung abhängig von den politischen Akteuren, denn häufig führen finanzielle Engpässe sowie Zeit- und Personalmangel schon im Vorfeld zum Aufgeben von Erneuerungen. Kenntnisse der Resilienzforschung und deren Diskussion könnten dazu beitragen, patientenorientierte strukturelle und inhaltliche Reformen wissenschaftlich zu begründen und dezidiert zu verfolgen.

Literatur

APA (American Psychiatric Association) (1995) Considerations for Sociocultural Evaluation. In: Practice Guidelines for Psychiatric Evaluation of Adults, o. S.

Carter, R.T.: Racism and Psychological and Emotional Injury: Recognizing and Assessing Race-Based Traumatic Stress. The Counseling Psychologist, 35, 1, 2007: 13-105

Cyrus, N.: Grenzkultur und Stigmamanagement. Mobile Ethnographie und Situationsanalyse eines irregulär beschäftigten polnischen Wanderarbeiters in Berlin. In: kea – Zeitschrift für Kulturwissenschaften, 10, 1997: 83-104

Eichenberg, C. (2006) Bausteine der Psychotherapie: „Salutegenese und Resilienz", Seminar „Gesundheit und Krankheit", Institut für Klinische Psychologie und Psychotherapie, Universität zu Köln, WiSe 2006/2007 (www.christianeeichenberg.de)

Griese, H. (2005) Was kommt nach der interkulturellen Pädagogik? In: A. Datta (Hrsg.) Transkulturalität und Identität. Bildungsprozesse zwischen Exklusion und Inklusion. Frankfurt. M.: IKO-Verlag, 11-28

Grünke, M. (2003) Resilienzförderung bei Kindern und Jugendlichen in Schulen für Lernbehinderte. Eine Evaluation dreier Programme zur Steigerung der psychischen Widerstandsfähigkeit. Berlin: Pabst, Lengerich

Gunkel, S. und Kruse, G. (Hrsg) (2004) Resilienz und Psychotherapie. Was hält gesund, was bewirkt Heilung? Hannover: Hannoversche Ärzte-Verlags-Union

Hermann, C. A. (2005) Veranstaltungsbericht: Resilienz – Gedeihen trotz widriger Umstände. Internationaler Kongress vom 09.02. bis am 12.02.05 in Zürich, Schweiz. (http://www.systemagazin.de/berichte/hermann_resilienzkongress.php)

Institute of Psychiatry, King's College London (2004) International Mental Health, Research Theme Migrants and Minorities (http://www.iop.kcl.ac.uk/international/?theme_id=11)

Karlsen, S., Nazroo, J.Y., James, Y.: Relation Between Racial Discrimination, Social Class, and Health Among Ethnic Minority Groups. American Journal of Public Health, 92, 4, 2002: 624-631

Klemenz, B. (2003) Ressourcenorientierte Diagnostik und Intervention bei Kindern und Jugendlichen. Tübingen: dgvt-Verlag

Koray, S. (2000) Interkulturelle Kompetenz – Annäherung an einen Begriff. In: Handbuch zum Interkulturellen Arbeiten im Gesundheitsamt (hrsg. von der Beauftragten der Bundesregierung für Ausländerfragen) Bonn/Berlin, 23-26

Lawson, W.B.: Diagnosis and Treatment of African Americans. The Journal of the California Alliance for the Mentally Ill., 10 (1), 1999: 29-30

Lösel, F., Bender, D.: Lebenstüchtig trotz schwieriger Kindheit. Psychische Widerstandskraft im Kindes- und Jugendalter. Psychoscope, 1994: 14-17

Masten, A. S., Powell, J. L. (2003) A Resilience Framework for Research, Policy and Practice. In: Luthar, S.S. (Hrsg.) Resilience and Vulnerability. Cambridge and N.Y.: Cambridge Univ. Press

Schultz, D. (2004) Cultural Competence in Psychosocial and Psychiatric Care: A critical perspective with reference to research and clinical experiences in California, US and in Germany. In: Metteri, A., Wiessman, A. (Hrsg.) Social Work in Health Care. Binghamton, N.Y.: The Haworth Press, 231-247

Schultz, D. (2003) Kulturelle Kompetenz in der psychosozialen und psychiatrischen Versorgung ethnischer Minderheiten: Das Beispiel San Francisco, Kalifornien. In: Borde, T., David, M. (Hrsg.) Gut versorgt? Migrantinnen und Migranten im Gesundheits- und Sozialwesen. Berlin: Mabuse-Verlag, 167-189

Schultz, D. (2007) Sprachmittlung und interkulturelle Kompetenz in Berliner psychiatrischen Einrichtungen – Ansichten und Erfahrungen von MitarbeiterInnen. In: Borde, T., Albrecht, N.J. (Hrsg.) Sprach- und Kulturmittlung Bedarf, Modelle und Erfahrungen. Frankfurt. M.: IKO-Verlag für Interkulturelle Kommunikation *(im Druck)*

Sagor, R. (2003) Motivating Students and Teachers in an Era of Standards. Association for Supervision and Curriculum Development

Sobczyk, M. (2006) Wie können Ressourcen von Eltern bzw. Familien eingeschätzt werden? Handbuch Kindeswohlgefährdung nach § 1666 BGB und allgemeiner Sozialer Dienst (ASD), Handbuch-Version Internet [22.12.2006]

Staudt M., Howard M.O., Drake B.: The Operationalization, Implementation, and Effectiveness of the Strenghts Perspective: A Review of Empirical Studies. Journal of Social Service Research, 27, 2001: 1-21

Walsh, F. (1998) Strengthening Family Resilience. New York: The Guilford Press

Welter-Enderlin, R., Hildenbrand, B. (2006) Resilienz – Gedeihen trotz widriger Umstände. Carl-Auer-Systeme

Werner, E.E., Smith R.S. (1982) Vulnerable but Invincible: A longitudinal Study of Resilient Children and Youth. New York: McGraw-Hill

Werner, E.E.: Sozialisation – die Kinder von Kauai. Spektrum der Wissenschaft, 1999

Williams, D.R., Neighbors, H.W., Jackson, J.S.: Racial/Ethnic Discrimination and Health: Findings From Community Studies. American Journal of Public Health, 93, 2003: 200-208

Wohlfart, E., Zaumseil M. (2006). Transkulturelle Psychiatrie und Psychotherapie. Ein interdisziplinäres Lehrbuch. Heidelberg: Springer

Wustmann, C. (2004) Resilienz. Widerstandsfähigkeit von Kindern in Tageseinrichtungen fördern. Beiträge zur Bildungsqualität. In: Fthenakis, W.E. (Hrsg.) Weinheim, Basel: Beltz

Zarifoglu, F., Zeiler, J. (1995) Ethnische Diskriminierung und psychische Erkrankung. In: Koch, E., Özek, M., Pfeiffer, W. (Hrsg.) Psychologie und Pathologie der Migration. Deutsch-türkische Perspektiven. Freiburg i.B.: Lambertus: 152-159

Zeiler, J., Zarifoglu, F.: Psychische Störungen bei Migranten: Behandlung und Prävention. Zeitschrift für Sozialreform, 43, 4, 1997: 300-335

Zeiler, J., Zarifoglu, F.: Zur Relevanz ethnischer Diskriminierung bei psychiatrischen Erkrankungen. Psychiatrische Praxis, 21, 1994: 101-105

Murat Ozankan, Zeynep Atik

Bedeutung und Angebotsstruktur von kultureller Kompetenz in der Versorgung am Beispiel der Migrantenambulanz der Rheinischen Kliniken Langenfeld

Farbe bekennen und Position beziehen

Wir haben es gewagt, in unserer klinischen Tätigkeit die Aufmerksamkeit auf eine Stelle zu richten, die aus unseren bisherigen beruflichen Erfahrungen eher vernachlässigt wurde oder gar mit Vorbehalten und Vorurteilen belastet ist. Im Folgenden möchten wir zunächst unsere erfahrungsspezifische Perspektive, d. h. unsere praxisgeleitete Antwort auf den aktuellen Stand der Diskussion zur interkulturellen Öffnung in unserer Institution zusammengefasst darstellen. Uns ist klar, dass es niemals einen vollkommen einheitlichen Blick bzw. eine Antwort auf die praktische Umsetzung von interkultureller Kompetenz in der Arbeit geben kann. Wenn wir hier den „Ist-Zustand" unserer interkulturellen Praxis darstellen, geht es uns nicht darum, richtiges oder falsches Vorgehen zu deklarieren. Vielmehr wollen wir dazu ermutigen, diesen Aspekt bewusst wahrzunehmen, um damit bewusster umgehen zu können.

Migranten/-innen als Zielgruppe entdecken und ansprechen

Der Zugang zur psychiatrischen und psychotherapeutischen Gesundheitsleistungen ist für Migranten/-innen überwiegend unzureichend (Minas 2001, Machleidt 2003). Angst vor Institutionen und fehlende Informationen, die den Zugang zu diesen Dienstleistungen erleichtern würden, sind entscheidend. Aufgrund mangelnder kultureller Kompetenz der Anbieter von

Dienstleistungen auf dem Gesundheitssektor werden viele bedürftige Patienten/-innen mit Anspruch auf qualifizierte Versorgung nicht oder erst nach Chronifizierung erreicht (Yıldırım-Fahlbusch 2003).

Niederschwellige ambulante Angebote, so genannte Spezialambulanzen zur Versorgung von Migranten/-innen sind notwendig und „machbar"

Diese Spezialangebote im Gesundheitswesen sind als Kristallisationspunkte für kulturelle Kompetenz in der Versorgung dann sinnvoll, wenn sie als ein passender Teil in ein Gesamtkonzept zur interkulturellen Orientierung und Öffnung eingebettet sind (Wessel-Neeb 2002). Interkulturelle Orientierung kann man nicht von oben anordnen, man braucht dafür ein Netzwerk, das die Umsetzung in einem diskursiven Planungsprozess Schritt für Schritt mit kompetenten und engagierten Mitarbeitern/-innen voranbringt. Dennoch muss sie entschieden von oben getragen sein, also zur „Chefsache" erklärt werden, was aus unserer Erfahrung die Durchführung erheblich erleichtert und die Weiterentwicklung fördert.

Das Angebot regelt die Nachfrage

Interkulturelle Kompetenz in der Versorgung von Migranten/-innen ist erwerbbar. Das ist unsere gute Nachricht aus der Praxis. Uns fiel wiederholt in Fortbildungen und im Austausch mit deutschen Kollegen/-innen auf, dass ihr Blickwinkel in der Konfrontation mit Patienten/-innen mit Migrationshintergrund oft die Frage hervorbrachte: „Kann ich diese überhaupt genug verstehen und richtig behandeln?" In der psychotherapeutischen Arbeit geht es u. a. darum, sich als Therapeut/-in in der Wahrnehmung von sprachlich und symbolisch kodiertem Material für unbewusste Phantasien und Bedeutungen öffnen zu können (Will 2006). Sprachbarrieren sind in diesem Zusammenhang ein eigenes Thema, welches ebenso wie die Fremdheit kreatives Vorgehen fordert und fördert und damit nicht zwingend nur als ein Hindernis betrachtet werden muss.

Unsere Arbeit geht auf das Einzelne und Konkrete, dies gilt unanhängig von der Herkunft der Patienten/-innen. Es braucht aus unserem Verständnis heraus keinen bikulturellen Hintergrund, um mit Migranten/-innen arbeiten zu können, auch wenn ein eigener lebensgeschichtlich bikultureller Hintergrund in diesem Kontext sehr hilfsreich sein kann. Die Arbeit mit Menschen mit Migrationshintergrund erleben wir oft nur als quantitativen, nicht als kategoriellen Unterschied zu der Arbeit mit deutschen Patienten/-innen. Die Chronifizierung von psychischen Erkrankungen ist ein sehr erstzunehmendes Problem unserer Gesundheitsversorgung. Wir stellen fest, dass sich Fehlsteuerungen in verschärfter Weise auch auf Migranten/-innen auswirken. Die psychosomatische Grundversorgung von Migranten/-innen durch Hausärzte ist in der Regel unzureichend, selbst in Ballungszentren mit hohem Ausländeranteil fehlen niederschwellige kultursensible Versorgungsangebote (Schepker 1999). Der Anspruch auf eine psychotherapeutische Versorgung ist für Migranten/-innen mit Sprachbarrieren oft nicht erfüllbar, unsere Weitervermittlungsversuche scheitern trotz guter Netzwerkanbindung zu oft am mangelnden Angebot. In unserer Arbeit mit Migranten/-innen sehen wir besonders an den Auswirkungen auf das Familien- und Arbeitleben, dass diesem Bedarf nicht Rechnung getragen wird.

Wissenschaftliche Begleitung der interkulturellen Arbeit

Eine wissenschaftliche Begleitung von interkultureller Arbeit ist notwendig, da Ergebnisse aus dieser einen Rücklauf in die Behandlungen finden. In der wissenschaftlichen Betrachtung ist die Berücksichtigung des Gender-Aspekts unverzichtbar, da die situativen Lebensbedingungen, Bewältigungsaktivitäten und Erlebensweisen von Männern und Frauen divergieren (Schlehe 2001). Ein differenzierterer Umgang mit Übertragungen aus internationalen Vergleichen ist wünschenswert, da z.B. das Migrationsthema in den USA, Frankreich oder England nicht gleichzusetzen ist mit der Bedeutung dieses Themas in Deutschland. Erhebungen, die zu einer Aufklärung der Mythen um Migration beitragen bzw. Lebenskontext bezogene Daten qualifiziert sammeln und die deutlich machen, was krankheitsfördernd ist, um spezifisch präventiv vorgehen zu können, sind richtungweisend für die

Praxis, wenn politische Implikationen bei der Ausübung in diesem Tätigkeitsfeld nicht ausbleiben (Bourdieu 2004).

Interkulturelle Kompetenz

In verschiedenen Berufszweigen wird interkulturelle Kompetenz längst als Schlüsselqualifikation betrachtet, so z.b. in der Wirtschaft, bei Polizei und Militär, in Sozialämtern, Arbeitsämtern und anderen Verwaltungsbehörden, im Erziehungs- und Bildungswesen und im Gesundheitswesen. Nicht zuletzt spielt sie auch in informellen Gruppen und Gemeinschaften (z.b. in bikulturellen Ehen), eben in der Lebenswelt von Migranten/-innen eine wichtige Rolle.

Interkulturelle Kompetenz orientiert sich am handelnden Subjekt, beschreibt ein Prozessmodell, ist ein dynamisches Wirkungsgefüge. Sie geht über einen Sachverhalt zentrierter Qualifikation hinaus. Interkulturelle Kompetenzen entstehen aus der Verschränkung von Wissen mit Erfahrungen, die in subjektiv bedeutsamen Erlebensprozessen gemacht werden (Will 2006). Zur interdisziplinären Analyse der differentiellen Semantik von interkultureller Kompetenz ist aus unserer Erfahrung erwähnenswert, dass jeder darunter in der Praxis etwas anderes versteht. Damit wollen wir keine Lanze für einen Pluralismus brechen, eher deskriptiv die real existierenden Pluralitäten von Positionen anerkennen und gleichzeitig feststellen, dass es konvergierende Auffassungen von interkultureller Kompetenz gibt, die die Vielfalt ins Zentrum nimmt. Diese zeigen differenziert, dass der Umgang mit der Vielfalt sehr unterschiedlich sein kann. Es ist evident, dass kulturelle Differenzen Kommunikations- und Interaktionsbarrieren mit sich bringen, aber auch neue Erfahrungsmöglichkeiten und Handlungsperspektiven erschließen lassen. Dies gilt für zahlreiche Handlungsfelder und Lebensbereiche. Psychosoziale Probleme und Potentiale multikultureller Lebensformen und interkultureller Grenzüberschreitungen werden im Folgenden betrachtet, wobei zunächst einmal kritisch über eine Übung der Blickwinkel der Betrachtung veranschaulicht werden soll:

Stellen Sie sich vor, alle hier geborenen Deutschen würden tagaus und

tagein in den Medien, im Nachbargespräch und im Kollegenkreis immer nur hören, dass es Probleme mit der deutschen Bevölkerung gäbe,
- weil die Deutschen außer Deutsch keine andere Sprache beherrschen,
- weil die Deutschen wenig gastfreundlich sind,
- weil die Deutschen zu viel Sozialhilfe beziehen,
- weil die Deutschen eine erlebnisarme Küche haben,
- weil die Deutschen sich historisch in tiefer Schuld gegenüber den Nachbarvölkern und der Bevölkerung jüdischen Glaubens befinden,
- überhaupt weil man deutsch ist.

Wer mag sich permanent und in allen Medien als Problem thematisiert wahrnehmen wollen? Migranten/-innen leiden oft unter der Einseitigkeit der Migrantenthematik, da sie meistens negativ und als Defizithypothese diskutiert wird (Brucks 2002). Sowohl die Lebensgeschichten der Zuwanderer/-innen als auch ihre Integration sind in großen Teilen Erfolgsgeschichten. Auch die Auswanderung, insbesondere die Rückwanderung in die Herkunftsländer der Arbeitsemigranten/-innen, hat viele Merkmale einer Erfolgsgeschichte. Aus der Perspektive der Gesundheitsversorgung steht jedoch vordergründig die Erfolgsseite der Migration nicht im Blickpunkt der Aufmerksamkeit. Einwandererminderheiten haben es schwer, ihre Rechte durchzusetzen und in der Dominanzkultur dafür zu werben, dass gesellschaftliche und kulturelle Vielfalt, u. a. auch in ihrer religiösen Dimension, positiv anerkannt wird. Hier steht die Minderheit vor keiner besonders Erfolg versprechenden Aufgabe – und doch ist es eine Herausforderung, die sich im Zusammenleben stellt.

Seit inzwischen fünfzig Jahren gehören Menschen nichtdeutscher Herkunft – von der Forschung „Menschen mit Migrationshintergrund" genannt – in zunehmend großer Zahl zu unserer Gesellschaft und somit auch zum Alltag der medizinischen Versorgung. Es handelt sich aktuell um ca. neun Millionen Menschen, davon stammen ca. drei Millionen ursprünglich aus der Türkei und etwa vier Millionen Spätaussiedlern aus osteuropäischen Ländern. Die Integration der Migranten in das bestehende psychiatrisch-psychotherapeutische Versorgungssystem ist nach wie vor defizitär.

Medizinsoziologische Theorien zur Migration

Folgende Erklärungsansätze gehen davon aus, dass in der Migration an sich (mit allen ihren Auswirkungen) Krankheitsrisiken verbunden sind:

Theorie der sozialen Verursachung
Die sozialen Umweltbedingungen in der Aufnahmegesellschaft sind die Verursacher von Anpassungsproblemen und dem Auftreten von psychischen und physischen Störungen.

Theorie der sozialen Unterprivilegierung
Geringer sozialer Status, Armut, Zugehörigkeit zu einer diskriminierten Gruppe, schlechte und enge Wohnverhältnisse etc. erhöhen das Erkrankungsrisiko.

Theorie der unerfüllten Statusaspirationen
Das Nichterreichen des Migrationsziels, das in einem sozialen Aufstieg gesehen wird, kann zum Auftreten von psychischen und psychosomatischen Beschwerden führen.

Theorie des Kulturschocks
Die Kulturunterschiede zwischen Herkunfts- und Aufnahmegesellschaft in Bezug auf Normen, Verhaltensweisen, Kenntnisse, Sprache etc. verlangen von den Migranten/-innen große Anpassungsleistungen. Solange diese Leistungen von den Migranten/-innen nicht erbracht werden, erscheint die Kultur des Einwanderungslandes als bedrohlich und uneinschätzbar. Die Intensität des Kulturschocks wird in Abhängigkeit von der Größe der Distanz zwischen beiden Kulturen und dem Entstehen einer ethischen Gruppe in der Aufnahmegesellschaft gesehen.

Theorie des Kulturwechsels
Nach dem Einsetzten des Kulturschocks kommt es durch den hohen Anpassungsdruck zu einem Ablösen aus der Herkunftskultur, einer Anpassung des Lebensstils und somit zu einer Änderung des Selbstbildes, welches Orientierungslosigkeit und soziale Entwurzelung zur Folge haben kann.

In diesen Erklärungsansätzen werden nur einige Faktoren zur Entstehung von gesundheitlichen – vor allem auch psychischen – Problemen von Migranten/-innen herangezogen, nämlich jene Faktoren, die auf die Einwanderer/-innen erst durch die Einwanderung wirken. Außerdem kommt es durch diese Theorien zur Verallgemeinerung und Reduzierung. Sie beachten die Differenziertheit der Migranten/-innen in Bezug auf Einreiseziele, sozialstrukturelle Merkmale und persönliche Bedürfnisse nicht. Wird die Betrachtung kulturlastig, in dem man in den Erklärungsansätzen fokussiert den sehr unpräzisen Begriff „Kultur" verwendet, beachtet man oft die strukturellen und rechtlich-politischen Hintergründe der Eingliederungsmöglichkeiten von Migranten/innen in die Aufnahmegesellschaft zuwenig und es werden ebenso persönliche Verarbeitungsweisen vernachlässigt. Damit wird man dem Verständnis der Identitätsentwicklung von Migranten/-innen nicht gerecht.

Die innere Verknüpfung von Sozialem, Kulturellem und letztlich Körperlichem ist noch nicht wissenschaftlich aufgeklärt. Die Komplexität der Betrachtung vermag das auch nicht in Aussicht zu stellen, wobei Theoriegebäude dazu bestehen. Den allgemein theoretischen Ausführungen zur Auffassung von Gesundheit und Krankheit in unterschiedlichen Kulturen kommt nicht das gleiche Gewicht zu, wie dem des subjektiven Krankheitsverständnisses, da dessen Bearbeitung eine wesentliche Rolle in der Heilung oder Milderung des Leidens spielt. Die oft massiven und länger dauernden Stressbelastungen von Migranten/-innen sind auf sehr unterschiedliche, oft interagierende bzw. kumulierende Faktoren zurückzuführen. Jürgen Collatz, der ehemalige Leiter des Ethno-Medizinischen Zentrums in Hannover, nannte unter anderem (Collatz 2002):

- aufenthaltsrechtliche und arbeitsrechtliche Belastungen
- wenig planbare Zukunftsperspektiven
- zum Teil lebensbedrohliche Umstände der Migration
- Entwurzelungserleben, Generationskonflikte, Ohnmachtsgefühle,
- Auflösung von Familienverbänden
- Vereinsamung, Isolation, Rollenverlust und -diffusion
- schlechtere Qualifikation in Schule und Beruf
- Arbeitslosigkeit, geringe Anteilnahme am Arbeitsleben, Armut
- schlechtere gesundheitliche Versorgung

- ungünstige Wohn- und Arbeitsbedingungen
- geringe Anteilnahme an gesellschaftlichen Ereignissen der Mehrheitsbevölkerung
- Kommunikationsschwierigkeiten

Theoretisch haben Migranten/-innen, die in der gesetzlichen Krankenversicherung versichert sind, dieselben Rechte wie die Deutschen. De facto trifft dies jedoch nicht zu (Lanfranchi, Wogau, Eimmermacher 2004). Mit sehr wenigen Ausnahmen zeigen nationale und internationale Untersuchungen eine – zum Teil erheblich – niedrigere Inanspruchnahme psychiatrischer Einrichtungen durch Migranten/-innen im Vergleich zur einheimischen Bevölkerung. (Häfner 1980, Steinhausen 1982, Haasen 1999). Durch ihre oft unzureichenden Deutschkenntnisse, Angst vor Stigmatisierung, Scham und Diskriminierungserfahrungen, Defizite in der Gesundheitsaufklärung sowie die fehlenden Kenntnisse über die Funktionsweise des deutschen Gesundheitssystems kann ihre Stellung zumindest als erschwert, eher als benachteiligt bezeichnet werden.

Zahlreiche Hinweise bestätigen, dass es bei dieser Klientel zu einer Überversorgung bezüglich ambulanter Arztbesuche und Facharztkontakte wie auch apparativer Diagnostik und medikamentöser Behandlung kommt (Özek 1980, Assion 2004). Damit werden Gelder unproduktiv in falsche Maßnahmen investiert. Bei Migranten/-innen und ihren Behandlern/-innen kommt es nicht selten zu Fehlinterpretationen von Krankheitsdarstellungen und -bewertungen, die sich aus soziokulturell differierenden Kontexten ergeben. Auf Seiten der „Versorger/-innen" erschwert eine meist biomedizinisch-somatisch ausgerichtete, einseitige Krankheitsbehandlung die Situation.

Gleichzeitig werden psychiatrische und psychotherapeutische Behandlungsangebote nur unterdurchschnittlich genutzt und Überweisungen aus dem Bereich der somatischen Medizin in die Psychiatrie oder psychosoziale Versorgung erfolgen – wenn überhaupt – zu spät bei bereits bestehender Chronifizierung. Was für die psychiatrische Versorgung festgestellt wurde, gilt grundsätzlich auch für die psychotherapeutische Behandlung. Ambulante Psychotherapie mit Dolmetschereinsatz ist trotz aller damit verbundenen Probleme eine Hilfe, wird aber von den Krankenkassen nicht finanziert.

Somit sind Menschen mit geringen Kenntnissen der deutschen Sprache von der psychotherapeutischen Versorgung nahezu ausgeschlossen (Koch 2000).

Bedürfnisangepasste Behandlung in der Migrantenambulanz der Rheinischen Kliniken Langenfeld

Unser Projekt, ein Angebot zur Überwindung von Zugangsbarrieren des öffentlichen Gesundheitsdienstes, hat im März 2004 begonnen und bisher einen recht erfolgreichen Verlauf genommen. Es geht um die Erweiterung in der interkulturellen Öffnung durch die Einstellung von Fachpersonal mit direkten oder indirekten Migrationserfahrungen, die sowohl die Kultur, die Systeme und Sprache von Deutschland als auch ihres Herkunftslandes kennen, und die erlebt haben, was es für die eigene Identität, Entwicklung und Lebensplanung bedeutet, in einer Gesellschaft als Migrant/-in zu leben.

Die interkulturelle Öffnung stellt einen Prozess dar, der eine finanzielle und politische Grundlage braucht. Für das Fortbestehen der Migrantenambulanz über die Modellphase hinaus war von Beginn an die Voraussetzung zu erfüllen, dass sich das Projekt finanziell selbst trägt. Der Träger hat den günstigen Zeitpunkt im politischen Willen zur deutschen Einwanderungspolitik genutzt, um die ihm bekannte geringe Inanspruchnahme der psychiatrischen Hilfsangebote durch Patienten/-innen mit Migrationshintergrund anzugehen. Obwohl im Jahr 2002 im Versorgungsgebiet der insgesamt neun Rheinischen Kliniken der Anteil der Migranten/-innen an der Gesamtbevölkerung etwa 11 bis 13% war, entsprach ihr Anteil an den stationären Aufnahmen nur 3,9%. Frauen waren sogar nur mit 3% vertreten. Besonders in Tageskliniken (Anteil 2,4%) und in den Psychotherapiestationen (Anteil 2,1%) sind Migranten/-innen unterrepräsentiert, einen höheren Anteil finden wir nur im forensischen Bereich mit knapp 10%).

Unsere Zielgruppe in der Migrantenambulanz

Unser Behandlungsangebot richtet sich vorrangig an türkisch sprechende Patienten/-innen. Andere Nationalitäten bilden kein Ausschlusskriterium, etwa fünf Prozent kommen aus anderen Ländern wie Marokko, Iran, Polen,

Sri Lanka, Kongo etc. Es ist vorgesehen, zukünftig spezifische muttersprachliche Angebote auch für die Gruppe der russisch sprechenden Migranten/-innen anbieten zu können. Behandelt werden Patienten/-innen mit psychiatrischen Erkrankungen wie organischen psychischen Störungen, schizophrenen und affektiven Psychosen, neurotischen Störungen, wie depressiven Störungen, Angststörungen, Anpassungsstörung, Persönlichkeitsstörungen, Suchterkrankungen sowie seelischen Erkrankungen im höheren Lebensalter.

Die Migrantenambulanz der Rheinischen Klinik Langenfeld arbeitet als Spezialambulanz auf eine Integration zu, d. h. durch Vermittlungen innerhalb der Institutionen des Gesundheits- und Sozialwesens bildet die Migrantenambulanz eine Brücke im Netzwerk der Versorgungsinstitutionen und schließt damit eine Bedarfslücke, indem sie, für eine spezielle Zielgruppe, den Zugang ins Versorgungssystem öffnet. Diese Aufgabe nehmen wir insbesondere auch in der Behandlung der psychisch erkrankten älteren Migranten/-innen wahr. Der Mangel an Sprachkenntnissen ist bei ihnen größtenteils trotz langem Aufenthalt in der BRD besonders groß.

Obwohl der ausländische Bevölkerungsanteil im Vergleich zur deutschen deutlich jünger ist, wächst auch hier die Zahl der über 60-jährigen kontinuierlich. Von 1995 bis 2003 wuchs die Gruppe der über 60-jährigen Migranten/innen um 77% auf 758.000 Personen an. Es wird erwartet, dass die Zahl bis zum Jahr 2010 auf ca. 1,3 Mio., bis zum Jahr 2020 auf ca. 2 Mio. und bis zum Jahr 2030 auf ca. 2,85 Mio. anwachsen wird.

Die hohe Armutsrisikoquote für Migranten/-innen ab 60 Jahre ist mit 32,1% deutlich höher als für Deutsche (9,7%). Es ist eher mit einer verstärkten Pendelmigration als mit einer dauerhaften Rückkehr zu rechnen, dies ist auch jetzt schon häufig zu beobachten.

Die Differenzierung nach Geschlechtern zeigt erstaunliche Unterschiede zwischen Deutschen und Migranten/-innen, aber auch unter den verschiedenen Migrantengruppen. Demnach herrschte bereits im Jahr 1998 bei den in Köln wohnenden deutschen Staatsbürgern über 55 Jahren ein Frauenüberschuss – bei den türkischen Migranten/-innen ist dies umgekehrt. Der Anteil Männer war doppelt so hoch wie der Frauenanteil (Dietrich 1999).

Die Studie „*Private Hilfenetze*" von Schubert belegt, dass das Klischee, die Migranten/-innen hätten große Familien und seien untereinander sehr hilfsbereit und sorgten selbstverständlich für ihre Angehörigen, nicht mehr uneingeschränkt gültig ist (Schubert 1990). Bei den Angeboten kultursensibler Altenhilfe und -pflege sind in den letzten Jahren in einigen Bundesländern Fortschritte zu verzeichnen, die zum Teil Struktur bildenden Charakter haben. Allerdings kann bisher noch nicht von einer umfassenden und systematischen kultursensiblen Versorgungslage ausgegangen werden.

Behandlungsangebote der Migrantenambulanz

- Psychiatrische Behandlung inkl. Diagnostik und Pharmakotherapie unter Einbeziehung der Angehörigen und der Betreuer in den komplementären Diensten stellt unsere wichtigste Aufgabe dar. Die Diagnostikphase umfasst meist die ersten fünf Sitzungen à 40 Minuten, bei der biographische, fremdanamnestische Angaben und der bisherige Behandlungsverlauf erhoben werden. Hierbei fällt uns auf, dass insbesondere wahnhafte Depressionen als Psychosen verkannt wurden[1].
- Beratung und Informationsgespräche finden oft in externen Institutionen, wie Arbeiterwohlfahrt oder „Moscheevereine" statt und bilden einen wichtigen Aspekt unserer aufsuchenden Arbeit.
- Bei Krisenintervention in akuten Notlagen erfolgten bisher ca. 60 stationäre Krankenhauseinweisungen, keine davon gegen den Willen der Patienten/-innen.
- Ambulante Arbeitstherapie in Zusammenarbeit mit der Abteilung für Ergotherapie.

---

[1] Kurz zur Pharmakotherapie: Bei ambulanten Erstgesprächen, zu dem die Patienten/-innen ihre Medikamente mitbringen sollen, waren sehr hohe Angaben bezüglich des Medikamentenkonsums festzustellen. Die Anzahl der mitgebrachten Schachteln gaben Hinweise auf häufige Wechsel der Präparate wie auch auf eine schlechte Compliance bezüglich der Medikation. Nicht selten waren die Medikamentenverpackungen kaum angerührt worden, oder die Medikation wurde bereits nach einmaliger Einnahme von den Patienten/-innen wegen „Unverträglichkeit" ohne Rücksprache mit den Behandler/-innen abgesetzt. Es war auch wahrscheinlich, dass den Patienten/-innen mehrere behandelnde Ärzte ohne Wissen voneinander Medikamente verordnet hatten. Im Bereich nicht indizierter Medikamente besteht eine Überversorgung. Wir konnten feststellen, dass eine Vielzahl somatisierender Patienten/-innen körperliche Klagen als Eröffnungszug bei Konsultation einsetzen. Dieses Phänomen hat Brucks (1985) bereits als „Einverständnis im Missverständnis" erklärt.

- Beratungstätigkeit zugunsten der Stationen, der Tagesklinik und Suchtambulanz der Rheinischen Kliniken Langenfeld sowie externen Institutionen, die sich interkulturell öffnen möchten.
- Interkulturelle Supervision: Einmal monatlich steht allen therapeutischen Mitarbeiter/-innen der Klinik die Teilnahme an einer „Supervisions-Werkstatt" unter der Leitung von Herrn Dipl.-Psych. Marian Juszczak (Psychoanalytiker DPV/DPGT) offen. Diese Maßnahmen wurden eingeleitet, um die allgemeinfachliche Kompetenz aller Mitarbeiter/-innen der Rheinischen Kliniken Langenfeld in Bezug auf migrationsspezifische Themenstellungen zu sensibilisieren.

Voraussetzungen für die Behandlung

Hier findet die Niederschwelligkeit am deutlichsten Ausdruck. Beim telefonischen Erstkontakt spielen die Türkischkenntnisse der Mitarbeitern/-innen eine wesentliche Rolle.
- Die Terminvereinbarung in der Migrantenambulanz erfolgt auf Nachfrage von Patienten/-innen, Hausärzten/-innen, Angehörigen oder Betreuer/-innen (aus Köln, Bonn, Duisburg, Gelsenkirchen, Krefeld).
- Die Überweisung der Patienten/-innen erfolgt durch Hausärzte und anderen Fachärzte.
- Die Abrechnung erfolgt mit den gesetzlichen Krankenkassen über Fallpauschale pro Quartal; Abrechnung der psychotherapeutischen Behandlung über Krankenschein.

Mitarbeiter/-innen der Migrantenambulanz

Derzeit wird die muttersprachliche bzw. interkulturelle Kompetenz von insgesamt vier türkischsprachigen Mitarbeiter/innen vertreten.

Kooperationspartner/-innen der Migrantenambulanz

Wie bereits dargestellt, bewegen wir uns in unserer Arbeit in Netzwerken. Unsere fachübergreifenden Kooperationspartner/-innen mit denen wir in regelmäßig in „face to face" Kontakt stehen, sind u.a.:

- Niedergelassene türkischsprachige Ärzte/-innen verschiedener Fachrichtungen. (Der Anteil der überweisenden Allgemeinärzte/-innen, die selber türkisch sprechen und ursprünglich aus dem türkischen Kulturkreis stammen, beträgt ca. 75 Prozent.)
- Gesundheitszentrum für MigrantInnen Köln
- Arbeitskreis türkischsprachiger Psychotherapeuten ist ein unabhängiger Zusammenschluss von Psychotherapeuten/-innen unterschiedlicher Berufsgruppen (www.aktpt.de)
- Die Deutsch-Türkische Gesellschaft für Psychiatrie, Psychotherapie und Psychosoziale Gesundheit e.V.
- Sozialpsychiatrische Zentren – Familienberatung
  (Viele Migranten/-innen leiden insbesondere unter uneingestandenen familiären Konflikten. Hintergrund bildet oft die eigene Migrationsgeschichte in der Familie: Mehrjährige Trennung der Kinder von den Eltern beim sog. „Pendeln in der Kindheit" mit häufigem Wechsel der Bezugspersonen und des Lebensmittelpunktes, mit zwischenzeitlichem Zurückbleiben in der Türkei und daraus resultierende Belastung in der Eltern-Kind-Beziehung und -Bindung.)
- IKoM Informations- und Kontaktstelle für die Arbeit mit Älteren Migranten
- Internationale Beratungs- und Betreuungszentren für MigrantInnen der Arbeiterwohlfahrt
- Internationaler Sozialdienst Therapiezentrum für Folteropfer des Caritasverband (Oft leiden die Asylsuchenden an behandlungsbedürftigen schweren posttraumatischen Störungen.)
- Psychosoziales Zentrum für ausländische Flüchtlinge
  (Das Recht auf Inanspruchnahme medizinischer Leistungen ist speziell für Asylsuchende gesetzlich deutlich eingeschränkt.)
- Berufliches Therapiezentrum Köln
- Kipkel e.V. – Präventionsprojekt für Kinder psychisch kranker Eltern
- Früherkennungs- und Therapiezentrum für schizophrene Erkrankungen

Inanspruchnahme der Migrantenambulanz

Tabelle 1: Inanspruchnahme der Migrantenambulanz

Quartal	Fallzahlen	Neuzugänge	Männer	Frauen	Patientenkontakte gesamt
2. Quartal 2004	79	79	33	46	180
3. Quartal 2004	124	76	31	45	260
4. Quartal 2004	169	86	38	48	360
1. Quartal 2005	188	84	36	48	380
2. Quartal 2005	192	88	32	56	430
3. Quartal 2005	239	116	44	72	520
4. Quartal 2005	320 *	160	57	103	660
1. Quartal 2006	401 *	188	64	124	810
2. Quartal 2006	392 *	176	51	125	760
3. Quartal 2006	370 *	167	74	93	720
4. Quartal 2006	380 *	160	68	92	740
gesamt	2854	1380	528	852	5820

* ab diesem Zeitpunkt zwei ärztliche Therapeuten

Mit dem bestehenden Angebot konnte eine deutliche Reduzierung der Schwellenangst türkischsprachigen Patienten/-innen erreicht werden. Dies bezieht sich insbesondere auf türkisch sprechende Patientinnen, die etwa zwei Drittel der Klientel der Migrantenambulanz ausmachen. Dies ist insoweit bemerkenswert, als im stationären Kontext zu etwa 75 % türkisch sprechende männliche Patienten behandelt werden.

Der Anteil an Neuzugängen pro Quartal ist sehr hoch. Hierunter sind auch die Patienten/-innen zusammengefasst, welche im Erstgespräch keine Behandlung, aber eine Versorgung mit ärztlichen Attesten zur Vorlage bei Behörden wünschen, was wir ablehnen. Ebenso solche, die bereits nach einem Beratungsgespräch in die komplementären Einrichtungen weitervermittelt werden. Das diagnostische Spektrum erstreckte sich über Anpassungsstörungen vorwiegend depressiver Prägung, über akute und chronische Psychosen auch zu Patienten/innen mit Erkrankungen aus dem gerontopsychiatrischen- und dem Suchtbereich (Tab. 1 u. 2).

Tabelle 2: Diagnosenübersicht (n=500)

ICD 10	Diagnosen	Anzahl Patienten
F00-F09	Organische einschl. symptomatischer psychischer Störungen	62
F10-F19	Psychische u. Verhaltensstör. durch psychotrope Substanzen	23
F20-F29	Schizophrenie, schizotype und wahnhafte Störungen	78
F30-F39	Affektive Störungen	105
F40-F49	Neurotische Belastungs- und somatoforme Störungen	201
F50	Essstörungen	4
F60-F69	Persönlichkeits- und Verhaltensstörungen	14
F70	Intelligenzminderung	13

Unsere Entwicklungsperspektiven

- Personelle Erweiterung des ambulanten Angebots durch verschiedene Berufsgruppen wie Ärzten/-innen, Psychologen/-innen, Sozialarbeiter/-innen mit unterschiedlicher kultureller und sprachlicher Zugehörigkeit. Allen voran steht unser Bedarf an sozialarbeiterischer Fachpräsenz.
- Erweiterung der Ambulanz durch sowohl ein stationäres als auch ein tagesklinisches Angebot für Patienten/-innen mit Migrationhintergrund.
- In der Planung ist derzeit das Modell einer „integrierten Station", die für jeweils eine kleinere Gruppe von Migranten/-innen auch muttersprachliche spezifische Angebote hat.
- Kooperation der Migrantenambulanz mit externen Leistungserbringern (Konsiliarärztliche Tätigkeit).

Spezialisierte oder integrierte Versorgung von Migranten/-innen?

Uns sind die ablehnenden Stellungnahmen gegenüber spezialisierten Einrichtungen für Migranten/-innen in der psychosozialen Versorgung bekannt, weil sie als Sondereinrichtung die Integration behindern würden. Integration heiße, an den Angeboten der deutschen Regelversorgung zu partizipieren, nicht ein sozialpsychiatrisches „Migrantenghetto" durch isolierte spezifische Behandlungs- und Beratungsstellen zu schaffen – so die Haltung.

Durch die Deutsche Gesellschaft für Soziale Psychiatrie wurde erklärt, dass der sich abzeichnenden Erfolg der Migrantenambulanz in Langenfeld Anlass zu der Frage gibt, ob Spezialisierung auch in der muttersprachlichen Kompetenz von Therapeuten als Baustein für Niederschwelligkeit nicht doch sehr notwendig ist (Zechert, Canovai 2005). Längst arbeiten auch in anderen Städten (Viersen, Berlin, Bedburg Hau, München und Gießen) psychiatrische Migrantenambulanzen erfolgreich. Es scheint also nicht nur möglich – sondern auch zunehmend notwendig – zu sein, innerhalb der psychosozialen Regelversorgung spezielle Angebote für Migranten/-innen mit muttersprachlichen Kompetenzen zu organisieren, ohne eine psychosoziale Ghettobildung zu initiieren. Es ist sicherlich zu früh, anhand der wenigen spezifischen psychiatrisch-psychothera-peutischen Angebote für Migranten ein abschließendes Urteil über Vor- und Nachteile dieser „Spezialangebote" abzugeben. Gefahren einer Spezialisierung sind nicht von der Hand zu weisen. Ein Beispiel: Dort, wo sprachlich kompetente Therapeuten/-innen arbeiten, wird versucht, ihnen mit unkritischem Automatismus gleich „alle" Patienten/-innen mit Migrationshintergrund zuzuweisen. Die Auseinandersetzung der deutschen Therapeuten/-innen mit diesen Patienten/-innen wird so vermieden. Eine Grundhaltung gegenüber Menschen mit psychischen Erkrankungen zu entwickeln, die den kulturellen Hintergrund mit einbezieht und berücksichtigt, gehört zu Professionalität. Wichtig ist die Entwicklung einer Kultursensibilität, die die Möglichkeiten zur Gesundung erst erschließt. Ressourcenorientierung kann in diesem Zusammenhang u. a. heißen, die positive Bewertung der eigenen Kultur zu unterstützen.

Was wir von den „Sonnenberger Leitlinien" umsetzen konnten

Als wesentliche Standards psychiatrisch und psychotherapeutischer Arbeit mit Migranten/-innen wurden im Jahr 2002 unter Leitung des Referats Transkulturelle Psychiatrie der DGPPN die „12 Sonnenberger Leitlinien" erstellt. Diese bilden nunmehr die Grundlage für eine nationale Initiative zur Verbesserung der psychiatrisch-psychotherapeutischen Versorgung und zur Integration von Migranten/-innen mit psychischen Erkrankungen in die bundesdeutsche Gesellschaft. Sie beinhalten Forderungen
- nach Erleichterung des Zugangs zu Regelangeboten,

- zum Aufbau multikultureller Therapeutenteams,
- zum Einsatz von psychologisch geschulten Fachdolmetschern,
- zur transkulturellen Aus-, Fort- und Weiterbildung für Psychiatrie und Psychotherapie,
- zur Bildung von kulturspezifischen Selbsthilfegruppen.

Es geht dabei nicht um die einseitige „Anpassung" der Migranten/-innen an das Gesundheitssystem, sondern um die Öffnung und Qualifizierung des Systems für die Bedürfnisse und psychohygienischen Erfordernisse der Migrantenpopulation. Die „Sonnenberger Leitlinien" sollen helfen, dass diese nach denselben hohen Qualitätsstandards behandelt wird wie die einheimische Bevölkerung. Unser Erfahrungsbericht soll darstellen, dass diese Leitlinien in der Umsetzung sich als nützlich und machbar erwiesen haben. Somit geben wir dem Ausdruck, dass wir weder das Rad ganz neu erfinden mussten, noch völlig losgelöst von Netzwerken und Fachgesellschaften arbeiten.

Zum Abschluss Persönliches

Murat Ozankan:
Bedingt durch meine eigene Migrationsvorgeschichte – vor 11 Jahren aus der Türkei in die Bundesrepublik Deutschland gekommen – bin ich mit dem Thema Migration beschäftigt. Direkt nach meiner Migration kam ich im Rahmen meiner Doktorarbeit in Kontakt mit ca. 350 türkischen Familien, die meist aus sozial benachteiligten Wohngegenden aus Köln stammten. Der Titel meiner Doktorarbeit in der Kinder- und Jugendpsychiatrie in der Uniklinik Köln lautete: „Verhaltensauffälligkeiten türkischer Kinder im Einschulungsalter aus transkultureller Sicht". Ich war damals ziemlich überrascht, wie skeptisch die türkischen Eltern meistens gegenüber deutschen Institutionen waren, wie wenig sie (im Vergleich zu in der Türkei lebenden Türken) über psychiatrische Erkrankungen wussten und wie wenig Hilfsangebote sie in Anspruch genommen hatten – und das, obwohl sie ihre Kinder verhaltensauffälliger einschätzten als deutsche Eltern ihre Kinder. Als junger türkischstämmiger Arzt, dessen Weltbild durch die europäische Aufklä-

rung geprägt war und der seinen kommunikativen Stil im Umgang mit Patienten in westlichen Krankenhäusern der Türkei erworben hatte, war es ursprünglich nicht meine Absicht gewesen, mich hier in Deutschland auf die Behandlung psychiatrischer Erkrankungen meiner türkischen Landsleute zu spezialisieren.

Doch während meiner Weiterbildung zum Facharzt war es immer wieder vorgekommen, dass ich in der Weise angesprochen wurde: „Hast Du vielleicht 5 Minuten Zeit für einen Landsmann von Dir?" Dies geschah meistens in kritischen Situationen wie Notaufnahmen, Kriseninterventionen auf Stationen, in Gesprächen mit uneinsichtigen Familienangehörigen, oder richterlichen Anhörungen zwecks geschlossener Unterbringung. Ich konnte in diesen Ad-hoc-Situationen den Anforderungen auf diese Art und Weise nicht gerecht werden. Die Leistungen, die ich erbracht hatte, waren für mich auch meistens unbefriedigend und frustrierend. Um dieser Zielgruppe eine adäquate Therapie anbieten zu können, musste der Weg weg von diesen „Ad-hoc-Konsultationen" hin zu einem organisierteren zielgruppenspezifischeren Therapieangebot führen. Somit war es für mich klar, dass ich der Herausforderung einer völlig andersartigen Umgebung und eines andersartigen Umgangs der „eigenen Landsleute" mit Krankheit und Kranksein nicht ausweichen kann.

Zeynep Atik:
Die Arbeit mit Menschen mit Migrationshintergrund erlebe ich in meinem aktuellen Kontext als sehr bereichernd. Den Blick auf die Vielfalt von gesellschaftlichen Wirklichkeiten aller Art bei den Patienten/-innen und ihre unterschiedlicher Umgang mit dieser empfinde ich als persönlichen Gewinn. Ich stelle fest, dass es nicht den einen Migrationsprozess mit seinen jeweiligen festen Phasen, sondern vielfältige, kreative, lebensgeschichtlich dynamische Umgangsformen mit der Migration gibt. Weit mehr als mit dem Begriff Integration kann ich heute mit dem Begriff Partizipation in diesem Zusammenhang anfangen.

Die Bereitschaft, mich dieser Patientengruppe im Besonderen zuzuwenden, hat sich bei mir erst entwickelt, als ich nicht mehr alleinige Ansprechpartnerin für diese Patientengruppe in der Klinik war. Ich arbeitete zum ersten Mal mit einem türkischsprachigen Kollegen zusammen auf einer psychiatrischen Akutstation, die den Sektor Hamburg Altona mitversorgte. Sensibilisiert für die Belange dieser Patientengruppe habe ich Netzwerke aufgesucht (u.a. AKTPT), die Erfahrungen in der Behandlung mit türkisch sprechenden Patienten/innen hatten, und war dadurch im Umgang mit den auf mich gerichteten Erwartungen entlastet. Die Auseinandersetzung mit den Themen Scham, Demütigung, Beschämung, Verrat, Bruch, Verlust, Trauer, Angst, Ohnmacht und nicht zuletzt Schuld in der Zusammenarbeit mit „Flüchtlingsfrauen" hatte ich noch in guter Erinnerung aus meiner Arbeit in der Flüchtlingshilfe und wollte mich der professionellen Konfrontation mit diesen Themen ohne ausreichendes Eingebundensein in therapeutische Kompetenznetzwerke nicht aussetzen. Das Erleben der Fremdheit konstruktiv und reflexiv zu nutzen, ist ein stetiger Prozess der Desillusionierung, der sowieso bei allen stattfinden, vielleicht gelegentlich bei Menschen mit Migrationshintergrund etwas heftiger verlaufen kann. Sich dieser Herausforderung zu stellen, ist für mich teilweise eine mühsame Arbeit am eigenen therapeutischen Habitus, die nicht nur im Umgang mit Menschen mit Migrationshintergrund gefordert ist, um eine kritische Distanz zu erwerben, die ein gutes Stück produktiver Fremdheit gegenüber meiner heimischen Alltagswelt und deren vermeidlichen Evidenzen und Plausibilitäten möglich macht und auch Bedingtheiten besser erkennen lässt. Das therapeutische Arbeiten hat auch etwas Improvisiertes. Das Fremde ist das Neue und birgt Veränderungspotential.

Literatur

Assion, H.J. (2004) Traditionelle Heilpraktiken türkischer Migranten. In: Schuler, J., Heise, T. (Hrsg.) Das transkulturelle Psychoforum. Berlin: Verlag für Wissenschaft und Bildung

Bianchi-Schäfer, M. (2000) Rückkehr: Wohin? Alter und Migration. In: Heise, T., Schuler, J. (Hrsg.) Transkulturelle Beratung, Psychotherapie und Psychiatrie in Deutschland. Berlin: Verlag für Wissenschaft und Bildung

Boos-Nünning, U. (1998) Migrationsforschung unter geschlechtsspezifischer Perspektive. In: Koch, E., Özek, M., Pfeiffer, W., Schepker, R. (Hrsg.) Chancen und Risiken von Migration. Deutsch-türkischen Perspektiven. Schriftenreihe der Deutsch-Türkischen Gesellschaft für Psychiatrie, Psychotherapie und psychosoziale Gesundheit e.V. Freiburg i.B.: Lambertus

Bourdieu, P. (2004) Gegenfeuer. Édition diskurs Band 37 UVK Verlag, 13
Brucks, U., Salisch, E., Wahl, W.B. (1985) „Wir sind seelisch krank, automatisch – und körperlich auch". Zum Krankheitsverständnis türkischer Arbeiter." In: Gesundheit für Alle. Die medizinische Versorgung türkischer Familien in der Bundesrepublik. Hamburg: EB Verlag Rissen, 338-350
Brucks, U.: Migration und psychische Versorgung, der blinde Fleck der medizinischen Versorgung in Deutschland. Psychoneuro, 30(4), 2004: 228-231
Collatz, J. (2002) Was macht Migranten krank? In: Dettmers, Ch., Albrecht, N.-J., Weiler, C. (Hrsg.) Gesundheit – Migration – Krankheit. Sozialmedizinische Probleme und Aufgaben in der Nervenheilkunde. Bad Honnef: Hippocampus Verlag, 29-37
Dietrich, A. (1999) Die Lebenssituation älterer MigrantInnen in Deutschland. In: Alte Fremde – Fremd auch im Alter? Eine neue Herausforderung für unsere Altenhilfe. Dokumentation der 3. Fachtagung des Kölner Gesundheitsforums, 19-43
Haasen, C., Yağdıran, O., Maaß, R.: Differenzen zwischen der psychopathologischen Evaluation in deutscher und türkischer Sprache bei türkischen Migranten. Nervenarzt, 71, 2000: 901-905
Häfner, H., Moschel, G., Özek, M.: Psychiatrische Störungen bei türkischen Gastarbeitern. Eine prospektiv – epidemiologische Studie zur Untersuchung der Reaktion auf Einwanderung und partielle Anpassung. Nervenarzt, 48, 1980: 268-275
Haufe, S.G. (2006) Interkulturelle Öffnung und Professionalisierung in Europa. In: Wohlfart, E., Zaumseil, M. (Hrsg.) Transkulturelle Psychiatrie-Interkulturelle Psychotherapie: Interdisziplinäre Theorie und Praxis. Berlin: Springer, 227-273
Koch, E. (2000) Zur aktuellen psychiatrischen und psychosozialen Versorgung von Minoritäten in Deutschland – Ergebnisse einer Umfrage. In: Psychosoziale Versorgung in der Migrationsgesellschaft. Freiburg, Lambertus-Verlag, 55-68
Lanfranchi A., Wogau, P., Eimmermacher, H. (2004) Zugang von Migrantinnen und Migranten zu den Sozial- und Gesundheitssystemen. In: Therapie und Beratung von Migranten. Systemisch-interkulturell denken und handeln. Beltz, 104-120.
Machleidt, W., Wolf, C. (1998) Annäherung an das Fremde. In: Koch, E. Chancen und Risiken von Migration. Freiburg i.B.: Lambertus
Machleidt, W., Callies, T. (2003) Behandlung von Migranten und transkulturelle Psychiatrie. In: Berger (Hrsg.) Psychische Erkrankungen, Klinik und Therapie. München: Urban & Fischer
Minas, H. (2001) Service Responces to Cultural Diversity. In: Thornicroft, G., Szmukler, G. (ed.): Textbook of Community Psychiatry. New York: Oxford University Press, 192-206
Ozankan, M. (2005) Verhaltensauffälligkeiten türkischer Kinder im Einschulalter im Urteil der Eltern aus transkultureller Sicht. Dissertation, Köln
Ozankan, M.: Bedürfnisangepasste Behandlung in der Migrantenambulanz. Zeitschrift Soziale Psychiatrie, 4, 2005: 24-25.

Schepker, R., Toker, M., Eberding, A.: Inanspruchnahmebarrieren in der ambulanten psychosozialen Versorgung von türkeistämmigen Migrantenfamilien aus der Sicht der Betroffenen. Prax. Kinderpsychol. Kinderpsychiatr, 48, 1999: 664-676

Schlehe, J. (2001) Interkulturelle Geschlechterforschung. Identitäten – Imaginationen – Repräsentationen. Campus Fachbuch

Schubert, H. (1990) Private Hilfenetze. Solidaritätspotentiale von Verwandtschaft, Nachbarschaft und Freundschaft. Ergebnisse einer egozentrierten Netzwerkanalyse. Institut für Entwicklungsplanung und Strukturforschung

Sluzki, C. E. (2001) Psychologische Phasen der Migration und ihre Auswirkungen. In: Hegemann, T., Salman, R. (Hrsg.): Transkulturelle Psychiatrie. Bonn: Psychiatrie Verlag, 101-115

Wesel-Neb, G. (2002) Gedanken zur Notwendigkeit der interkulturellen Öffnung des Öffentlichen Gesundheitsdienstes. In: Dettmers, Ch., Albrecht, N.-J., Weiller, C. (Hrsg.) Gesundheit – Migration – Krankheit. Sozialmedizinische Probleme und Aufgaben in der Nervenheilkunde. Bad Honnef: Hippocampus Verlag, 122-128

Will, H. (2006) Psychoanalytische Kompetenzen. Stuttgart: Kohlhammer, 16-28

Yıldırım-Fahlbusch, Y.: Sozialmedizinische Aspekte bei der Versorgung von türkischen Patienten in Deutschland. Deutsches Ärzteblatt, 18, 2003

Zechert, C., Canovai, M.: Kompetenzen entdecken. Interkulturelle Arbeit mit Migrantinnen und Migranten in seelischen Krisen – Hintergründe und Voraussetzungen. Zeitschrift Soziale Psychiatrie,4, 2005: 4-7

Zeiler, J., Zarifoğlu, F.: Zur Relevanz ethnischer Diskriminierung bei psychiatrischen Erkrankungen. Psychiatrischer Praxis, 21, 1994: 101-105

Theda Borde

Psychosoziale Potentiale und Belastungen der Migration – globale, institutionelle und individuelle Perspektiven

Die Frage nach Potentialen und Belastungen der Migration ist eng verknüpft mit Begriffen wie Chancengerechtigkeit, Teilhabe, Akzeptanz und Wertschätzung einerseits und Marginalisierung, Benachteiligung und Abwertung andererseits. Aspekte, die sowohl auf der globalen und internationalen Ebene als auch regional, institutionell und individuell von Bedeutung sind.

Die Migration von Menschen geht mit verschiedenen weltweiten technologischen, politischen und ökonomischen Entwicklungen einher, die sich mit dem Stichwort Globalisierung zusammenfassen lassen. Der UN-Bevölkerungs-bericht zeigt, dass die Zahl der Migranten/-innen 2005 einen neuen Höchststand erreicht hat und mehr als 191 Millionen Menschen weltweit fern ihrer Heimat leben. Frauen machen dabei mit 95 Millionen fast die Hälfte aus. Schätzungen zufolge leben darüber hinaus weltweit weitere 30 bis 40 Millionen Menschen undokumentiert in einem anderen Land. Dass sich die internationalen Wanderungsströme in den vergangenen Jahren verlangsamt haben, führt der aktuelle UN-Bevölkerungsbericht auf einen Rückgang der Flüchtlingsströme zurück. Ebenfalls ist zu beobachten, dass die neueren Migrationsbewegungen eine zirkulierende Richtung aufweisen, und sich die Einteilung in so genannte Aus- und Einwanderungsländern zunehmend relativiert (Han 2000), da Menschen immer häufiger auch kurzfristig zwischen verschiedenen Ländern hin- und herpendeln. Während die Einwanderungsraten in den Entwicklungsländern drastisch gesunken sind, nimmt die Einwanderung in die Industrieländer zu. Unter den Ländern mit dem höchsten Migrantenanteil liegt Deutschland derzeit an dritter Stelle hinter den USA und den der Russischen Föderation.

Migrations- und Niederlassungsprozesse verschiedener Zuwanderergruppen haben die Bundesrepublik Deutschland in den vergangenen Jahrzehnten deutlich geprägt und verändert. Aktuellste Statistiken zeigen, dass heute 15,3 Millionen Menschen in Deutschland einen Migrationshintergrund haben. Während im Zuge der Globalisierung einerseits die Grenzen zwischen verschiedenen Nationen und Kulturen in Bereichen wie Ökonomie, Warentransfer, Kommunikation, Transport mehr und mehr verschwinden und durch die hohe Dynamik des kulturellen Austausches weltweit eine Angleichung in vielen Bereichen des täglichen Lebens stattfindet, erfolgt andererseits sowohl auf globaler Ebene als auch in den Aufnahmegesellschaften eine Pluralisierung und Diversifizierung der Gesellschaft. Es entstehen neue Grenzen zwischen Bevölkerungsgruppen, die Zugangsmöglichkeiten und Partizipationschancen haben, und denen, die aufgrund geringerer Ressourcen (Bildung, Kapital, Privilegien etc.) nicht teilhaben können. Probleme der Marginalisierung und Desintegration von Migranten/-innen sind auch in Deutschland in zentralen Lebensbereichen erkennbar. Dass die gesellschaftliche Integration bisher nur unbefriedigend gelöst ist, belegen die Benachteiligung von Migranten/-innen in Bezug auf Bildung, Arbeitsmarkt, soziale Lage und Gesundheitsversorgung sowie weitere Ausgrenzungsmechanismen, Fremdenfeindlichkeit und Rassismus.

In der gesellschaftlichen Diskussion, in Veröffentlichungen und in Alltagsgesprächen zum Thema Migration stehen das tatsächliche oder vermeintliche „Anderssein" von Migranten/-innen bzw. deren soziale und kulturelle Differenz zur Mehrheitsgesellschaft (aus deren Sicht das Thema meist interpretiert wird) im Mittelpunkt. Von persönlichen Beziehungen einmal abgesehen, bleiben Kontakte zwischen Einheimischen und Migranten/-innen vor allem auf offizielle Begegnungen in Behörden, Institutionen des Bildungs- des Sozial- und des Gesundheitswesens beschränkt. Hier stehen sich dann Einheimische und Migranten als Berater und Ratsuchende, Verwaltung und Antragsteller oder als Gesundheitsexperten und Patienten gegenüber. Es wird offensichtlich, dass in diesen üblichen Kontaktsituationen Machtverhältnisse und Abhängigkeiten eine zentrale Rolle spielen. Die Potentiale der Migration bleiben in diesen Konstellation, wo sich Migranten/innen in problembelasteten Lebenssituationen an Institutionen wenden, oft unerkannt.

Potentiale der Migration

Aber Migration selbst stellt sowohl auf individueller Ebene als auch für die Aufnahme- und die Herkunftsgesellschaft grundsätzlich ein Potential dar. So bietet sie Individuen oder Familien und Gruppen z.b. bei Unterdrückung und Verfolgung eine Überlebenschance. Erst durch ihre Migration erreichen die meisten Migrantinnen und Migranten sowie deren Angehörige (selbst wenn diese im Herkunftsland verbleiben) eine Verbesserung ihrer wirtschaftlichen Lage und einen sozialen Aufstieg. Darüber hinaus ergeben sich für die Einzelnen erst durch die Auswanderung vielfältige neue Möglichkeiten der persönlichen Weiterentwicklung.

Für die Aufnahmegesellschaft und ihre Institutionen bietet die Migration Potentiale und Chancen, die weit über gängige Vorstellungen von „Bereicherung" wie z.B. ein gutes Essen „beim Chinesen" hinausgehen, denn tatsächlich geschieht in vielen gesellschaftlichen Bereichen durch den Austausch eine transkulturelle Veränderung. Welsch (1994) entwickelte den von Fernando Ortiz in den 1940er Jahren in Kuba geprägten Begriff der Transkulturalität weiter und beschreibt, dass die Vielheit im traditionellen Modus der Einzelkulturen schwindet und stattdessen eine Vielheit unterschiedlicher Lebensformen transkulturellen Zuschnitts entsteht. Die Differenzierungen folgen dabei nicht mehr geographischen oder nationalen Vorgaben, sondern kulturellen Austauschprozessen. Die neuen kulturellen Formationen überschreiten die Festmarken und erzeugen neue. Domenig (2001) bezeichnet diese neue Struktur der Kulturen als transkulturell, da sie über den traditionellen Kulturbegriff hinaus und durch die traditionellen Kulturgrenzen wie selbstverständlich hindurchgeht. Die entstehenden kulturellen Mischformen werden theoretisch recht unterschiedlich gefasst und u.a. mit Begriffen wie „globale Melange", „Kreolisierung" „Crossover-Kultur", „Synkretismus", oder „Hybridität" bezeichnet und scheinen das Konzept des Multikulturalismus abzulösen (Seitz 2005).

Die Heterogenität der Bevölkerung moderner Gesellschaften stellt eine Herausforderung und eine Chance dar. Während mit dem Ziel der Ausschöpfung und wirtschaftlichen Nutzung der Potentiale soziokultureller Vielfalt das Diversity Management zunächst in multinationalen Konzernen entstand, wird das Konzept inzwischen in verschiedenen Einwanderungsländern als politische Strategie zur „Gestaltung der Vielfalt" verfolgt. Hier geht es nicht in erster Linie um wirtschaftliche Interessen sondern um die Sicherung des sozialen Zusammenhalts, Integration und Chancengleichheit unter Berücksichtigung von Differenz und ungleichen Machtverhältnissen.

Richtet man den Blick auf die Potentiale der Vielfalt, so können sich durch transkulturelle Prozesse nicht nur für Organisationen und Gesellschaften in denen Menschen unterschiedlicher Herkunft und Prägung zusammen leben, sondern auch für Individuen, die in mehreren Kulturen und Kontexten zuhause sind, Chancen und Ressourcen ergeben bzw. erschließen lassen. Bedingung dafür ist allerdings die Akzeptanz der Verschiedenheit, die Beachtung von Prinzipien der Gerechtigkeit und der bewussten Förderung dieser Potentiale.

Im Spannungsfeld unterschiedlicher Erwartungen

Die Diskussion über die Integration von Migrantinnen und Migranten in Deutschland ist bisher maßgeblich geprägt durch die Vorstellung, dass sich zwei getrennte Einheiten die „einheimische Kultur" und die „Migrantenkultur" gegenüberstehen. Auch wenn Konzepte wie interkultureller Austausch, interkulturelle Öffnung der Institutionen und interkulturelle Kompetenz als Strategien zur Förderung der Integration und Partizipation in einigen Kreisen propagiert und angewendet werden, besteht generell ein Normalitätskonstrukt, das auf der Vorstellung einer homogenen Kultur als normativer Grundlage in der Einwanderungsgesellschaft basiert. Damit verbunden sind die Forderung nach Monolingualität (z.B. in der Schule und auf Schulhöfen, im Gesundheitswesen und in Behörden) und eine weitgehende Assimilation der Zuwanderer in die herrschenden Verhältnisse.

Tatsächlich gestaltet sich die Lebenswelt vieler Migranten jedoch anders: große Migrantengemeinden haben eigene soziale und ökonomische Netzwerke entwickelt, viele Migranten/-innen pflegen aktive transnationale Beziehungen zwischen ihrer Aufnahme- und ihrer Herkunftsgesellschaft und häufig auch zur ethnischen Gemeinschaft in weiteren Ländern. Transkulturelle Prozesse, die ihren Ausdruck z.B. in Bilingualität, transnationalen Ehen und der Entwicklung von transkulturellen Lebensformen finden, werden im

„Leitkultur"-Konzept ignoriert. Seitz (2005) betont, dass die Auswirkungen von Globalisierung, Einwanderung und Transmigration an jede/n Einzelnen wachsende Anforderungen stellen, Mehrfachidentitäten auszubilden und dass für Migranten/-innen, die sich in verschiedenen Kontexten verorten, die Fähigkeit zum transkulturellen Übergang zu einer überlebenssichernden Kompetenz wird.

Auch Datta (2005), der sich auf die drei Typen der Identitätskonstruktion von Castells (2002) als a.) eher legitimierend (durch die herrschenden Institutionen geformt), b.) widerständig (als Reaktion auf Entfremdung, Ressentiments gegen ungerechte politische, ökonomische oder soziale Ausschließung) und c.) individuell projektgeleitet (kontextbezogene Auswahl aus einer Vielzahl verschiedener Optionen) bezieht, kommt zu dem Schluss, dass die projektbegleitende Identitätskonstruktion für Menschen in der Migration lebensnotwendig ist und schreibt: „Nur wer sich mit der neuen Realität arrangiert, wer die neue Realität verarbeitet und fähig ist, darüber zu reflektieren, wird in der Lage sein, sich in der Diaspora zurecht zu finden." (Datta 2005:74)

Das Motto des Kongresses „Armut und Gesundheit" 2006, in den unser Migrationssymposium eingebetet war, lautete: „'Soziales Kapital' als Investition in Gesundheit". Anlass genug, um sich bei der Betrachtung von Potentialen der Migration Gedanken um das Soziale Kapital unserer Zielgruppe der Migranten/-innen zu machen. Pierre Bourdieu (1997) bezeichnet mit dem Begriff Soziales Kapital die Gesamtheit der aktuellen und potentiellen Ressourcen, die mit der Teilhabe an dem Netz sozialer Beziehungen, gegenseitigen Kennens und Anerkennens verbunden sind. Soziales Kapital bietet für die Individuen einen Zugang zu den Ressourcen des sozialen und gesellschaftlichen Lebens wie Unterstützung, Hilfeleistung, Anerkennung, Wissen und Verbindungen bis hin zum Finden von Arbeits- und Ausbildungsplätzen. Tauschbeziehungen wie gegenseitige Unterstützung, Solidarität, Geschenke, Gefälligkeiten o.ä. produzieren und reproduzieren das Soziale Kapital. Neben dem ökonomischen Kapital (Geld, Einkommen), dem kulturellen Kapital (Bildung, Wissen) und dem symbolischen Kapital (Anerkennung und Prestige) spielt das soziale Kapital eine entscheidende Rolle in Bezug auf die Position Einzelner in der Gesellschaft.

Funktionierende Beziehungsnetzwerke, die Hilfeleistungen und Unterstützung sichern, sind auch gesellschaftlich relevant, da sie soziale Kosten für Kranke, Alte, Behinderte verringern und in Bezug auf Migrantinnen und Migranten die Integration in die Aufnahmegesellschaft erleichtern können. Kizilhan zeigt (in diesem Band), dass innerhalb der vorhandenen Netzwerke von Migranten/-innen ein vielfältiges Potential an Kompetenzen und Ressourcen der Unterstützung zu finden ist. Familie, Herkunftsregion, ethnische Gruppe und Nachbarschaft sind angesichts der oben ausgeführten gesellschaftlichen Marginalisierungs- und Ausgrenzungsprozesse für Migranten/-innen in verschiedener Hinsicht zentrale Instanzen. Sie bieten Unterstützung und Solidarität und erwarten im Gegenzug als Tauschobjekt Loyalität oder zumindest ein akzeptables Verhalten, das Anerkennung und Ansehen in der Gruppe sichert. Die Netzwerke reichen vom Mikrosystem der Familie und Verwandtschaft über Mesosysteme wie Nachbarschaft, Herkunftsregion und ethnischer Gruppe. So ist unter türkeistämmigen Migranten/-innen beispielsweise die Frage nach der Herkunftsregion bedeutsam und es macht einen Unterschied, ob jemand türkischer oder kurdischer Ethnizität ist, um Zugehörigkeit zu konstruieren.

Weitere relevante Netzwerke ergeben sich auch für Migrantinnen und Migranten durch Schule, Arbeitsplatz, Vereine u.a Institutionen. Die Symbole für Anerkennung und Prestige mögen sich vor allem in den verschiedenen Kontexten, in denen Migranten/-innen sich bewegen, unterscheiden. Da Akzeptanz, soziale Unterstützung und Loyalität in informellen und formellen Netzwerken nur dann funktioniert, wenn die jeweiligen Regeln der verschiedenen sozialen Gruppen bekannt sind und respektiert werden, ist für Migranten/-innen die Fähigkeit zum transkulturellen Übergang erforderlich, um in verschiedenen Netzwerken und Systemen funktionieren, auf deren Ressourcen zurückgreifen zu können und erfolgreich zu sein. Auch in der Literatur über und von Migrantinnen und Migranten der sog. zweiten Generation hat sich die Beschreibung der Lebenswelt gewandelt von der Wahrnehmung eines Dilemmas „Leben zwischen zwei Welten" (Stienen 1994) über eine Sicht auf die Chancen und Potentiale „Auf allen Stühlen" (Otyakmaz 1995) bis zu dem Konzept „Der dritte Stuhl" (Badawia 2002), in dem sich das Neue abbildet, das sich aus interkulturellen Lebenswelten und damit verbundenen transkulturellen Prozessen entwickelt und auf die Zuordnung zu dem einen oder anderen homogenen System verzichtet.

Angesichts von Globalisierung und Migration finden transkulturelle Übergänge in fast allen Lebensbereichen (z.T. unbemerkt) statt. Besonders auffällig ist dies bei der Esskultur und bei der Sprache, wo diese Prozesse gut rekonstruierbar sind. Während einerseits der Ethnologue-Report 2005 eine immer länger werdende Liste von ausgestorbenen Sprachen vorlegt, finden sich andererseits fast in jeder Region der Welt sowohl „eingewanderte" als auch „ausgewanderte" Wörter und Hybridformen, die bis in die Struktur der Grammatik reichen (z.b. im Deutschen „gesponsert", „googeln"). Das Beispiel der Sprache zeigt deutlich, dass Machtverhältnisse und Mehrheiten bei der Dynamik transkultureller Prozesse entscheidende Faktoren darstellen.

Babha (1993) warnt daher vor der Idealisierung einer transkulturellen Weltkultur, da Hybridität gerade nicht aus einem Dialog der Kulturen „auf Augenhöhe" entsteht, die es beiden Kulturen erlaubt, die kulturellen Ausdrucksformen ihrer Identität frei zu wählen. Er betont, dass eine hybride kulturelle Identität vielmehr widersprüchliches Ergebnis diskriminierender Grenzerfahrungen ist, die von Unterdrückung und Ausbeutung geprägt sind. Die Transkulturalität der Transmigranten hat in der Regel nichts mit der kosmopolitischen Weltkultur der *global citizens* auf den Chefetagen der transnationalen Konzerne zu tun, sie kann vielmehr auch Ausdruck einer tiefen kulturellen Entfremdung und Zerrissenheit sein (vgl. Seitz 2005).

Potentiale und Belastungen der Migration – Beispiele aus der Gesundheitsversorgung

Im Rahmen unserer Untersuchungen zur Versorgungsforschung ist es uns gelungen, in verschiedenen Einrichtungen der Gesundheitsversorgung neben einheimischen Patienten/-innen auch Migranten/-innen u.a. zu ihren Lebensbedingungen, psychischer Befindlichkeit und Alltagsbelastungen zu befragen. Am Beispiel einiger Studienergebnisse soll aufgezeigt werden, in welcher Weise sich in der Gesundheitsversorgung transkulturelle Prozesse widerspiegeln, welche Belastungen und Potentiale mit der Migration verbunden sind und welche Bedingungen dabei eine Rolle spielen.

Theda Borde

Transkulturelle Prozesse

Eine Studie zur Geburtsbegleitung durch Väter (David et al. 1998) zeigt, dass sich Migrantinnen und Migranten aus der Türkei in einer Situation des soziokulturellen Umbruchs befinden, was sich u. a. auch darin manifestiert, dass zunehmend türkische Männer ihre Frau bei der Geburt begleiten. In der Türkei ist eine Teilnahme des werdenden Vaters an der Entbindung unüblich, auch weil die Geburt durch von Frauen vermitteltes Wissen ausschließlich geschlechtsspezifisch vorbereitet wird. So begleiteten in Berlin immerhin 73% der türkischen Männer, im Vergleich zu 85% der deutschen, ihre Frau bei der Geburt. Sie entschieden sich nur etwas später und spontaner als die deutschen Männer – etwa ein Fünftel erst vor oder im Kreißsaal. Vielleicht wurden sie auch durch die Hebammen angeregt, die jemanden brauchten, der ihnen als Vermittler und Dolmetscher zur Seite steht. Die türkischen Väter waren seltener auf die Geburt vorbereitet. Nach ihren Angaben war der Wunsch der Frau die Hauptmotivation für die Teilnahme. Es wechselten sich die werdenden Väter auch häufig mit weiblichen Familienangehörigen ab. Bei der eigentlichen Geburt waren sie z.T. nicht dabei und betraten erst nach der Abnabelung wieder den Kreißsaal.

Die Geburtsteilnahme der werdenden Väter türkischer Herkunft ist wahrscheinlich Ergebnis eines Anpassungsprozesses, wobei sich Phänomene des soziokulturellen Umbruchs (wie die Geburtsbegleitung durch Männer generell) und die Weiterführung von Traditionen aus dem Herkunftsland, also die Begleitung durch andere Frauen, miteinander vermischen. Möglicherweise sehen sich auch werdende Väter türkischer Herkunft zunehmend dem hiesigen gesellschaftlichen Druck, bei der Geburt dabei zu sein, ausgesetzt.

Psychosoziale Belastungen

Im Rahmen einer Analyse der Versorgungssituation gynäkologisch erkrankter deutscher und türkischer Frauen im Krankenhaus (David, Borde u. Kentenich 2002) wurden u. a. soziodemographische Faktoren und Angaben zu Migration erfasst. Die subjektive Beeinträchtigung der befragten Patientinnen durch körperliche und psychische Symptome wurde mit dem psychometrischen Fragebogen SCL-90-R (neun Skalen: Somatisierung, Zwanghaftigkeit, Unsicherheit, Depressivität, Ängstlichkeit, Feindseligkeit, phobische Angst, paranoides Denken, Psychotizismus) untersucht. Im Untersuchungszeitraum konnten 320 Patientinnen deutscher und 262 türkischer Herkunft mittels in deutscher und türkischer Sprache vorliegender mehrteiliger Fragebogensets am Beginn des stationären Aufenthalts auf den gynäkologischen Stationen des Virchow-Klinikums/Berlin befragt werden.

Nach Bildung von sechs soziodemographisch ähnlich zusammengesetzten Subgruppen zeigte sich am Aufnahmetag in die Klinik im Vergleich zu den Werten im deutschen Patientinnenkollektiv bei den türkeistämmigen Migrantinnen in den meisten Einzelskalen des SCL-90-R als auch global eine höhere psychische Symptombelastung. Interessant war, dass Frauen der zweiten Migrationsgeneration, für die eine am wenigsten unmittelbare Migrationserfahrung anzunehmen ist, sich gegenüber Frauen der ersten Migrantengeneration bzw. den nachgezogenen Ehefrauen stärker durch die mit SCL-90-R gemessenen psychischen Symptome belastet fühlten.

Erwartungen an die psychosoziale Betreuung im Krankenhaus

In der gleichen Untersuchung konnte festgestellt werden, dass türkischsprachige Migrantinnen im Vergleich zu den einheimischen Patientinnen deutlich mehr Wert auf psychosoziale Versorgungsangebote im Kontext des stationären Aufenthalts legten. Die Tatsache der vergleichsweise schlechteren sozialen Lage der Migrantinnen spiegelte sich in höheren Erwartungen an „Trost bei Schwierigkeiten", „professionelle psychologische Betreuung" und „professionelle Unterstützung in sozialen Angelegenheiten" wider.

Die ebenfalls befragten Mitarbeiter/-innen der Frauenklinik (Ärzte/-innen, Pflegepersonal u. anderes Klinikpersonal), schätzten die Bedeutung psychosozialer Versorgungsangebote im Krankenhaus relativ hoch ein, jedoch wurde der Bedarf an „professioneller Unterstützung in sozialen Angelegenheiten" für die Migrantinnen deutlich unterschätzt (Tab. 1).

Tabelle 1: Relevanz psychosozialer Versorgung für Patientinnen und Personal

	Türkeistämmige Patientinnen (n=245)	*Deutsche Patientinnen (n=307)*	*Einschätzung der Bedeutung durch das Personal (n=69)*
Trost bei Schwierigkeiten	87 %	77 %	87 %
professionelle psychologische Betreuung	78 %	68 %	75 %
professionelle Unterstützung in sozialen Angelegenheiten	81 %	71 %	65 %
	Prozentualer Anteil „wichtig/sehr wichtig" zusammengefasst		

Die Befragung der Patientinnen zu ihrer Zufriedenheit mit der Versorgung in der Klinik ergab, dass die tatsächlich vorgehaltenen psychosozialen Betreuungsangebote im Krankenhaus offensichtlich nicht dem Bedarf entsprachen und insbesondere die hohen Erwartungen der Patientinnen mit Migrationshintergrund an eine ganzheitliche Betreuung und Behandlung enttäuscht wurden. Doppelt so viele Migrantinnen wie deutsche Patientinnen (26% vs. 13%) waren mit der psychosozialen Betreuung während ihres Klinikaufenthalts unzufrieden. Ärzte/-innen beklagten in den zusätzlich geführten Interviews, dass die psychosozialen Hintergründe der Migrantinnen aufgrund von sprachlichen und kulturspezifischen Zugangsbarrieren meist verschlossen blieben und daher nicht in die Behandlung einbezogen werden könnten.

Die Untersuchung wurde Mitte der 1990er Jahre durchgeführt. Der Alltag in Kliniken, Beratungsstellen und Sozialeinrichtungen zeigt, dass sich die Bedingungen angesichts der zunehmenden Ökonomisierung der Krankenversorgung und der bisher zwar vielfach diskutierten aber in der Versorgungspraxis kaum umgesetzten Patientenorientierung eher verschlechtert als verbessert haben. Bestehende Benachteiligungen von Migrantinnen in Bezug auf soziale Faktoren, Bildung, Information und Kommunikation – die ebenfalls in der Studie deutlich wurden – werden unter den gegebenen Bedingungen im Krankenhaus verstärkt und führen zu weiteren Benachteiligungen (vgl. Borde et al. 1999, Borde et al. 2003, Pette et al. 2004). Auch hinsichtlich der Effizienz und der Effektivität der Behandlung sollten Strategien des Patientenempowerments insbesondere für Migranten/-innen verstärkt werden, damit diese eine aktivere Rolle im Gesundungsprozess bzw. bei der Krankheitsbewältigung einer einnehmen und psychische und soziale Konsequenzen einer Erkrankung verringert werden können.

Belastungen im Alltag

In unserer Untersuchung zur Inanspruchnahme von Rettungsstellen (Borde, Braun u. David 2003, Schwartau et al. in diesem Band), die wir von 2001-2003 in drei Krankenhäusern der Westberliner Innenstadt mit einem hohen Migrantenanteil durchführten, wurden 815 Rettungsstellepatienten/-innen (Alter 15-65 Jahre) anhand standardisierter Interviews persönlich befragt. Etwa die Hälfte der befragten Patienten/-innen hatte einen Migrationshintergrund, der größte Teil der Migrantinnen stammte aus der Türkei.

Ausgehend von der Annahme, dass Stress und Belastungen im Alltag Krankheitssymptome, Beschwerden und Gesundheitsstörungen auslösen und die Inanspruchnahme der Gesundheitsversorgung beeinflussen können, wurde in den Interviews u.a. der Frage nach spezifischen Belastungen der Patienten/-innen während der vergangenen 7 Tage nachgegangen. Die Patienten/innen konnten anhand einer Skala (0=keine Belastungen bis 10=extreme Belastungen) den empfundenen Grad ihrer Belastung zu verschiedenen Bereichen: a. Arbeit/ Hausarbeit, b. Partnerschaft/Familie, c. Alltagsstress z.B. Verkehr, Behörden, Einkaufen, d. Erkrankung und d. besondere Ereignisse angeben.

Geschlecht und Ethnizität erwiesen sich als relevante Einflussfaktoren auf die Wahrnehmung von Alltagsbelastungen. Im Vergleich zu Frauen mit deutscher Muttersprache gaben Frauen mit anderen Primärsprachen deutlich höhere Belastungen in Bezug auf Arbeit/Hausarbeit und Familie/Partnerschaft an. Bei Frauen und Männern türkischer/kurdischer Herkunft wurden in allen erfragten Lebensbereichen deutlich höhere Belastungswerte erkennbar als bei den Vergleichsgruppen (Abb. 1 und 2).

Abbildung 1: Grad der Alltagsbelastungen während der Woche vor Inanspruchnahme der Rettungsstelle (weibl. Patient.)

Frauen — Medianwerte (deutsch n=215, türk. u. kurd. n=159, andere n=118)

Bereich	deutsch	türk./kurd.	andere
Arbeit, Haushalt	4	5	5
Partnerschaft, Familie	2	3	3
Alltagsstress	2	3	1
Erkrankung	4	6	4

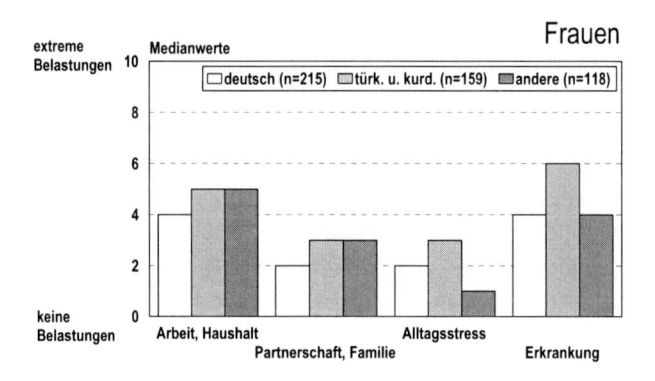

Abbildung 2: Grad der Alltagsbelastungen während der Woche vor Inanspruchnahme der Rettungsstelle (männl. Patient.)

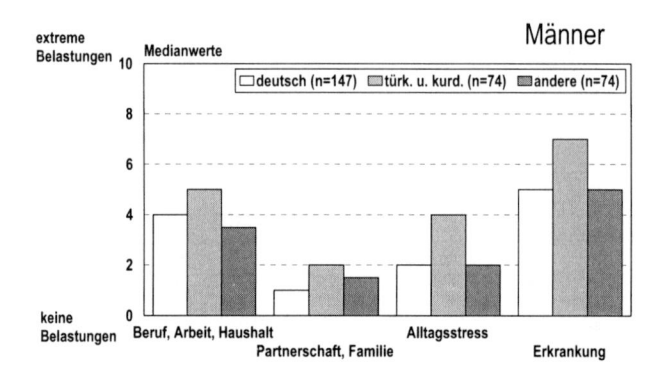

Männer — Medianwerte (deutsch n=147, türk. u. kurd. n=74, andere n=74)

Bereich	deutsch	türk./kurd.	andere
Beruf, Arbeit, Haushalt	4	5	3,5
Partnerschaft, Familie	1	2	1,5
Alltagsstress	2	4	2
Erkrankung	5	7	5

Ein ähnliches Bild zeigte sich auch in einer Untersuchung von Tippe (2006), die sich mit migrationsspezifischen Einflussfaktoren auf Gesundheitsvorstellungen und –handeln, subjektiven Gesundheitszustand und Ressourcen befasst. Auf der Grundlage einer Befragung von 341 Personen (davon 104 mit Migrationshintergrund), die u.a. auf Wochenmärkten und Einkaufzentren stattfand, stellt er fest, dass soziodemographische Faktoren innerhalb der untersuchten Migrantengruppen Auswirkungen auf Belastungen und Ressourcen haben. Als gesundheitlich überdurchschnittlich belastet erwiesen sich in der Studie Flüchtlinge und ältere Migranten/-innen mit niedrigem Bildungsgrad.

Das Geschlecht stellte sich bei den befragten Migranten/-innen als hoch signifikanter Faktor für Unterstützungspotentiale innerhalb der Familie heraus. Während der größte Teil der Männer mit Migrationshintergrund angab, sich im Krankheitsfall auf die Unterstützung durch die Partnerin u.a. Angehörige verlassen zu können, traf dies für Migrantinnen in deutlich geringerem Maße zu. Von den deutschen Probanden/-innen gaben 14,6% der Frauen gegenüber 22,3% der Männer an, keine Unterstützung durch familiäre oder andere Netzwerke zu haben. Bei den Migranten/innen dagegen vermissten vor allem die Frauen Unterstützung im Krankheitsfall (47,8% der Frauen gegenüber 12,5% der Männer türkischer Herkunft). Die Untersuchung weist einerseits auf tragfähige Unterstützungsressourcen innerhalb familiärer Netzwerke von Migranten/-innen hin, belegt aber andererseits die Notwendigkeit einer geschlechtsspezifischen Betrachtung in Bezug auf Belastungen und den Bedarf an psychosozialer Unterstützung.

Schmerzen im Alltag

Auffällig war ebenfalls, dass Migrantinnen und Migranten türkischer/kurdischer Herkunft in der Befragung unabhängig von Alter und Bildungsgrad der Befragten, deutlich häufiger Belastungen durch Kopf- und Gliederschmerzen im Alltag angaben als deutsche Patienten/-innen. Magenschmerzen dagegen belasteten häufiger männliche Migranten anderer Ethnizität. Bei Rückenschmerzen weisen die deutschen Männer im Vergleich zu Männern anderer Herkunft höhere Werte auf (vgl. Borde, Braun, David 2003, Bunge 2004).

Tabelle 2: Häufigkeit von Schmerzen im Alltag bei Patientinnen und Patienten in Rettungsstellen ab Beispiel von Rücken- und Kopfschmerzen

Prozentuale Anteile	Frauen		Männer	
	Deutsch *(n=214)*	*Türk./Kurd.* *(n=163)*	*Deutsch* *(n=142)*	*Türk./Kurd.* *(n=72)*
Rückenschmerzen im Alltag				
Kein Schulabschluss	33,3	40,8	28,6	33,3
Haupt-/Real-schulabschluss	44,4	48,1	37,9	38,7
Abitur	24,5	0	30,8	26,3
Kopfschmerzen im Alltag				
Kein Schulabschluss	38,9	43,4	28,6	36,4
Haupt-/Real-schulabschluss	25,2	38,0	10,5	29.0
Abitur	12,2	37,5	12,5	31,6

Während bei den einheimischen Patientinnen die Häufigkeit von Rücken- und Kopfschmerzen mit höherem Bildungsgrad abnahm, gaben die befragten Migrantinnen quer durch alle Bildungsschichten insgesamt höhere Belastungswerte an (Tab. 2). Bunge (2004) ging in einer weiteren Analyse der in den Rettungsstellen gewonnenen Daten u.a. der Frage nach, welche Migrationsfaktoren einen Einfluss auf die Schmerzbelastung im Alltag hatten und stellte fest, dass insbesondere Frauen, die aufgrund ihrer eigenen Arbeitsaufnahme nach Deutschland migriert sind, häufiger über Rückenschmerzen berichteten. Höchste Werte bei den Kopfschmerzen ließen sich bei türkeistämmigen Migrantinnen und Migranten mit geringen Deutschkenntnissen und politischen Flüchtlingen erkennen.

Diese Ergebnisse lassen vermuten, dass die konkrete Lebenssituation in Deutschland, die Umstände der Migration und damit auch der Grad der Partizipationsmöglichkeiten offensichtlich eine Wirkung auf das Allgemeinbefinden haben.

Gewalterfahrungen

Rettungsstellen sind im Falle von akuten Gewalterfahrungen häufig eine erste Anlaufstelle. Erst in den letzten Jahren ist dieser Thematik vermehrt Aufmerksamkeit geschenkt worden. Wir fragten deshalb die Patientinnen und Patienten, ob die Beschwerden, die zum Aufsuchen der Rettungsstelle führten, im Zusammenhang mit einer Gewalterfahrung stehen könnten. Die

Auswertung der Antworten von 485 weiblichen und 286 männlichen Patienten/-innen zeigte, dass sowohl Männer als auch Frauen mit Migrationshintergrund deutlich häufiger über Gewalterfahrungen im Zusammenhang mit den aktuellen Beschwerden berichteten. Während dies für 3,2% der deutschen Frauen und 2,8% der deutschen Männer zutraf, waren es bei den türkeistämmigen Frauen mit 12,5% und Männern mit 9,3 % etwa viermal so viele. Auch bei den Migranten/-innen anderer Herkunft gaben 6,8% der Frauen und 8,5% der Männer an, dass Gewalterfahrungen die Beschwerden verursacht haben (könnten). Während bei den Migrantinnen türkischer/kurdischer Muttersprache häufiger jüngere Frauen über Gewalterfahrungen im Zusammenhang mit ihren Beschwerden berichteten, lag bei den Migrantinnen anderer nicht-deutscher Ethnizität der Anteil in der Altersgruppe der 50-65jährigen Frauen überdurchschnittlich hoch. Die höchsten Werte unter den Männern wiesen Migranten der Altersgruppe 30-50 Jahre auf (Abb. 3).

Abbildung 3: Prozentualer Anteil der Patienten/-innen, die ihre akuten Beschwerden auf Gewalterfahrungen zurückführen

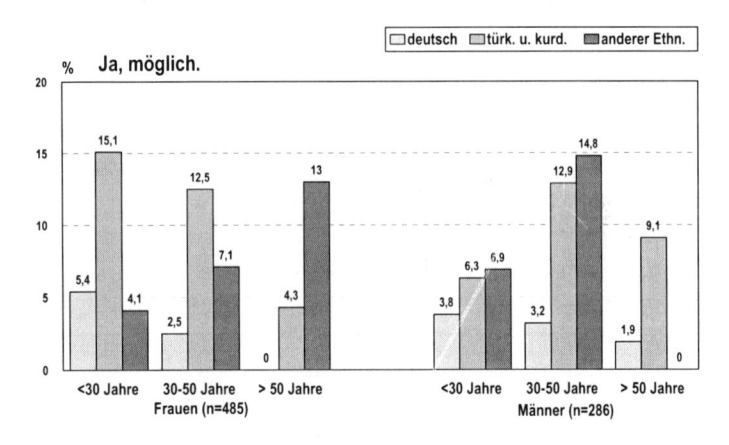

"Stehen Ihre Beschwerden im Zusammenhang mit einer Gewalterfahrung?"

Diese Ergebnisse deuten darauf hin, dass die aktuelle Lebenssituation von Männern und Frauen mit Migrationshintergrund in deutlich stärkerem Maße von Gewalt geprägt ist als bei Deutschen. Ebenfalls ist anzunehmen, dass die Migrantinnen und Migranten einen Zusammenhang zwischen ihre aktuellen Beschwerden und Gewalterfahrungen im Herkunftsland und/oder im Zusammenhang mit ihrer Migration nach Deutschland sehen.

...und die Potentiale der Migration?

Zusammenfassend lässt sich zumindest anhand der vorgestellten Studienergebnisse feststellen, dass mit der Migration bzw. mit der Lebenswelt von Migrantinnen und Migranten im Aufnahme- und Herkunftsland offensichtlich starke psychische und soziale Belastungen verbunden sind, die ihren Ausdruck auch in den Antworten der befragten Patientinnen und Patienten fanden.

Dies führt uns zurück zu den eingangs dargestellten belastenden Aspekten der Marginalisierung und Benachteiligung und der Tatsache, dass Potentiale der Migration eng verknüpft sind mit Chancengerechtigkeit, Teilhabe, Akzeptanz und Wertschätzung. Die Frage, wie Menschen sich in der Migration sich verorten, wie sie ihre Beschwerden wahrnehmen, an die Gesundheitsversorgung herantragen und in Befragungen zum Ausdruck bringen, ist von diesen Aspekten und davon, wie sie sich in der Ausrichtung der Versorgungsinstitutionen widerspiegeln, wesentlich beeinflusst. Im Kontext einer „herrschenden Institutionen" wie dem Gesundheitswesen – wo die Studien durchgeführt wurden – sind die Möglichkeiten des Rückgriffs auf eine Vielzahl von Optionen offensichtlich erheblich eingeschränkt, so dass die Potentiale der Migranten/-innen (wie auch einheimischer Patientinnen und Patienten) hier kaum erkennbar sind bzw. ungenutzt brach liegen.

Dass bei den meisten Migrantinnen und Migranten „soziales Kapital" zur Verfügung steht, zeigt sich z.B. darin, dass Patienten/innen mit Migrationshintergrund selten allein in die Klinik kommen. In unserer Studie zur Inanspruchnahme von Rettungsstellen konnte z.B. anhand der Analyse der sog. Erste Hilfe-Scheine von 4867 internistischen Patienten/-innen festgestellt werden, dass Migrantinnen und Migranten deutlich häufiger mit privaten

Transportmitteln und in Begleitung von Angehörigen die Erste-Hilfe-Stellen aufsuchten als die deutschen Patienten/-innen, die stärker das Kranken- und Rettungstransportwesen in Anspruch nahmen (Braun 2004) (Tab. 3).

Tabelle 3: Transportmittel in die Rettungsstelle nach Geschlecht und Ethnizität der Patienten
(mod. nach Braun 2004 – Analyse v. Erste Hilfe-Scheinen)

Transportmittel	Frauen (n=2570)			Männer (n=2297)		
	deutsch (n=1776)	*türk./kurd. (n=431)*	*andere (n=363)*	*deutsch (n=1462)*	*türk./kurd. (n=433)*	*andere (n=402)*
	%	%	%	%	%	%
Privat	47	80	67	51	74	69
Krankenwagen	16	5	4	12	5	7
Rettungswagen	32	13	25	33	16	20
Notarztwagen	5	2	2	4	4	3

Die Befragung von 495 Frauen und 290 Männern, in die nur Patienten/-innen der Altersgruppe 15-65 Jahre einbezogen wurden, ergab ein ähnliches Bild: 18% der deutschen Frauen gegenüber 10% der Migrantinnen türkischer u. kurdischer Herkunft kamen mit Kranken-/bzw. Rettungswagen in die Erste Hilfe, bei den Männern waren es 24,1% der deutschen gegenüber 15,8% der türkeistämmigen Migranten. Während 42,5% der deutschen Frauen von Angehörigen gebracht wurden, waren es bei den Migrantinnen aus der Türkei 63% und bei den anderen Migrantinnen 51% (Borde, Braun, David 2003).

Angehörige von Patienten mit Migrationshintergrund werden im Gesundheitswesen selten als Ressource und Unterstützungspotential geschätzt sondern eher als „Masse an Besuch" und als „Störfaktoren im normalen Klinik-Ablauf" verstanden. Transkulturelle und bilinguale Kompetenzen von Laiendolmetschern werden dann gern abgerufen, wenn der organisatorische und finanzielle Aufwand für eine qualifizierte Sprachmittlung zu groß erscheint. Allerdings wird hier anders als sonst im Gesundheitswesen üblich, auf Schweigepflicht, Neutralität, Professionalität und Qualität verzichtet. Gerade im Kontext der Sprachmittlung erweist sich der Aspekt der Loyalität und Solidarität in Beziehungsnetzwerken oft als kontraproduktiv, so dass der

Patientenanspruch auf korrekte Information über die Erkrankung und die medizinische Therapie nicht garantiert ist. Die praktizierten Ad hoc-Arrangement zur Sprachmittlung sind ein Ausdruck von unterschiedlichen Qualitätsstandards bei der Informationsvermittlung, die ja bekanntlich eine wesentliche Grundlage für die Mitwirkung der Patientinnen und Patienten am Gesundungs- und Krankheitsbewältigungsprozess darstellt. Von einer Wertschätzung unterschiedlicher Lebensverhältnisse, dem Respekt vor unterschiedlichen Kategorien für Ansehen und Anerkennung und einem Dialog der Kulturen „auf gleicher Augenhöhe" sind wir auch im Gesundheitswesen noch weit entfernt.

Bisher befassen sich nur sehr wenige Studien mit den Ressourcen und Potentialen der Migration. Pourgholam-Ernst (2002) zeigte, dass ein stark ausgeprägtes Kohärenzgefühl sowie der Anlass der Migration einen Einfluss auf die Gesundheit von Migrantinnen haben, wobei Migrantinnen, die aus sozialen Gründen nach Deutschland kamen, bessere Gesundheitsindikatoren aufwiesen als Frauen, die ihre Heimat aus politischen oder wirtschaftlichen Gründen verlassen mussten. In der Gesundheitsforschung wird Migration eher als ein kritisches Lebensereignis betrachtet. Zentrale Faktoren wie Ethnizität als soziale Kategorie, Migrationsprozesse und soziale Lage haben einen maßgeblichen Einfluss auf die internen und externen Gesundheitsbedingungen von Migranten/-innen (Faltermaier 2001). Es ist davon auszugehen, dass neben den belastenden Faktoren der Migration, die sich aus Diskriminierungserfahrung, Minoritätenstatus und Marginalisierung ergeben, je nach individuellen und gesellschaftlichen Bedingungen vielfältige Potentiale aus der kontinuierlichen Verortung der Individuen zwischen verschiedenen sozialen und kulturellen Identitäten und Gruppen und transkulturellen Beziehungsnetzwerken entwickln Dass Migration unter günstigen Rahmenbedingungen eher zu einer neuen bikulturellen Identität und somit zu einer wesentlichen Erweiterung und Bereicherung der Persönlichkeit und Gesundheit führen kann (Collatz 1998), sollte in der Gesundheitsforschung und in der Gesundheitsversorgung stärker berücksichtigt werden.

Um die Potentiale der transkulturellen und transnationalen Netzwerke von Migranten/-innen als Soziales Kapital für Gesundheit zu verstehen und im Rahmen der Gesundheitsförderung weiter zu entwickln, ist daher auch in der Forschung die Umkehr von einer Defizit- zu einer Ressourcenorientierung nötig. Darüber hinaus sollten sich auch Institutionen mit Blick auf die Verbesserung Lebenslage und der Gesundheitsversorgung den Chancen transkultureller Prozesse noch stärker öffnen.

Literatur

Badawia, T. (2002) 'Der Dritte Stuhl'. Frankfurt.M.: Iko-Verlag

Bhabha, H. K. (1993) The Location of Culture. London, New York: Routledge

Borde, T., Braun, T., David, M. (2003) Unterschiede in der Inanspruchnahme klinischer Notfallambulanzen durch deutsche Patienten/innen und Migranten/innen – Problembeschreibung, Ursachenanalyse, Lösungsansätze. Schlussbericht zum Forschungsprojekt
(BMBF/Spitzenverbände der Krankenkassen, Förderkennzeichen 01 GL 0009) Berlin

Borde, T., David, M., Kentenich. H.: Erwartungen und Zufriedenheit deutscher und türkischsprachiger Patientinnen im Krankenhaus – eine vergleichende Befragung in einer Berliner Frauenklinik. Gesundheitswesen, 64, 2002: 476-485

Borde, T.: Migrantinnen in gynäkologischer Behandlung: Ihre spezifischen Aufklärungs- und Versorgungsbedürfnisse. Forum Deutsche Krebsgesellschaft,2, 2003: 46-49

Bourdieu, P (1997) Die verborgenen Mechanismen der Macht. Hamburg: VSA

Braun, T. (2004) Einfluss von Geschlecht, Ethnizität und Alter auf die Inanspruchnahme von Rettungsstellen und die dortige Behandlung. Dissertation an der Medizinischen Fakultät der Charité – Universitätsmedizin Berlin

Bunge, Ch. (2004) Zum Mythos des „Mittelmeer-Syndroms" – zur Bedeutung von Kultur und Migration auf das Schmerzerleben und Schmerzverhalten. Diplomarbeit am Fachbereich Soziologie der Freien Universität Berlin

Castells, M. (2002) Das Informationszeitalter. Bd. 2: Die Macht der Identität. Leverkusen: Leske & Budrich

Collatz, J. (1998) Kernprobleme des Krankseins in der Migration – Versorgungsstruktur und ethnozentristische Fixiertheit im Gesundheitswesen. In: David, M., Borde, T., Kentenich, H. (Hrsg.) Migration und Gesundheit. Zustandsbeschreibung und Zukunftsmodelle. Frankfurt/M: Mabuse Verlag

Datta, A. (2005) Transkulturalität und Identität. Frankfurt.M.: Iko-Verlag

David, M., Alalp, S., Kentenich, H.: Türkische Väter bei der Geburt – die unterschiedliche Kreißsaalrealität in Deutschland und in der Türkei. Zeitschrift für Geburtshilfe und Frauenheilkunde, 58, 1998: 169-172

David, M., Borde, T., Kentenich, H.: Die psychische Belastung von Migrantinnen im

Vergleich zu einheimischen Frauen – der Einfluss von Ethnizität, Migrationsstatus und Akkulturationsgrad. Geburtsh Frauenheilk, 62, 2002: 37-44

Domenig, D. (2001) Professionelle Transkulturelle Pflege. Handbuch für Lehre und Praxis in Pflege und Geburtshilfe. Bern: Huber Verlag

Ethnologue-Report (2005) (http://www.ethnologue.com/nearly_extinct.asp)

Faltermaier, T. (2001) Migration und Gesundheit. Fragen und Konzepte aus einer salutogenerischen und gesundheitspsychologischen Perspektive. In: Marschalck, P., Wiedl, K.-H. (Hrsg.) Migration und Krankheit Osnabrück: Universitätsverlag Rosch, 93-112

Han, P. (2000) Soziologie der Migration. Erklärungsmodelle – Fakten – Politische Konsequenzen – Perspektiven. Stuttgart: Lucius und Lucius

Ortiz, F. (1970) [1940] Cuban Counterpoint. Tobacco and Sugar. Aus dem Spanischen übers. von Harriet De Onís. New York: Vintage

Otyakmaz, B.Ö. (1995) Auf allen Stühlen. Das Selbstverständnis junger türkischer Migrantinnen in Deutschland. Köln

Pette, M., Borde, T., David, M. (2004) Kenntnis über die Diagnose und Therapie ihrer Erkrankung bei deutschen und türkischstämmigen Patientinnen vor und nach einem Krankenhausaufenthalt. J Turkish German Gynecol Assoc, 5(4), 2004: 130-137

Pourgholam-Ernst, A. (2002) Das Gesundheitserleben von Frauen aus verschiedenen Kulturen. Frauen und Gesundheit. Münster: Telos Verlag

Schwartau, I., Pant, H.A., Borde, T., David, M.: Behandlungsdringlichkeit aus ärztlicher und Patientensicht – eine vergleichende Querschnittsstudie an gynäkologisch-internistischen Notfallambulanzen von drei Berliner Innenstadtkliniken. Zeitschrift für Geburtshilfe und Frauenheilkunde, 66, 2006: 263-269

Seitz, K. (2005) Verhängnisvolle Mythen. Nationale Identität und kulturelle Vielfalt. In: Datta, A. (Hrsg.) Transkulturalität und Identität. Bildungsprozesse zwischen Exklusion und Inklusion. Frankfurt.M.: IKO-Verlag, 51-68

Stienen, I. (1994) Leben zwischen zwei Welten. Türkische Frauen in Deutschland. Quadriga

Tippe, Ch. (2006) Migrationsspezifische Einflüsse auf Gesundheitsvorstellungen und -handeln, subjektiven Gesundheitszustand und Ressourcen. Diplomarbeit im Fach Sozialarbeit/Sozialpädagogik an der ASFH Berlin

UN-Bevölkerungsbericht (2005) (http://www.gcim.org/en/finalreport.html) [20.02.2007]

Welsch, W. (1994) Transkulturalität. Lebensformen nach der Auflösung der Kulturen. In: Luger, K., Renger, R. (1994). Dialog der Kulturen. Die multikulturelle Gesellschaft und die Medien. Wien: Österreichischer Kunst- und Kulturverlag

Anhang

Theda Borde

Europäische Strategien für die Ausrichtung der Gesundheitsdienste in einer multikulturellen Gesellschaft

Angesichts der mit der Migration einhergehenden Diversifizierung der Bevölkerung in Europa sind die Gesundheitsdienste zunehmend gefordert, die Versorgungsbedürfnisse einer ethnisch, sozial und kulturell verschiedenen Bevölkerung zu verstehen und entsprechende Versorgungsangebote bereitzustellen. Der Europäische Gesundheitsausschuss beauftragte daher im Jahr 2002 ein Expertenkomitee damit, zentrale Fragen, Probleme und Strategien aus europäischer Sicht zu diskutieren und auf dieser Grundlage Empfehlungen für die Regierungen der Mitgliedsstaaten des Europarates zu entwickeln. Als Vorsitzende des Komitees zur „Ausrichtung der Gesundheitsdienste in einer Multikulturellen Gesellschaft" hatte ich gemeinsam mit Vertretern/-innen aus Armenien, Belgien, Deutschland, Georgien, Rumänien, der Slowakischen Republik und Österreich die Möglichkeit, Einfluss auf ein zukunftsweisendes Konzept für die Gestaltung der Gesundheitsdienste in Europa zu nehmen.

In der Aufgabenbeschreibung wurde davon ausgegangen, dass Gesundheits- und Krankheitskonzepte weitgehend kulturell eingebettet und die jeweiligen Behandlungskonzepte ebenfalls kulturell determiniert sind. Da diese Tatsache bisher jedoch in den Gesundheitsdiensten und -institutionen der Mitgliedsstaaten nicht angemessen berücksichtigt wird, stellt die Akzeptanz der kulturellen Vielfalt und eine entsprechende Ausrichtung der Gesundheitsversorgung vor dem Hintergrund der Achtung der Menschenrechte und der Würde des Einzelnen eine zentrale Herausforderung dar. Das internationale Interesse an einer „kultursensiblen Versorgung" geht einher mit neuen Entwicklungen in der Medizin, die ihren Ausdruck in der Charta der Patientenrechte, der Patientenorientierung sowie der wachsenden Bedeutung der Ergebnisqualität der Versorgung und der Patientenzufriedenheit finden.

Der Diskussionsprozess im Expertenkomitee verdeutlichte, dass die gesundheitliche Ungleichheit zwischen den Mitgliedsstaaten sowie innerhalb der Bevölkerung der einzelnen Staaten durch soziale Ungleichheit bedingt ist, so dass die empfohlene integrative Sozial- und Gesundheitspolitik über die Anpassung der Gesundheitsversorgung an die kulturelle Vielfalt hinausgeht und dem generellen Diversity-Ansatz folgt. In dem zu den Empfehlungen verfassten „Explanatory Memorandum" wurde daher auf der Grundlage vorliegender internationaler Studien die Wirkung biologischer, kultureller und sozioökonomischer (materieller) Faktoren sowie von Migrationserfahrung, Rassismus und der Gesundheitsdienste und deren Qualität auf die gesundheitliche Ungleichheit in Europa aufgezeigt.

Die Sicherung des Zugangs und die Verbesserung der Versorgungsqualität stellen in multikulturellen Gesellschaften eine prioritäre gesundheitspolitische Aufgabe und einen integralen Bestandteil des allgemeinen Gesundheitssystems dar. Um verschiedenen Gesundheitsbedürfnissen unterschiedlicher Bevölkerungsgruppen gerecht zu werden und verschiedene Versorgungsbereiche sowie Behandlung, Rehabilitation, Prävention und Gesundheitsförderung zu umfassen, bedarf es der Entwicklung von übergreifenden intersektoralen und multidisziplinären Strategien und der Weiterentwicklung der Wissensbasis über die gesundheitliche und soziale Lage multikultureller Bevölkerungen. Bei der Planung, Implementierung und nachhaltigen Sicherung einer an multikulturelle Gesellschaften angepassten Gesundheitspolitik und Gesundheitsversorgung in Europa ist die Partizipation aller beteiligten Gruppen (Forschung, Politik, regionale Gesundheitsbehörden, Gesundheitsfachkräfte, Vertreter ethnischer Minderheiten und deren Organisationen) erforderlich. Gleichzeitig soll der Erfahrungsaustausch zwischen den Mitgliedsstaaten bei der Umsetzung der Strategien gefördert werden. Dazu wird die regelmäßige Berichterstattung in den Mitgliedstaaten über die durchgeführten Maßnahmen und die aktive zielgerichtete Verbreitung dieser Empfehlungen und des dazu gehörigen Memorandums empfohlen.

Mitglieder des Expertenkomitees waren Alexandra Bražinová aus der Slowakischen Republik, Armen R. Melikyan aus Armenien, Cristian Sever Oana aus Rumänien, Nino Rachvelishvili aus Georgien, Hannes Schmidl aus Österreich, Hans Verrept aus Belgien und Theda Borde aus Deutschland. Ebenfalls in die Beratungen einbezogen wurde Harry Minas aus Australien.

Im Anhang dieses Buches ist die Originalfassung der Empfehlungen [Rec(2006)18] in englischer Sprache abgedruckt. Die Empfehlungen und das dazugehörige Memorandum sind im Internet auf der Seite des Europarates zu finden.

Council of Europe (www.coe.int)
→ Social Cohesion
→ Recommendations 2006
→ Recommendation Rec(2006)18 of the Committee of Ministers to member states on health services in a multicultural society
unten auf der Seite *Link* zum
→ Explanatory memorandum to Rec(2006)18

Recommendation Rec(2006)18 of the Committee of Ministers to member states on health services in a multicultural society

(Adopted by the Committee of Ministers on 8th November 2006 at the 979th meeting of the Ministers' Deputies)

The Committee of Ministers, under the terms of Article 15.b of the Statute of the Council of Europe,

Considering that the aim of the Council of Europe is to achieve a greater unity between its members and that this aim may be pursued in particular by the adoption of common rules in the public health field;

Recalling Article 11 of the European Social Charter (ETS No. 35) on the right to protection of health, and recalling Article 3 of the Council of Europe's Convention on Human Rights and Biomedicine (ETS No. 164) on equitable access to health care of appropriate quality;

Noting, in this context, that inequalities with regard to health care affecting ethnic groups are linked to problems of access, the lack of culture competence in health care providers, lack of essential provisions (such as interpreter services or translated health education material), all of which may be structural barriers to quality care;

Recognising that, in an increasingly diverse and multicultural Europe, understanding and addressing the needs of a multicultural population is becoming a growing challenge;

Considering that respect for human rights and the dignity of the individual requires that this diversity is taken into account in the equitable delivery of health services;

Recognising that socio-economic factors, such as poverty, unemployment, unhealthy living conditions and occupational hazards are unevenly distributed within the population and may very well account for most of the health disparities;

Aware, in this context, that ethnic minorities seem to be most vulnerable to health problems within every socio-economic class;

Recognising that a general diversity-based approach - that is, one that takes into account all sources of diversity that may be relevant to health and health care issues - is preferable to an approach that is limited to dealing with minority-linked cultural diversity;

Recognising that the reduction of health inequalities in multicultural societies requires the development of a diversity-based policy examining ideas, policies, programmes and research to assess their potentially different impact on specific gender and age groups;

Aware that the issue of diversity and its management is not exclusively related to the presence of ethnic minorities in present-day Europe but should rather be viewed as a feature of the European population as a whole;

Adopting a broad definition of culture that recognises cultural subcategories based on shared attributes (such as gender) or shared life experiences (such as education, occupation, socio-economic status, trauma, homelessness, being without ID papers);

Aware that cultural factors are often used as a universal and unique explanation when no other factors can be called into account for observed health disparities between different ethnic groups;

Concerned that a narrow focus on cultural issues denies the importance of class or socio-economic status, age, sexual orientation, gender, religion, geographic location, physical and mental ability that may all distinctly affect any group's health needs, interests and concerns;

Noting that migration factors related to the migratory experience have been shown to be linked with health problems of ethnic groups;

Recommendation Rec(2006)18 of the Committee of Ministers to member states

Having regard to Recommendation No. R (2000) 5 of the Committee of Ministers to member states on the development of structures for citizen and patient participation in the decision-making process affecting health care;

Concerned in this context that patients' rights cannot be respected nor protected when health care providers and patients cannot communicate effectively;

Convinced that the development of culture competence or cultural responsiveness would add to the effectiveness of health care provision not only for ethnic minorities but also for the public at large;

Aware that the development of an integrated social and health policy should go beyond the adaptation of health care services to cultural diversity;

Having regard to the Charter of Fundamental Rights of the European Union,

Recommends that the governments of member states:

i. consider issues related to the improvement of access and quality of health care services in multicultural societies as one of the priority areas of action in health care policy;
ii. develop coherent and comprehensive policies and strategies addressing health care needs in multicultural societies, including prevention;
iii. promote an intersectoral and multidisciplinary approach to health problems and health care delivery in multicultural societies, taking into consideration the rights of multicultural populations;
iv. promote the involvement and participation of all parties concerned (researchers, policy makers, local health authorities, health professionals, representatives of ethnic minority groups and non-governmental organisations) in the planning, implementation and monitoring of health policies for multicultural populations;
v. embed health issues of multicultural populations in the legal framework as an integral part of the general health system;

vi. develop a knowledge base on the health of multicultural populations through systematic data collection and research;

vii. promote the inclusion of ethnic minority groups in culturally appropriate/adapted programmes promoting health and prevention, and in research and quality management;

viii. provide further support to the exchange of experience and good practice between member states and promote international networking between organisations, research institutions and other agencies active in the field of the health of multicultural populations;

ix. produce regular reports on actions taken in the country to improve the health of multicultural populations;

x. to this end, whenever feasible, carry out the measures presented in the appendix to this recommendation;

xi. support an active, targeted dissemination of this recommendation and its explanatory memorandum, accompanied where appropriate, by a translation into the local languages.

Appendix to Recommendation Rec(2006)18 of the Committee of Ministers to member states on health services in a multicultural society

A. General considerations

1. When adapting the health care services to the needs of multicultural populations, governments of member states should base their policies on values propounded by the Council of Europe – human rights and patient's rights, human dignity, social cohesion, democracy, equity, solidarity, equal gender opportunity, participation, freedom of choice – balanced by the obligation to help individuals look after their own health.

Member states should apply a systematic approach to issues related to responding to cultural diversity. Guidelines and standards for the provision of good services in multicultural populations should be developed.

Developing coherent and comprehensive policies and strategies addressing health care needs in multicultural societies, including prevention, should include:

- protecting human dignity and preventing social exclusion and discrimination;
- promoting delivery of high quality, linguistically appropriate, culturally sensitive, equitable and appropriate health care services;
- promoting changes in the conduct of health authorities at the national and local level and of health and social professionals to adapt their response to the health needs of multicultural populations;
- developing cultural competence in health care providers (meant as the ability to provide effective health care services taking into consideration the individual's gender, sexual orientation, disability, age and religious, spiritual and cultural beliefs).

2. Health disparities in multicultural societies may have different causes, including external ones. These include cultural and socio-economic factors, migrant status and discrimination. Member states should pay attention to those factors in the appropriate policy settings as part of a comprehensive, coherent overall policy approach that focuses on eliminating the external causes of disparities in the health field.

2.1. Biological/genetic factors.

2.2. Cultural factors. Explaining health differences between ethnic groups using cultural factors bears a risk of blaming the "victim", reification and gross oversimplification. Cultural factors seem to be used when no other factors can be called into account for observed health disparities between different ethnic groups.

2.3. Material factors. Socio-economic factors may very well account for most of the health disparities concerning ethnic groups, ethnic minorities being the most vulnerable to health problems within every socio-economic class.

2.4. Migration factors may influence the health of migrants.

2.5. Racism. The experience of racism and discrimination may have a direct and negative impact on health.

2.6. Selective impact and quality of health care: inadequate handling of cultural differences may affect the quality of care; the development of culture competence or cultural sensitivity would add to the efficiency of health care provision to ethnic minorities.

3. The reduction of ethnic (and other) inequalities in health requires the development of a diversity-based analysis policy to assess their potentially different impact on specific gender and age groups.

B. Strategies for improvement of health and health care for multicultural populations – Non-discrimination in access to health care

1. Promoting non-discrimination and respect for patient/human rights

1.1. Governments should develop and implement anti-discrimination policies and practices that effectively prevent (in)direct discrimination in access to health care services of good quality.

1.2. Governments should entrust an independent body with the assessment of the accessibility of the health care system for multicultural populations.

2. Access to health care

2.1. Equitable access to health care services of appropriate quality should be promoted and monitored. In order to achieve the objective of equal access to health care, member states should develop strategies for eliminating practical barriers for multicultural populations to access health care, including linguistic and cultural hurdles.

2.2. Governments should increase awareness of policy makers, health care providers and the general public of possible health care disparities between ethnic groups.

3. Improving quality of communication – Language barriers

3.1. Removing barriers to communication is one of the most urgent, evident and straightforward areas in which interventions are needed; a general policy that facilitates the learning of the language of the host country for ethnic minority members and immigrants should also be developed.

3.2. Professional interpreters should be made available and used on a regular basis for ethnic minority patients who need them, whenever appropriate.

3.3. Linguistic diversity should be taken into account, including appropriate legal measures.

3.4. Health care professionals should be made aware that linguistic barriers have negative effects on the quality of health care. They should be trained to work together with interpreters in an effective way.

3.5. Training programmes are needed for interpreters working within the field of health care. Besides basic interpreting skills, these should include medical terminology, courses on the structure of the health care system, ethical interpreting practice, culture competence and culture brokerage. Interpreters working in mental health care settings ought to be specially trained to perform their tasks in the context of psychotherapeutic or psychiatric interventions. Public health authorities should be encouraged to monitor the quality of medical interpreter services for ethnic minorities.

4. Sensitivity to health and socio-cultural needs of multicultural populations

4.1. Adequate assessment and analysis of the health problems of ethnic minorities is needed.

4.2. Member states should find appropriate answers to the objectively demonstrated added value of health care services that are specifically adapted to particular health (care) needs of a multicultural population. Ideally, all health care institutions should be equipped to treat health problems of all citizens; however, for very specific health problems it may be necessary to temporarily or even permanently create specialised services that respond to particular health care needs.

4.3. Measures should be taken that make it possible for the health care system to respond to the cultural diversity of the population.

5. Patient education, empowerment and participation

5.1. Patient training programmes should be developed and implemented to increase their participation in the decision-making process regarding treatment and to improve outcomes of care in multicultural populations.

5.2. Culturally appropriate health promotion and disease prevention programmes have to be developed and implemented as they are indispensable to improve health literacy in ethnic minority groups in terms of health care.

5.3. Ethnic minority groups should be encouraged to participate actively in the planning of health care services (assessment of ethnic minorities' health needs, programme development), their implementation and evaluation.

6. Implications for health facilities and health care providers

6.1. Effective strategies should be developed to increase (ethnic) diversity among health professionals and social workers. Therefore, member states should ensure that ethnic minorities get access to the social and medical professions. Adequate measures have to be taken to make it possible for ethnic minority health professionals who have been trained abroad to get the qualifications needed to exercise their profession in the host country.

6.2. Multidisciplinary team approaches should be encouraged to reduce health and health care disparities between multicultural populations. Collaboration between social workers and social services on the one hand, and medical professionals on the other should be more widely implemented.

6.3. Member states should encourage the development of intercultural mediation programmes.
- Adequate training and supervision programmes have to be developed for intercultural mediators.
- Research on the effects of intercultural mediation programmes, preferably within the framework of international collaboration, should be encouraged and member states should engage in the development of standards of good practice for intercultural mediators.

6.4. A population diversity perspective should be incorporated into the basic training curriculum of all health care professionals and social workers, as well as in the continuing education of these professionals. It is important that such courses do not only focus on knowledge, but also on attitudes (cultural sensitivity, influence of prejudices, (subconscious) rejection of ethnic minority patients), and cross-cultural skills, in order to avoid stereotyping of ethic minorities. Intercultural communication training has to be included in all culture competence training programmes.

Inclusion of programmes dedicated to this subject in the training of health professionals has to be carefully thought about to be efficient, and should be offered in schools but also as continuing education throughout their careers, after having acquired some hands-on experience in the field and the ability to approach the topic more in depth. Enquiries should be done at the health professionals' level, too, in order to assess their needs, perceptions and problems with patients of different ethnic backgrounds.

6.5. Health professionals should be made aware of possible structural discrimination and racist practices in the health care system and their effects. They should be taught how to detect and address these issues within the health care system. In addition, they ought to be made aware of the effects of discrimination and racism experienced by ethnic minorities in society at large on the interaction of these groups with the health care system.

6.6. Exchange programmes with the countries of origin of the migrants should be encouraged, focusing on new migrants and refugees, following an experience of countries of southern Europe and their southern neighbours (Barcelona declaration).

7. Development of a knowledge base on the health needs of multicultural populations and the health care they receive

Identifying ethnic minorities in research and administrative health data

7.1. Member states should develop strategies that allow for appropriate data collection on the health needs, health determinants and the health care received by multicultural populations.

7.2. Relevant data should be analysed and reported to influence policy and service designers, service evaluation and to allow for the development of strategies for the improvement of the quality of health care services in multicultural societies.

7.3. Strategies ought to be developed to avoid the abuse of data collected on ethnic minorities and their stigmatisation, and thus guarantee their safety.

Inclusion and proportional representation of ethnic minorities in research

7.4. Whenever relevant, member states should develop legislation which foster a true representation of ethnic minorities in clinical and health services research. In the case of research financed through public funds, researchers should be asked to provide an adequate scientific explanation whenever ethnic minorities are excluded.

7.5. Research data have to be analysed with the possible effects of (cultural) diversity kept in mind. In the presentation of the results, attention should be drawn to diversity issues that are relevant for the organisation of health care services.

7.6. Further research is needed to determine how and why ethnic health patterns and health care disparities occur, and to develop intervention strategies and to assess their impact. Where no adequate systems of monitoring of ethnic groups in the fields of health and health care exist, research will have to be conducted to provide information on the health status of ethnic minorities, their access to care and the existing health care disparities.

7.7. Further research is needed to fully exploit the potential role of civil society and to develop methods of preparatory training for interested citizens. University students should be encouraged to study these issues in their final study dissertation.

Quelle: Council of Europe (www.coe.int)

Verzeichnis der Erstautorinnen und -autoren

Atik, Zeynep
Seit September 2005Assistenzärztin in der Migrantenambulanz der Klinik für Psychiatrie und Psychotherapie der Rheinischen Kliniken Langenfeld. Studium der Humanmedizin und Psychologie in Freiburg. Betreuerin in Einrichtungen der Jugendhilfe Freiburg von 1991-2000. Ärztin im Praktikum in der Abteilung für Frührehabilitation der Neurologischen Klinik Elzach, Assistenzärztin auf der Jugendstation der Abteilung für Psychiatrie und Psychotherapie des Kindes und Jugendalters des Universitätsklinikums Hamburg Eppendorf, Mitarbeit im Hospiz Leuchtfeuer in Hamburg. 2003-2005 Assistenzärztin auf der Psychotherapie- und der Akutstation der Abteilung für Psychiatrie und Psychotherapie des Asklepios Westklinikums Hamburg.
- Rheinische Kliniken Langenfeld, Migrantenambulanz
  Kölner Str. 82, 40764 Langenfeld
  Mail: zeynep.atik@lvr.de

Borde, Theda
Prof. Dr. Dipl.-Pol., MPH, Hochschullehrerin an der Alice Salomon Fachhochschule Berlin. Bis 2003 wissenschaftliche Mitarbeiterin an der Charité Universitätsmedizin Berlin, Campus Virchow-Klinikum, bis 1996 Hînbûn – Internationales Bildungs- und Beratungszentrum für Frauen: Forschungsschwerpunkte: Migration, Geschlecht und Gesundheit, Versorgungsforschung, Public Health.
- ASFH Berlin
  Alice-Salomon-Platz 5, 12627 Berlin
  Mail: borde@asfh-berlin.de

David, Matthias
Privatdozent Dr. med., Oberarzt an der Klinik für Frauenheilkunde und Geburtshilfe, Campus Virchow-Klinikum der Charité- Universitätsmedizin Berlin. Forschungsschwerpunkte: Public Health, Versorgungsforschung, geburtshifliche Themen, Medizingeschichte.
- Charité – Universitätsmedizin Berlin, Campus Virchow Klinikum
  Klinik für Frauenheilkunde und Geburtshilfe
  Augustenburger Platz 1, 13353 Berlin
  Mail: matthias.david@charite.de

Gün, Ali Kemal
Dr. phil., psychol. Psychotherapeut und Integrationsbeauftragte in den Rheinischen Kliniken Köln, Fachklinik für Psychiatrie und Psychotherapie. Aktiv in verschiedenen bundesweiten und kommunalen Arbeitskreisen zur gesundheitlichen Versorgung von Migranten/-innen. Schwerpunkte: interkulturelle Missverständnisse, interreligiöse und interkulturelle Kompetenz, interkulturelle Öffnung und Sensibilisierung sowie die Integration von Migrantinnen und Migranten auf allen gesellschaftlichen Ebenen. Seine Dissertation ist im Lambertus-Verlag unter dem Titel „Interkulturelle Missverständnisse in der Psychotherapie" erschienen.
- Rheinische Kliniken Köln
  Wilhelm-Griesinger-Str. 23, 51109 Köln
  Mail: a.k.guen@lvr.de

Haasen, Christian
Privatdozent Dr. med., Facharzt für Psychiatrie. Seit 2003 Leiter des Arbeitsbereichs Sucht der Klinik für Psychiatrie und Psychotherapie der Universität Hamburg und Geschäftsführer des Zentrum für Interdisziplinäre Suchtforschung der Universität Hamburg. 1984-1991 Medizinstudium, 1993-1999 Wiss. Mitarb. und von 2000-2003 Oberarzt im Arbeitsbereich Sucht und im Arbeitsbereich Psychose der Klinik für Psychiatrie und Psychotherapie Universität Hamburg. Forschungskooperation mit Lateinamerika. Habilitation (2001) zur Psychopathologie psychischer Störungen bei Migranten unter besonderer Berücksichtigung psychotischer Störungen bei türkischen Migranten.
- Klinik für Psychiatrie und Psychotherapie
  Universitätsklinikum Eppendorf
  Martinistr. 52, 20246 Hamburg
  Mail: haasen@uke.uni-hamburg.de

Han, Petrus
Prof. Dr. sc. pol., Dipl.-Soziologe. 1974 bis 2006 Professor für das Lehrgebiet der Soziologie an der Katholischen Fachhochschule Nordrhein-Westfalen, Abteilung Paderborn, emeritiert Ende des Sommersemesters 2006, ab Wintersemester 2006/2007 nebenamtlich Lehrender.
- Mail: petrus.han@t-online.de

Kizilhan, Ilhan
Dr. rer. Soc., Dipl.-Psych., Leitender Diplompsychologe, Abteilungsleiter, Clinical Manager der Michael-Balint-Klinik, Forschungsambulanz, Institut für Psychologie der Universität Freiburg
- Institut für Psychologie
  Rehabilitationspsychologie
  Engelberger Str. 41, 79106 Freiburg
  Mail: kizilhan@peace-solution.org

Ozankan, Murat
Dr. med. Dr. (TR), Studium der Humanmedizin an der Trakya Üniversitesi in Edirne/Türkei. Facharztausbildung. 1997-1999: Psychosomatische Klinik Bergisch Gladbach, 1999-2002: St. Alexius-Krankenhaus Neuss. Seit 2003 tätig als Facharzt für Psychiatrie und Psychotherapie. 2003: Rheinische Kliniken Bonn und seit 2004 Oberarzt und Leiter der Migrantenambulanz Rheinischen Kliniken Langenfeld
- Rheinische Kliniken Langenfeld
  Migrantenambulanz
  Kölner Str. 82, 40764 Langenfeld
  Mail: murat.ozankan@lvr.de

Schouler-Ocak, Meryam
Dr. med., Oberärztin der Psychiatrischen Universitätsklinik der Charité im St. Hedwig-Krankenhaus, Leiterin der Institutsambulanz, Leiterin der AG Migrations- und Versorgungsforschung, Leiterin des „Berliner Bündnisses gegen Depression"
- Psychiatrische Universitätsklinik der Charité
  im St. Hedwig-Krankenhaus
  Institutsambulanz
  Große Hamburger Straße 5–11, 10115 Berlin
  Mail: meryam.schouler-ocak@charite.de

Schultz, Dagmar
Prof. Dr. PhD, Privatdozentin, Freie Universität Institut für Soziologie. Bis 2004 Professorin and er Alice Salomon-Fachhochschule für Sozialarbeit und Sozialpädagogik Berlin. Lehr- und Forschungsschwerpunkte: Interkulturelle Sozialarbeit, Frauen- und Genderstudien und politische und kulturelle Kompetenz in der psychiatrischen Versorgung von Migranten/-innen und Minderheiten
- Großgörschenstr. 40, 10827 Berlin
  Mail: Dagschultz1@aol.com

Schwartau, Imke
Dr. med., Assistenzärztin in der Gynäkologie und Geburtshilfe, seit 2007 im Evangelischen Waldkrankenhaus Spandau, Berlin.
- Ev. Waldkrankenhaus Spandau – Frauenklinik
  Stadtrandstr. 555, 13589 Berlin
  Mail: i.schwartau@gmx.de

Thomas, Alexander
Prof. Dr. phil, Dipl.-Psych., emeritierter Hochschulprofessor an der Universität Regensburg, Institut für Experimentelle Psychologie, Lehrgebiete: Sozialpsychologie, Organisationspsychologie mit dem Schwerpunkt „Psychologie interkulturellen Handelns"
- Universität Regensburg, Institut für Experimentelle Psychologie
  Universitätsstr. 31, 93040 Regensburg
  Mail: alexander.thomas@psychologie.uni-regensburg.de

Wohlfart, Ernestine
Dr. med., wissenschaftliche Leiterin und Oberärztin, Transkulturelle Psychiatrie, Zentrum für Interkulturelle Psychiatrie, Psychotherapie und Supervision / ZIPP
- Klinik für Psychiatrie und Psychotherapie
  Charité, Campus Mitte
  Charitéplatz 1, 10117 Berlin
  Mail: ernestine.wohlfart@charite.de

Dr. med. Mabuse
Zeitschrift für alle Gesundheitsberufe

Das kritische Magazin für alle Gesundheitsberufe!

Für alle, die ein soziales Gesundheitswesen wollen.

Unabhängig von Verbänden, Konzernen und Parteien.

Unsere Themen:
Gesundheits- und Sozialpolitik • Kranken- und Altenpflege
Frauen und Gesundheit • Ethik • Ausbildung / Studium
Ökologie • Alternativmedizin • Psychiatrie / Psychotherapie

Schwerpunktthemen der letzten Hefte:
Trauma (147) • Gewalt im Gesundheitswesen (149) • Sexualität (150) • Kunst und Gesundheit (151) • Demenz (152) Psychosomatik (153) • Qualität (154) • Alter (155) • Psychiatrie (156) • Ausbildung (157) • Streiks im Gesundheitswesen (158) • Frauen, Männer und Gesundheit (159) • Krebs (160) • Zusammenarbeit (161) • Gesundheitspolitik (162) • Sterben und Tod (163) • Pharma (164) • Medizin & Gewissen (165) • Kinder und Gesundheit (166) Angehörige (167) Körperbild- und Essstörungen (168) • Heime (169) • Anthroposophische Medizin (170)

Einzelheft 6,50 Euro; Jahresabo (6 Hefte) 39 Euro zzgl. Porto

Ein kostenloses Probeheft anfordern bei:

Dr. med. Mabuse
Postfach 900647 b
60446 Frankfurt am Main
Tel.: 069 - 70 79 96-16 • Fax: 069 - 70 41 52
info@mabuse-verlag.de • www.mabuse-verlag.de

Theda Borde, Matthias David (Hrsg.)
Kinder und Jugendliche mit Migrationshintergrund
Lebenswelten, Gesundheit und Krankheit

2005, 315 Seiten, 25.90 €
ISBN 978-3-935964-69-2

Die Beiträge beschäftigen sich unter anderem mit der Frage nach geburtshilflichen Risikofaktoren bei Migrantinnen, zeigen Unterschiede im Ernährungsverhalten und bei Erziehungsmustern von Kindern verschiedener Ethnien auf, beleuchten psychische Entwicklungsrisiken bei Kindern und Jugendlichen und gehen auf die Gesundheitssituation von Flüchtlingskindern ein.

»Eine Fundgrube für alle, die sich über die Lage und Versorgung von Kindern und Jugendlichen mit Migrationshintergrund informieren wollen.«

Systema

»Ein Buch, das berührt und helfen kann, viele nicht ausgesprochene Probleme von Familien mit Migrationshintergrund wahrzunehmen und gemeinsam nach Lösungen zu suchen.«

Klein&Groß

Mabuse-Verlag
Postfach 900647 b • 60446 Frankfurt am Main
Tel.: 069 - 70 79 96-16 • Fax: 069 - 70 41 52
info@mabuse-verlag.de • www.mabuse-verlag.de

Migration und Gesundheit im Mabuse-Verlag

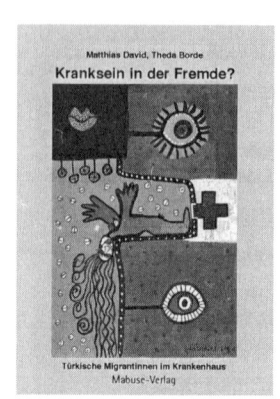

Matthias David, Theda Borde
Kranksein in der Fremde?
Türkische Migrantinnen im Krankenhaus

»Eine umfassende Literaturliste und praktische Umsetzungsvorschläge zum Erwerb interkultureller Kompetenz machen dieses Buch zu einem Muss für Krankenhausverwaltungen, Personal und Kostenträger.«
(IAF Informationen)

2001, 371 Seiten
24,90 €, 44,50 SFr
ISBN 3-933050-87-1

Matthias David, Heribert Kentenich u.a. (Hrsg.)
Migration und Gesundheit
Zustandsbeschreibung und Zukunftsmodelle

Themenschwerpunkte: Ausländische PatientInnen in Gynäkologie, Geburtshilfe, Pädiatrie und Psychosomatik • Interkulturelle Pflege • Altern in der Fremde • Sprachlosigkeit und Kommunikationsstörungen.

3. Aufl. 2001, 212 Seiten,
19,90 €, 35,90 SFr
ISBN 3-929106-56-6

Matthias David u. a. (Hrsg.)
Migration - Frauen - Gesundheit
Perspektiven im europäischen Kontext

Themen: Besonderheiten der Versorgung von Migrantinnen in Frauenheilkunde, Geburtshilfe, Innerer Medizin, Psychosomatik und Psychiatrie.

2000, 276 Seiten,
20,90 €, 37,70 SFr
ISBN 3-933050-23-5

Mabuse-Verlag GmbH
Kasseler Straße 1a • 60486 Frankfurt am Main
Tel. 0 69-70 79 96-13 • Fax 0 69-70 41 52
verlag@mabuse-verlag.de • www.mabuse-verlag.de

Migration und Gesundheit im Mabuse-Verlag

Theda Borde, Matthias David (Hrsg.)
Gut versorgt?
Migrantinnen und Migranten im Gesundheits- und Sozialwesen

Die im Buch vereinten Beiträge aus Forschung und Praxis offenbaren Versorgungslücken und Handlungsbedarf in der ambulanten und stationären Krankenversorgung und in der psychosozialen Betreuung. Unterschiedliche Bedürfnisse und Ressourcen verschiedener Migrantengruppen werden betrachtet und notwendige Konsequenzen für die Gesundheitsberichterstattung und -politik erörtert. In- und ausländische Modelle guter Praxis zur Sicherung der Versorgungsqualität, der Kommunikation, Information und Fortbildung werden zur Diskussion gestellt.

2003, 296 Seiten, 23,90 €
ISBN 3-935964-24-2

Sandra Hinz, Angela Keller, Christina Reith
Migration und Gesundheit
Prämierte Arbeiten des BKK-Innovationspreises Gesundheit 2003

Die Autorinnen von „Migration und Gesundheit" analysieren die Unterschiede im Gesundheitszustand und der Inanspruchnahme von medizinischen und sozialen Leistungen zwischen Migranten und Deutschen. Das AutorInnenteam um *Christina Reith* beschreibt ein Nürnberger Modellprojekt, das die Kommunikation zwischen Schwangeren ausländischer Herkunft und medizinischem Fachpersonal verbessert. *Angela Keller* vergleicht die Inanspruchnahme medizinischer Versorgungs- und Vorsorgeleistungen unter Eltern von Kindern im einschulungspflichtigen Alter in Bielefeld. Mit dem Problemen von Arbeitsmigranten im Rentenalter in Duisburg beschäftigt sich *Sandra Hinz*.

2003, 136 Seiten, 17,90 €
ISBN 3-935964-26-9

Mabuse-Verlag
Kasseler Straße 1a • 60486 Frankfurt am Main
Tel.: 069 / 7 70 79 96-13 • Fax: 069 / 70 41 52
verlag@mabuse-verlag.de · www.mabuse-verlag.de